MEINE
PROVENZALISCHE
GEMÜSEKÜCHE

ROGER VERGÉ

MEINE PROVENZALISCHE GEMÜSEKÜCHE

UNTER MITWIRKUNG
VON MARTINE ANGLADE
FOTOS VON
BERNARD TOUILLON
ASSISTENZ: FRANÇOISE LEFÉBURE

MOSAIK VERLAG

Für meinen Vater,
einen Gärtner aus Leidenschaft,
der sich mit ganzem Herzen
der Gemüsezucht verschrieben hatte
und sich ihr mit größter Hingabe widmete.

Die Originalausgabe erschien 1992
bei Flammarion unter dem Titel
»Les légumes de mon moulin«
Herausgegeben von Ghislaine Bavoillot
Gestaltung: Marc Walter
Aus dem Französischen übertragen von Barbara Holle
Umschlaggestaltung: Martina Eisele
Redaktion der deutschen Ausgabe: Heike Pressler

Der Mosaik Verlag ist ein Unternehmen der Verlagsgruppe Bertelsmann

©1992 Flammarion, Paris
Alle deutschsprachigen Rechte
© 1994 Mosaik Verlag GmbH, München / 5 4 3 2 1
Satz: Filmsatz Schröter GmbH, München
Reproduktionen: Colourscan France
Druck und Bindung: Mohndruck,
Graphische Betriebe GmbH, Gütersloh
Printed in Germany · ISBN 3-576-10446-1

— 7 —

GEMÜSE – EINE LEIDENSCHAFT

— 15 —

SAUCEN UND PÜREES

— 33 —

DAS SOMMERGEMÜSE

— 85 —

DIE GRÜNEN GEMÜSE

— 145 —

DIE ERDGEMÜSE

— 197 —

GEMÜSE AUS FREMDEN LÄNDERN

— 213 —

GEMÜSE-KOMBINATIONEN

— 237 —

GEMÜSE-MENÜS

— 243 —

DIE RICHTIGE ZUBEREITUNG

REGISTER 254

DANKSAGUNGEN 256

GEMÜSE –
EINE LEIDENSCHAFT

Wenn ich an meine frühe Kindheit zurückdenke, erinnere ich mich an den Geschmack der jungen Gemüsepflanzen, die im Frühjahr reifen und die mein Vater mit viel Hingabe in unserem Garten in Mittelfrankreich zog. Kaum war der Winter zu Ende und die ersten Sonnenstrahlen erwärmten den Boden, den er im Herbst sorgfältig vorbereitet hatte, nahm er seinen Spaten, um die Erde umzugraben.

Die Narzissen entfalteten ihre ersten Blütenkronen und an den Kirschbäumen sprießten die ersten Knospen. Die Vögel lärmten in den Zweigen herum und behielten dabei das Schaufelblatt im Auge, das im Laufe der Jahre stumpf geworden war und ihnen wie auf einem Tablett ein Stück Erdreich voll mit Würmern servieren würde.

Die Erde, die zunächst in grobe Klumpen zerlegt, dann mit dem feinen Kamm des Rechens aufgelockert und in riesige Beete abgeteilt worden war, konnte nun die Samenkörner, Setzlinge und winzigen Knollen aufnehmen, aus denen schon bald kräftige Gemüsepflanzen werden sollten.

Zufrieden und ernst verfolgte ich die unermüdliche Arbeit meines Vaters: wie er seine Sämlinge vor nächtlicher Kälte oder zu starker Sonnenbestrahlung schützte, wie er mit einer Gießkanne aus Zink zwischen den Beeten herumging, aus deren dickem Brausekopf sich ein warmer, feiner Regen über die jungen Pflanzen ergoß. Doch damit war die Arbeit noch nicht getan.

Einige Zeit später beobachtete ich ihn, wie er sich bückte, um Unkraut zu jäten, um die Gemüsebeete von allem zu befreien, was nicht dorthin gehörte, um die milchigen und spröden Wurzeln der Unkräuter zu entfernen, die den Boden auslaugten und den Pflanzen den Saft nahmen. Dann kam die Hacke an die Reihe, um den Boden mit gezielten kleinen Schlägen zu durchlüften, ohne dabei eine Seitenwurzel abzutrennen oder einen Setzling zu verletzen.

Sobald sich an den Stielen die ersten Blätter zeigten und sie emporzuwachsen begannen, war es an der Zeit, sie hochzubinden und Stöcke oder lange Haselruten in den Boden zu stecken, damit die Bohnen, Erbsen und Zuckerschoten sich an ihnen hochranken und unbeschadet wachsen konnten. Dann wurden die Schoten allmählich dicker, die Salatköpfe entfalteten sich, das Grün der Möhren begann zu sprießen und die Zwiebeln streckten ihre Triebe ins Licht. Man spürte, daß die Kartoffeln unter der Erde kleine Schatzkammern anlegten.

Mein Vater wartete immer bis zum Abend, um sein erstes Gemüse ganz frisch zu ernten, und ich durfte ihn häufig dabei begleiten. Wie stolz war ich dann, wenn ich die großen Weidenkörbe mit dem frischen Gemüse füllte und es auf dem großen Küchentisch ausbreitete! Später sah ich zu, wie die geschickten Hände meiner Mutter und meiner Tante die jungen Möhren vorsichtig schabten, wie sie die neuen Kartoffeln mit den Fingerspitzen von

*meinem Gar-
...n auf den
...igeln über
...ougins ernte
...h mit großem
...rgnügen das
...emüse für
...eine Küche.*

Die kleinen Gemüsebauern aus der Gegend um Grasse sind die bevorzugten Gemüselieferanten für die Küche meiner Mühle.

7

der Schale befreiten, wie sie die Erbsen aus ihren saftigen Schoten pellten, wie sie die perlmuttartig schimmernden Zwiebeln trockenrieben... Mit der gleichen Hingabe und Sorgfalt wie mein Vater schichteten sie das junge Gemüse in einen schwarzen, gußeisernen Topf, deckten alles mit Salatblättern ab und dämpften es kurz zusammen mit rosigen Speckstreifen. Das Gemüse, das reichlich Regenwasser und Tau aufgesogen hatte, bedurfte keiner weiteren Zubereitung und entfaltete schon bald sein ganzes Aroma. Zusammen mit einer frischen Nußbutter war es eines der besten Eintopfgerichte, ein Gericht, das für mich der Inbegriff von Lebensfreude ist.

Eine Lebensfreude, die ich viele Jahre später in einer abseits gelegenen Mühle im Herzen der Provence wiederfand. Gibt es auf der Welt einen zweiten Ort, der so viel Wohlgerüche verbreitet wie die Hügel der Provence? Wie also hätte ein Feinschmecker, wie ich es bin, dem Duft von Rosmarin, Salbei, Bohnenkraut, Thymian und Lavendel widerstehen können? Hier riechen Blumen und Früchte nach Honig, und das Gemüse, von der Sonne reichlich beschienen, gedeiht viel üppiger als an irgendeinem anderen Ort... Man muß nur einmal über einen der Märkte der Provence gehen, um sich einen Eindruck von der Vielfalt und der Qualität der Gemüse Südfrankreichs zu verschaffen. Die farbenfrohen Auslagen sind einfach herrlich anzusehen. Glänzende Auberginen liegen dort neben leuchtenden Paprikaschoten, leuchtendroten Tomaten, marmorierten Zucchini, die zart wie Butter sind, neben großen roten Zwiebeln, zu Pyramiden aufgehäuften kleinen violetten Artischocken, zarten weißen Rüben, süßlichen runden Fenchelknollen, makellosen Knoblauchzöpfen... Und welch ein Meer von Grün! Herrlicher Man-

gold, silbrig glänzende Kardonen, kleine, spitze, violett schimmernde Kohlköpfe, grüne, gelbe und malvenfarbene Brokkoli! Und Dutzende von Kräutersträußchen: Dill, Fenchel, Kerbel, Koriander und Thymian, Zweige von Bohnenkraut und Lorbeer. Und nicht zu vergessen der König des provenzalischen Gemüsegartens: das Basilikum, dieses »Kraut«, das so unscheinbar aussieht, um das man uns aber überall auf der Welt beneidet.

Und wenn man weiß, daß man neben all diesen wundervollen Dingen noch Holzkübel mit Oliven, goldgelbe Lupinen, Säcke mit süßen Mandeln und Pinienkernen, scharfe Gewürze, aromatisierte Speiseöle und sonnengereifte Weine findet, kann man sich eigentlich nur noch für die Provence entscheiden und sich wie ich dort niederlassen und heimisch werden.

Aber auch jeder andere Markt in Frankreich hat seinen Charme, und wenn Sie wie ich gerne Gemüse essen, sollten Sie es stets nur auf einem Markt einkaufen. Denn dort treffen Sie am ehesten auf einen Gemüsebauern. Vielleicht ist das Gemüse kleiner als im Geschäft nebenan... Vielleicht klebt noch Erde oder Tau daran... Aber es wird mit Sicherheit jene wesentliche Eigenschaft aufweisen, ohne die man lieber darauf verzichten sollte, Gemüse zuzubereiten: die Frische. Ob ein Gemüse frisch ist, kann man fühlen, schmecken und riechen... aber zuerst nimmt man es mit dem Auge wahr.

Bei Gemüsesorten, die eine glänzende Schale haben sollten (Auberginen, Gurken, Paprikaschoten, Zucchini...), läßt man lieber von vornherein die glanzlosen Exemplare liegen. Ebenso sollten Sie keine Gemüsefrüchte kaufen, die braune oder schwarze Flecken, Schimmelbefall oder kleine Löcher aufweisen, die von Schädlingen herrühren können. Ver-

Im Garten meiner Mühle überwache ich mit Sorgfalt das Wachsen der Kräuter und das Reifen des Gemüses

wenden Sie auch kein schrumpliges (Möhren, Kartoffeln, Rüben, Bohnen) oder keimendes Gemüse (Kartoffeln, Erbsen, weiße Bohnen, Knoblauch, Zwiebeln). Hat das Gemüse Blätter (Fenchel, Kardonen, Stangensellerie, Lauch, Radieschen), sehen Sie sie sich genau an. Sie müssen grün und glatt und dürfen nicht faulig, beschädigt oder verdorrt sein. Dies gilt insbesondere für die grünen Gemüsesorten. Einige davon, wie zum Beispiel der Spinat, faulen sehr schnell. Wenn Sie auch nur die kleinste faulige Stelle entdecken, sollten Sie das Gemüse auf keinen Fall kaufen; denn die Fäulnis breitet sich sehr rasch aus. Seien Sie auch vorsichtig bei Blättern, auf denen Sie Läuse (Salate, Kohl), Würmer oder Raupen (Kohl, Lauch) entdecken; denn auch wenn das Gemüse äußerlich schön anzusehen ist, können sich in seinem Innern unerwünschte Gäste eingenistet haben.

Bei zahlreichen Gemüsesorten, wie grünen Bohnen, Erbsen, dicken Bohnen, Auberginen, Zucchini, Paprikaschoten, kann man die Frische zudem daran erkennen, wie knackig die Früchte sind.

Das zweite Auswahlkriterium ist die Jahreszeit. Gewiß, man kann das ganze Jahr über Bohnen kaufen. Im allgemeinen sehen sie auch gut aus, sind zart und haben die richtige Größe, doch haben sie fast keinen Geschmack. Die Tomate, die so köstlich ist, wenn sie in der Sonne gereift ist, schmeckt nach nichts mehr, wenn sie im Treibhaus gezogen wurde. Dasselbe gilt für alle Arten von Salaten und für die meisten Sommergemüse (Auberginen, Zucchini, Paprikaschoten ...), die während der Saison schmackhafter und auch preiswerter sind.

Neulich ging ich über den herrlichen Markt in Isle-sur-la-Sorgue, und als ich dort nebeneinander schöne frische Eier und Bündel jungen wilden Spargels sah, kam mir spontan die Idee zu einem Gericht, das man daraus zubereiten könnte ... Und so geht es mir jeden Tag. Ich koche und esse Gemüse so gern, daß mir ständig neue Möglichkeiten der Zubereitung einfallen. Im Unterschied zu anderen Produkten, wie Geflügel, Fleisch und Fisch, die ihr Aussehen sehr verändern, wenn man sie kocht, bewahrt Gemüse stets mehr oder weniger das Aussehen, das ihm die Natur, das Leben, gegeben hat. Für mich als Koch ist dies ein enormer Vorzug; denn ich kann mir immer sofort vorstellen, wie das fertige Gericht aussehen wird.

Wann immer ich Gemüse sehe, kann ich nicht daran vorbeigehen. Meist koste ich schon davon, wenn ich es putze oder auch schon vorher im Garten, wenn ich an einer roten Tomate vorbeikomme; oft fällt mir ein, daß das Radieschenbeet gejätet werden muß, oder ich prüfe die Größe der Erbsen!

Ich bin dann jedesmal aufs Neue überrascht von der Zartheit und Geschmacksintensität des Gemüses, aber auch von der Vielfalt der Erscheinungsformen. Wie verschieden sind doch eine knackige Möhre und eine zarte Gurke, wie groß ist der Geschmacksunterschied zwischen einer etwas bitteren, kleinen, grünen Paprikaschote und einer süßen Erbse, zwischen einer sauren, noch grünen Tomate und derselben Tomate, wenn man sie noch einige Tage an der Staude hat reifen lassen.

Die Vielfalt des Gemüses ist geradezu unendlich, und es wundert mich, daß diese herrlichen Produkte, die nur durch die Geduld und Hingabe ihrer Züchter gedeihen können, bis jetzt bei den Köchen nicht mehr Beachtung fanden.

Tatsächlich wurde Gemüse lange Zeit lediglich als Beilage zu Fleisch- und Fischgerichten verwendet. Um beispielsweise einen Lammrücken zu verfeinern, reiche man dazu kleine Portionen pochierter und glacierter Möhren, Bohnen und Rüben, ohne weiter auf ihren Eigengeschmack und ihre Beschaffenheit Rücksicht zu nehmen.

Doch gerade dem Eigengeschmack und der Beschaffenheit sollte man Rechnung tragen. Eines meiner Ziele beim Schreiben dieses Buches war es deshalb, Ihnen eine Hilfe an die Hand zu geben, beides zur Geltung zu bringen.

Wenn man einerseits für die Zubereitung eines schönen Gemüses nur wenige Zutaten benötigt (ein Stückchen frische Butter, ein gutes, fruchtiges Olivenöl wie es in der Ebene von Baux-de-Provence hergestellt wird, einige Körnchen Salz und frischgemahlener Pfeffer), warum sollten dann nicht auch gehaltvollere Zutaten in Betracht kommen? Ich versichere Ihnen, das Gemüse verdient es, und es gäbe dieses Buch gewiß nicht, wenn ich davon nicht vollkommen überzeugt wäre.

Schon als kleines Kind habe ich den Geschmack schmelzender Butterflöckchen auf einem jungen geschmorten Salat genossen, den Geschmack der dicken süßen Sahne, die über die Kartoffeln gegossen wurde, den Geschmack von Walnußöl auf einem zarten Sellerie. Diese wohlschmeckenden Fette und Öle, die heute so in Verruf geraten sind, sind jedoch absolut bekömmlich, wenn man sie mit Bedacht und in Maßen verwendet, und wenn sie vor allem nicht mitgekocht, sondern erst nach dem Kochen zugefügt werden.

Sie bilden die Grundlage für die Saucen, die ich gerne zu Gemüse reiche (siehe dazu das Kapitel »Saucen und Pürees«) und denen ich sorgsam dosiert verschiedene ausgewählte Gewürze und andere würzende Zutaten beigebe, die den Eigengeschmack des Gemüses zur Geltung bringen und unterstreichen.

Unter den würzenden Zutaten spielen die Gartenkräuter bei mir eine besonders wichtige Rolle; denn dank ihrer Vielfalt ermöglichen sie es, die Saucen immer wieder neu zu variieren. Sollten Sie über ein wenn auch noch so kleines Stückchen Land verfügen oder Blumenkästen auf Ihrem Balkon haben, kann ich Ihnen nur wärmstens empfehlen, dort so viel aromatische Kräuter wie irgend möglich zu ziehen. Sie haben dann alles, was Sie benötigen, um neue Saucen herzustellen, die Ihre persönliche Handschrift tragen und die Ihre Gemüsegerichte zu einem bisher unbekannten Geschmackserlebnis werden lassen. Versuchen Sie es, und fügen Sie Ihren Erbsen gleich einmal einige gehackte Minzblätter bei, Ihren Möhren etwas Kerbel, und verleihen Sie Ihren Gurken mit etwas Schnittlauch eine leichte Knoblauchnote... Und Sie werden sehen, wie Ihnen das schmeckt.

Gewürze sind ebenfalls hervorragende Zutaten, aber auch hier bedarf es eines gewissen Fingerspitzengefühls. Dies gilt vor allem für das Salz, das wir gerne im Übermaß verwenden. Gemüse enthält bereits viele Mineralsalze, und man läuft Gefahr, seinen Eigengeschmack zu überdecken, wenn man zuviel Salz hinzufügt. Einige Gemüsesorten, wie zum Beispiel Radieschen, haben von Natur aus eine leichte Pfeffernote. Man sollte sie deshalb nicht zusätzlich mit Pfeffer würzen.

Dagegen paßt Zucker gut zu den süßlichen Gemüsesorten, wie Möhren, weißen und roten Rüben, Fenchel, Erbsen, Kürbis... Es war durchaus richtig, daß man in der traditionellen französischen Küche Vichy-Karotten mit Zucker bestreute, Erbsen mit Karamel übergoß oder weiße Rüben in Zucker glacierte. Diese Art der Zubereitung ist etwas aus der Mode gekommen. Das mag damit zusammenhängen, daß man bei uns die halb sal-

zige, halb süße Küche zu Unrecht den angelsächsischen Ländern zuordnet. Ich wollte sie deshalb mit einer Reihe von Rezepten wieder zu Ehren bringen. Außerdem glaubte ich, daß man aus diesen süßlichen Gemüsesorten regelrechte Leckereien herstellen können müßte, vorausgesetzt man bereitet sie mit Zucker, Honig, Mandeln, Korinthen oder Früchten zu... Daraus sind die Gemüsedesserts entstanden, die ich Ihnen als krönenden Abschluß der Gemüse-Menüs (siehe »Gemüse-Menüs«, S. 238) vorschlagen möchte.

Ihre Arbeit wird umso mehr gewürdigt werden, wenn Sie die Gemüsegerichte auf einem Tisch anrichten, der mit ihnen harmoniert. So serviere ich zum Beispiel bei einem offiziellen Essen mit sehr protokollarischem Charakter den Spargel in tiefen Schalen mit Silbergriffen und gebe ihn auf Teller aus einem sehr feinen Porzellan (zum Beispiel aus den Manufakturen von Limoges oder Sèvres...).

Wenn hingegen enge Freunde bei mir zu Gast sind, die meine Vorliebe für ausgefallenes Geschirr teilen, decke ich den Tisch gerne mit einem der hinreißenden Spargel-Gedecke aus farbigem Ton aus den Dreißiger Jahren. Sehr schönes Geschirr dieser Art gibt es auch für Artischocken.

Manchmal bestimmt auch das Gericht selbst die Tischdekoration. Bereitet man beispielsweise ein Gratin zu, empfiehlt es sich, es im Kochgeschirr zu servieren und die Teller darauf abzustimmen. Einfache Hausmannsgerichte, etwa Gemüseeintöpfe, serviere ich ohne weiteres in dem Kochtopf aus Gußeisen, Ton oder Porzellan, in dem sie zubereitet wurden, und wähle dazu ein rustikales Geschirr.

Handelt es sich schließlich um ein Gericht, das typisch für eine bestimmte Region ist, dann versuche ich stets, den Tisch so zu decken, daß er dem regionalen Ursprung Rechnung trägt. Ist Ihnen schon einmal aufgefallen, wie gut es unsere Handwerksbetriebe verstehen, die Erzeugnisse und die Spezialitäten der verschiedenen Provinzen ins rechte Licht zu setzen?

In der Provence beispielsweise läßt sich ein Tisch wundervoll gestalten mit Tischdecken mit folkloristischen Motiven, mit einem farbenfrohen (türkischblauen, leuchtendroten, grünen oder ockerfarbenen) Keramikgeschirr aus Uzès oder einem Steingutgeschirr aus Moustiers mit seinen fein gezeichneten und kolorierten Motiven. Jedes Sommergemüse, ein Auberginenauflauf, ein *tian* (provenzalisches Gemüse- oder Fischgericht, das in einem Tongefäß [*tian*] zubereitet wird) oder eine *pastilla* (eine Art Gemüsekuchen) kommen so wunderbar zur Geltung. Bei einem sommerlichen Abendessen können Sie auch noch einige Windlichter aus Biot-Glas dazustellen.

Wenn Sie eine Knoblauchmayonnaise oder eine Sardellenpaste reichen, sollten Sie Ihr Gemüse in einer Kastanien- oder Korkrinde hübsch anrichten. Diese rustikalen und edlen Materialien harmonieren gut mit dem einfachen Naturprodukt »Gemüse«.

In Zentralfrankreich, wo ich aufgewachsen bin, serviere ich Gemüse, wenn es sich um ein aufwendigeres Gericht handelt, am liebsten in Steingutgeschirr aus Gien oder Nevers; einfachere Gerichte dagegen in schlichtem Steingut. Ein Kürbiskuchen macht sich beispielsweise am besten auf einer großen Platte aus zartgelbem Steingut mit braunen Einsprengseln, wie es in der Sologne hergestellt wird.

Auf meinen Reisen entdecke ich immer wieder zauberhaftes Geschirr, das mich manchmal dazu anregt, mir neue Rezepte

Was doch schon ein einzelner Stengel Thymian ausmacht ...

auszudenken oder alte Rezepte aus der betreffenden Gegend wieder auszugraben. Machen Sie es doch wie ich und kombinieren Sie Geschirr und Rezepte einer Region miteinander. Das schafft eine gepflegte, herzliche und zugleich ungewöhnliche Atmosphäre, die Ihren Gästen gefallen wird.

Meine Leidenschaft für Gemüse hat mich dazu veranlaßt, ihm ein Buch zu widmen, das nicht nur eine bloße Sammlung von Rezepten sein sollte. Deshalb habe ich viel von mir selbst in dieses Werk mit eingebracht: Kindheitserinnerungen, Erinnerungen an die Provence, an Reisen ... Es gibt unzählige Rezepte für Gemüsegerichte, und ich mußte unter Hunderten 125 Rezepte auswählen. Allein den Suppen und Salaten müßte man ein oder mehrere Bücher widmen. Ich habe mich deshalb darauf beschränkt, sie lediglich zu erwähnen und hier und da eine Anregung für eine einfache und schmackhafte Zubereitung zu geben. Das bedeutet jedoch nicht, daß ich das Thema nicht irgendwann einmal vertiefen werde!

Hier wurden die Gemüsesorten in den Mittelpunkt gestellt, die ich besonders bevorzuge, Gemüsesorten, die mein Vater züchtete und die von meiner Mutter und meiner Tante zubereitet wurden. Bei diesen wiederum habe ich den Schwerpunkt diesmal auf die frischen und leichten Gemüse gelegt. An anderer Stelle werde ich Ihnen vielleicht einmal Rezepte für die stärkehaltigen Gemüsesorten vorstellen, die ich nicht minder schätze.

Mein Interesse gilt jedoch nicht nur dem Gemüse aus dem heimischen Garten, auch wenn es mir als Kind so schien, als sei er die Welt! Ich gehe stets auch aufmerksam über die Märkte, die ich auf meinen Reisen entdecke. Deshalb möchte ich Ihnen außerdem Gerichte vorstellen, die »nach Urlaub

schmecken«, Rezepte für Gemüse aus fremden Ländern, die man aber in jedem Laden finden kann, der exotische Erzeugnisse führt.

Wissen Sie auch, daß Gemüse hervorragend mit Wein harmonieren kann? Dem Spargel sagt man beispielsweise nach, er verfälsche den Geschmack des Weins. Wenn dem tatsächlich so sein sollte, sollte man eher die Sauce dafür verantwortlich machen, die dazu gereicht wird. Ich hatte kürzlich Gelegenheit, Spargel mit zwei verschiedenen, geschmacklich sehr unterschiedlichen Weinen zu probieren. Zu gedünstetem Spargel mit einer Mousselinesauce habe ich einen Barsac gereicht. Die Kombination mit diesem lieblichen Wein war ausgezeichnet. Bei einem Spargelessen mit einem Freund habe ich später einmal einen Sherry (Amontillado) serviert, und es war ein voller Erfolg. Ein aus vielen zarten, jungen Gemüsen zubereitetes Gericht mit einem frischen, fruchtigen Crozes Hermitage genossen, ist ebenfalls ein Erlebnis. Zu großen, fleischigen roten Paprikaschoten, die lediglich enthäutet, mit einem sehr fruchtigen Olivenöl beträufelt und mit Thymian bestreut werden, paßt hervorragend ein weißer Condrieu. Ein Vouvray harmoniert aufs Beste mit pochiertem Lauch, der mit einer Sauce aus Walnußöl serviert wird, die mit etwas Wein- und Estragonessig abgeschmeckt wurde. Ein Rotwein aus der Gegend um Baux, zum Beispiel ein drei oder vier Jahre alter Trevallon, ist genau richtig zu einem Auberginengratin. Die Verbindung eines weißen Châteauneuf-du-Pape mit einem gebratenen und mit Zimt verfeinerten roten Kürbis ist ebenfalls ein Gedicht...

Diese wenigen Beispiele stehen nur für einen kleinen Teil der Gaumenfreuden, die Sie erwarten und die Sie ganz genüßlich mit Freunden und Verwandten teilen sollten.

Gleich wird sie serviert: eine Symphonie in Rosa – Radieschen und ein Roséwein aus den Weinbergen von Saint-Tropez.

Wie herrlich sind sie doch, die Kräuter der Provence! Und es gibt noch viel mehr davon (folgende Doppelseite).

SAUCEN UND PÜREES

Ich denke, der Ruf, den die französische Küche auf der ganzen Welt genießt, beruht zu einem großen Teil auf der Vielfalt und der Qualität der Saucen, mit Hilfe derer Fleisch, Krustentiere und Fisch verfeinert werden. Und ich schließe mich gerne der Meinung an, derzufolge eine Sauce Ähnlichkeit mit der Unterschrift eines Chefs haben soll. Doch habe ich nie verstanden und werde auch nie verstehen weshalb dies nicht auch für das Gemüse gelten sollte.

Manche behaupten, Gemüse bedürfe dank seiner natürlichen Eigenschaften, wie Geschmack, Beschaffenheit und Farbe, keiner weiteren Beigaben. Sie essen es am liebsten roh, nur mit Salz oder einfach gedünstet mit etwas Olivenöl oder einem Stückchen Butter. Eine Auffassung, die ich nur teilen kann, besonders dann, wenn es sich um frisch geerntetes Gemüse der Saison handelt. Dennoch bin ich überzeugt, daß Gemüse durchaus auch gehaltvollere Beigaben verdient. Deshalb serviere ich es gerne mit Kräuter- und Gemüsesaucen.

Eine Sauce ist nicht nur dann gelungen, wenn sie gut mit dem Gemüse, zu dem sie gereicht wird, harmoniert. Sie sollte vielmehr dazu beitragen, seinen Eigengeschmack zur Geltung zu bringen. Sie sollte fein abgestimmt und leicht sein, damit sie den jeweiligen Gemüsegeschmack nicht überdeckt. Gleichzeitig sollte sie aber genug Konsistenz haben und das Gemüse einhüllen und ihm in gewisser Weise den »Körper« geben, den es nicht in jedem Fall hat. In der Tat enthalten die meisten Gemüse viel Wasser und bedürfen daher einer gewissen Stütze. Darauf arbeite ich seit vielen Jahren hin, und ich freue mich, Ihnen an dieser Stelle einige Saucen vorstellen zu können, die schmackhaft und einfach zuzubereiten sind.

Eigens auf die Anforderungen des Gemüses abgestellt, werden sie es Ihnen ermöglichen, Ihre Gerichte je nach Angebot oder Lust und Laune zu variieren. Sie können aber auch zu Fleisch, Innereien, Fisch, Krustentieren und Muscheln gereicht werden. Doch ich bin überzeugt, daß Sie über genug Sinn für gutes Essen und über ausreichend Phantasie verfügen, um selbst weitere Saucen zu komponieren!

as Basilikum b klein oder oß, rot oder ün, Basilimblätter sind e Grundlage des *pistou.*)

EINE FRUCHTIGE SAUCE

Diese Sauce reicht man zu Sommersalaten. Bereiten Sie davon ruhig eine größere Menge vor; in eine Flasche abgefüllt, ist sie gekühlt einige Tage haltbar.

Die Zubereitung ist einfach: Rösten Sie in einem Tiegel 1 TL Fenchelsamen und 1 TL Korianderkörner goldgelb an. Fügen Sie 8 EL Essig hinzu und lassen Sie das Ganze um $^{1}/_{3}$ einkochen. Geben Sie dann 1 TL Honig und 80 g Himbeeren dazu, kochen Sie die Mischung auf, nehmen Sie sie vom Herd und lassen sie ruhen, bis sie erkaltet ist. Streichen Sie sie anschließend durch ein feines Sieb, mischen Sie 1 EL scharfen Dijon-Senf und $^{1}/_{2}$ l Öl Ihrer Wahl (ich persönlich bevorzuge kaltgepreßtes Olivenöl) darunter. Schmecken Sie nach Belieben mit Salz und Pfeffer ab und füllen Sie die Sauce in eine Flasche ab.

FÜR 4 PERSONEN

Vorbereitungszeit: 20 Min.
Kochzeit: 25 Min.

100 g Kartoffeln (Belle de
Fonteney,
Bintje, Charlotte)
50 g frische Butter oder
4 EL eines guten fruchtigen
Öls (Oliven-, Walnuß- oder
Haselnußöl)
180 ml süße Sahne
Salz
Pfeffer

SAHNESAUCE (GRUNDREZEPT)

Hier das Grundrezept für die Sauce, mit der Sie den Geschmack Ihres Gemüses auf leichte Weise unterstreichen können. Sie ist einfach und preiswert zuzubereiten und läßt sich – je nachdem welche Zutaten Sie ihr noch beigeben (Kräuter, Gewürze oder andere Aromastoffe oder auch püriertes Gemüse) – auf vielfältigste Art geschmacklich abwandeln und kann so auf den Eigengeschmack jeder Gemüsesorte abgestimmt werden.

Bereiten Sie zunächst ein Kartoffelpüree zu: Dazu geben Sie die geschälten und geviertelten Kartoffeln in leichtgesalzenes, kaltes Wasser und bringen sie zum Kochen. Lassen Sie sie kurz aufwallen und lassen sie dann auf kleiner Flamme ca. 20 Minuten köcheln, bis sie weich sind. Sie dürfen jedoch nicht zerfallen. Gießen Sie die Kartoffeln ab und passieren Sie sie anschließend fein durch.

Geben Sie den Kartoffelbrei in eine Schüssel und fügen Sie nach und nach die in Flöckchen zerteilte Butter oder das Öl (Ihrer Wahl) dazu.

Verrühren Sie das Ganze kräftig mit einem Kochlöffel, bis Sie eine homogene Masse erhalten.

Sollten Sie das Püree nicht sofort weiterverarbeiten, können Sie es mindestens 24 Stunden im Kühlschrank aufbewahren. Sie sollten es dann aber mit Papier oder Zellophan abdecken, damit es nicht antrocknet.

Bringen Sie nun die Sahne zum Kochen, lassen Sie sie kurz aufwallen und gießen sie dann in den Mixer. Fügen Sie das Kartoffelpüree hinzu, damit die Sauce die gewünschte Konsistenz bekommt, und verrühren Sie alles gründlich.

Schmecken Sie zum Schluß mit Salz und Pfeffer ab.

Die Sauce sollte sofort serviert werden. Sie läßt sich jedoch – ebenso wie all ihre Kräuter-Varianten – auch sehr gut in der Mikrowelle ein weiteres Mal aufwärmen.

Die Konsistenz des Kartoffelpürees hängt davon ab, welche Kartoffelsorte Sie verwenden.

Sollte die Sauce zu dick sein, können Sie sie mit etwas Hühnerbrühe, die Sie aus $1/2$ Würfel konzentrierter Brühe herstellen, oder mit heißer, ungeschlagener Sahne verdünnen. Wenn Sie Hühnerbrühe verwenden, sollten Sie nur wenig salzen.

GRÜNE SAUCE

Diese Kräutersauce paßt zu allen pochierten oder gedünsteten Gemüsen. Es bleibt Ihnen überlassen, sich je nach Lust und Laune mal für diesen, mal für jenen Geschmack zu entscheiden. Sie sollten allerdings wissen, daß sie ebensogut zu hellem Fleisch (Hühnerfrikassee oder kleinen, in Butter goldgelb gebratenen Kalbsschnitzeln), zu gedünstetem Fisch (Scheiben von frischem Lachs, Seezunge) und zu einigen Innereien, wie Kalbsbries, Kalbs- und Lammhirn, schmeckt. Wenn Sie einen Hauch Knoblauch und etwas glatte Petersilie hinzufügen, ist sie eine ideale Beigabe zu Froschschenkeln, Schnecken, Krustentieren und Muscheln.

FÜR 4 PERSONEN

Vorbereitungszeit: 15 Min.
Kochzeit: 5 Min.

180 ml süße Sahne
70 g Kartoffelpüree
(siehe S. 18)
1 Handvoll Kräuter
(Kresse, Kapuzinerkresse,
Sauerampfer oder Kerbel,
oder eine Mischung aus
Petersilie, Schnittlauch und
Estragon, evtl. noch glatte
Petersilie und frischen
Knoblauch, abge-
schmeckt mit etwas
Safran)
Salz
Pfeffer

Bringen Sie die flüssige Sahne, die Sie zuvor mit Salz und Pfeffer gewürzt haben, zum Kochen. Sobald sie kocht, fügen Sie 1 Handvoll abgezupfter, gewaschener Kräuter Ihrer Wahl zu und geben das Ganze sofort in den Mixer. Verrühren Sie es so lange, bis Sie eine glatte Masse erhalten, und binden Sie die Sauce nach Belieben mit dem Kartoffelpüree, das Sie nach und nach in kleinen Portionen zugeben. Servieren Sie die Sauce sofort, denn wenn sie nochmals erhitzt wird, nachdem Sie die Kräuter hinzugefügt haben, verliert sie ihre schöne Farbe.

Sollten Sie keinen Mixer besitzen, können Sie die Kräuter ebensogut mit einem Wiegemesser zerkleinern und die Mischung mit einem Schneebesen verrühren. Die Zubereitung ist gleich, doch benötigen Sie dann nur 100 ml ungeschlagene Sahne. Denn die im Mixer hergestellte Sauce schmeckt besser, wenn sie flüssiger ist.

Um der Sauce eine noch kräftigere grüne Farbe zu verleihen, geben Sie die Kräuter (mit Ausnahme des Sauerampfers, der zerfallen würde) für 1 bis 2 Sekunden in kochendes Wasser, schrecken sie dann mit eiskaltem Wasser ab, trocknen sie, indem Sie sie mit der Hand auspressen und heben sie anschließend unter die Sahne. Durch Zugabe einiger Spinatblätter können Sie ebenfalls eine kräftigere Färbung erzielen.

SAUCE MIT SECHS KRÄUTERN

FÜR 4 PERSONEN

Vorbereitungszeit: 15 Min.
Kochzeit: 5 Min.

180 ml süße Sahne
70 g Kartoffelpüree (mit
Olivenöl zubereitet;
siehe S. 18)
10 g Petersilie
10 g Kerbel
10 g Schnittlauch
5 g Basilikum
3 g Estragon
3 g Dill
Salz
Pfeffer

Diese leichte und frische Sauce wird Ihnen hervorragend schmecken zu pochiertem oder gedünstetem Blumenkohl, zu Brokkoli, Schwarzwurzeln, weißen Rüben oder Möhren. Sie paßt jedoch auch gut zu Fisch, wie zum Beispiel Filets von der Seezunge, vom Steinbutt oder vom Petersfisch, zu Muscheln oder zu hellem, pochiertem Fleisch (Kalbshaxe, Geflügel), aber auch zu Innereien wie Kalbshirn oder Kalbsbries.

Wiegen Sie die Kräuter fein, nachdem Sie sie abgezupft, gewaschen und getrocknet haben.

Kochen Sie die Sahne auf und geben sie dann in den Mixer. Fügen Sie die Kräuter hinzu und verrühren Sie das Ganze auf höchster Stufe, bis Sie eine schöne, pistaziengrüne Sauce erhalten. Mischen Sie nach und nach unter ständigem Rühren das Kartoffelpüree darunter, bis die Sauce die gewünschte Konsistenz hat. Schmecken Sie mit den Gewürzen ab und servieren Sie die Sauce sofort.

FÜR 8 bis 10 PERSONEN

Vorbereitungszeit: 15 Min.
Kochzeit: 25 Min.

1 kg rote Paprikaschoten
200 g weiße Zwiebeln
250 g sehr reife Tomaten
30 g Butter oder
10 EL Olivenöl
3 Knoblauchzehen
1 großer Zweig Thymian
2 Lorbeerblätter
Salz
Pfeffer
200 ml Hühnerbrühe
(nach Belieben)
1 Knoblauchzehe
(nach Belieben)
einige Blättchen Basilikum,
Koriander, Bohnenkraut,
Dill, Petersilie, Salbei und
Rosmarin,
1 Sternanis,
schwarze oder grüne
Oliven (nach Belieben)

Foto rechts

MILDES PAPRIKAPÜREE

Sie werden zahllose Gelegenheiten finden, um dieses Püree, warm oder kalt, vor allem zu Sommergemüse (Tomaten, Auberginen, Zucchini) oder zu anderen fritierten oder gegrillten Gemüsen reichen zu können. Bereiten Sie also eine reichliche Menge davon vor. Ein Goldbrassenfilet, das in der Pfanne goldgelb angebraten, anschließend im Ofen in dem Püree gegart, mit Kapern, entsteinten Oliven und einer Zitronenscheibe garniert und mit Reis serviert wird, ist ein Hochgenuß.

Entfernen Sie die Stielansätze und die Kerne der Paprikaschoten und schneiden Sie sie anschließend in feine Streifen.

Schneiden Sie dann die geschälten Zwiebeln in dünne Ringe.

Geben Sie die Paprikaschoten und die Zwiebeln mit der Butter oder dem Olivenöl in einen Schmortopf und lassen sie zugedeckt auf sehr kleiner Flamme weichgaren.

Entfernen Sie die Stielansätze der Tomaten und vierteln Sie sie. Entfernen Sie aber keinesfalls die Kerne.

Zerdrücken Sie die abgezogenen Knoblauchzehen.

Geben Sie den Knoblauch, die Tomaten, den Thymian und die Lorbeerblätter zu den gegarten Zwiebeln und den Paprikaschoten. Schmecken Sie mit Salz und Pfeffer ab und gießen Sie 200 ml Wasser oder –

was noch besser schmeckt – Hühnerbrühe an.

Lassen Sie das Ganze auf mittlerer Flamme 15 Minuten köcheln und passieren es dann fein durch.

Um das Püree geschmacklich abzuwandeln, können Sie nach Belieben beispielsweise auch noch folgende Zutaten verwenden:

einige frische, gehackte Basilikumblätter, eventuell zusammen mit einer gehackten Knoblauchzehe; einige frische, gehackte Koriandertriebe; oder auch einige Blättchen Bohnenkraut, Dill, glatte Petersilie, Salbei und Rosmarin, Anis, entsteinte schwarze oder grüne Oliven und vieles andere mehr...

Ich überlasse es Ihnen, sich je nach Geschmack weitere Variationen einfallen zu lassen; denn am meisten profitiert man von den eigenen guten Einfällen.

BASILIKUMSAUCE

Es gibt zahlreiche Varianten des *pistou*, dieser typisch provenzalischen Sauce, deren Grundzutaten Basilikum und Olivenöl sind. Sie kann, je nach lokalem Brauch, auch noch mit Knoblauch, Tomate, Pinienkernen, glatter Petersilie, frischen Mandeln, Sardellenfilets... zubereitet werden. Die Zutaten werden in einem Mörser aus Holz oder Marmor zerstampft, um den Saft vollständig aus ihnen herauszupressen, dann dickt man die Sauce mit Olivenöl an und erhält so eine relativ konsistente Paste.

Ich möchte Ihnen hier eine Variante vorstellen, die sich am besten zu gedünstetem oder gegrilltem Sommergemüse (Tomaten, Paprikaschoten,

FÜR 4 PERSONEN

Vorbereitungszeit: 10 Min.
Kochzeit: 5 Min.

10 g Basilikumblätter
20 g glatte Petersilie
(nur die Blätter)
120 ml süße Sahne
etwas gehackter Knob-
lauch
1 TL Haselnußöl
70 g Kartoffelpüree (mit
Olivenöl zubereitet;
s. S. 18)
Salz
Pfeffer

Auberginen) eignet, mit der man aber auch einen einfachen, gebratenen Fisch, ein Pfännchen Schnecken oder in Butter geschwenkte Champignons verfeinern kann. Ich persönlich esse sie sehr gerne zu Jakobsmuscheln, die in der Pfanne angebraten und dann karamelisiert wurden und zu denen man eine in Würfel geschnittene Tomate und einige Erbsen serviert oder aber auch Makkaroni, die man *al dente* kocht, gut abtropfen läßt und anschließend mit geriebenem Gruyère bestreut.

Wiegen Sie die Basilikumblätter und die glatte Petersilie jeweils getrennt. Bringen Sie die Sahne zum Kochen, geben Sie sie dann in den Mixer und fügen Sie das Basilikum, die Petersilie, den Knoblauch und das Öl hinzu.

Mischen Sie das Kartoffelpüree darunter, bis die Sauce die gewünschte Konsistenz hat.

Schmecken Sie mit Salz und Pfeffer ab und servieren Sie die Sauce sofort.

FÜR 4 PERSONEN

Vorbereitungszeit: 15 Min.
Kochzeit: 25 Min.

1 kg Spargel
8 EL Olivenöl oder
80 g Butter
1 Zweig Bohnenkraut
120 ml Hühnerbrühe
Salz
Pfeffer

SPARGELSAUCE

Diese Sauce eignet sich besonders gut zu pochierten oder gedünsteten Kartoffeln, Schwarzwurzeln, Lauch, Zucchini und Artischockenherzen oder auch zu in Olivenöl oder Butter gedünsteten Spargelspitzen. Sie können Sie aber durchaus ebenso zu Filets von Geflügel oder Fisch reichen, die einfach nur in der Pfanne zubereitet wurden. Außerdem paßt sie auch sehr gut zu einem Risotto.

Sie können für dieses Rezept nur die Spargelstangen verwenden und die Spitzen für ein anderes Gericht, zum Beispiel einen Spargelflan oder einen Salat, zurückbehalten. Doch dann hat die Sauce eine blassere Farbe.

Schälen Sie den Spargel. Waschen Sie ihn und lassen Sie ihn gut abtropfen, dann schneiden Sie ihn in etwa 1 cm große Stücke.

Erhitzen Sie 2 EL Olivenöl in einem Schmortopf. Sobald das Öl heiß ist, geben Sie den Spargel und das Bohnenkraut hinein. Salzen Sie und lassen Sie das Ganze zugedeckt bei mittlerer Flamme 10 Minuten köcheln.

Öffnen Sie den Topf anschließend und lassen Sie alles bei mittlerer Flamme weitere 10 Minuten einkochen.

Nehmen Sie das Bohnenkraut heraus und geben den Spargel zum Pürieren in den Mixer. Streichen Sie das Püree danach durch ein feines Sieb und fangen Sie die Flüssigkeit auf.

Geben Sie die Flüssigkeit dann zusammen mit der Hühnerbrühe erneut in den Mixer.

Fügen Sie das restliche Öl, Salz und Pfeffer hinzu und verrühren das Ganze auf höchster Stufe, bis die Sauce sämig aussieht.

Halten Sie sie bis zum Servieren im Wasserbad warm.

Wenn Sie die Sauce nicht gleich verwenden, sollten Sie sie kühl lagern. Sie müssen sie dann nur noch aufwärmen und sie nochmals im Mixer verrühren, bis Sie eine glatte Sauce erhalten.

Die Sauce kann ebensogut mit Butter anstatt mit Olivenöl zubereitet werden. Sie ist dann neutraler im Geschmack.

KERBELSAUCE

FÜR 4 PERSONEN

Vorbereitungszeit: 10 Min.
Kochzeit: 5 Min.

20 g Kerbelblätter
180 ml süße Sahne
70 g Kartoffelpüree
(mit Butter zubereitet;
siehe S. 18)
1 TL Kräuterlikör
1 Msp. Muskatnuß
Salz
Pfeffer

Ein feines, wohlschmeckendes Sößchen, das man am besten zu gedünstetem oder pochiertem Gemüse reicht oder auch zu einem Fisch mit weißem Fleisch, wie zum Beispiel einem Steinbutt, der in $^2/_3$ Wasser und $^1/_3$ Milch pochiert wurde und den man auf einem Bett aus kleinen, gedünsteten, mit etwas grobkörnigem Salz bestreuten Möhren anrichtet. Als Kräuterlikör empfehle ich Ihnen einen *Chartreuse Verte* oder eventuell auch einen *Izara*. Sie können aber auch jeden anderen von geschickten Mönchen gebrauten Kräuterlikör verwenden.

Zupfen Sie die Kerbelblättchen ab, waschen und trocknen Sie sie und wiegen Sie sie sehr fein.

Bringen Sie die ungeschlagene Sahne zum Kochen, lassen Sie sie kurz aufwallen und geben sie dann in den Mixer.

Fügen Sie den feingehackten Kerbel und den Likör hinzu und binden Sie nach und nach mit dem Kartoffelpüree.

Verrühren Sie das Ganze gründlich. Würzen Sie mit Salz und Pfeffer und schmecken Sie anschließend noch mit 1 Msp. geriebener Muskatnuß ab.

SCHNITTLAUCHSAUCE

FÜR 4 PERSONEN

Vorbereitungszeit: 10 Min.
Kochzeit: 5 Min.

20 g Schnittlauch
180 ml süße Sahne
70 g Kartoffelpüree (mit
Butter zubereitet;
siehe S. 18)
1 Msp. Ingwerpulver
Salz
Pfeffer

Diese Schnittlauchsauce sollten Sie zu gedünstetem oder gegrilltem Gemüse, zu gedünstetem Fisch, in der Pfanne gebratenen Kalbskoteletts oder -schnitzeln oder auch zu Miesmuscheln, Jakobs- oder Kammuscheln... reichen. Damit sie ihre frische Farbe und ihren Geschmack behält, sollten Sie sie erst unmittelbar vor dem Servieren zubereiten.

Wiegen Sie den Schnittlauch fein.

Bringen Sie die Sahne zum Kochen, lassen Sie sie kurz aufwallen und geben sie dann in den Mixer.

Fügen Sie den feingehackten Schnittlauch hinzu und binden Sie nach und nach die Mischung mit dem Kartoffelpüree.

Mischen Sie das Ganze gut durch. Würzen Sie nach Belieben mit Salz und Pfeffer und schmecken Sie mit 1 Msp. Ingwerpulver ab.

23

FÜR 4 PERSONEN

Vorbereitungszeit: 10 Min.
Kochzeit: 10 Min.

25 g Kresseblätter
180 ml süße Sahne
70 g Kartoffelpüree
(mit Walnußöl
zubereitet; siehe S. 18)
1 Msp. geriebene
Muskatnuß
Salz
Pfeffer

KRESSESAUCE

Kresse und Walnußöl – welch gelungene Verbindung! Ohne ihn zu überdecken, unterstreicht diese Sauce vor allem den Geschmack der Gemüsesorten, die einen kräftigen Eigengeschmack haben, wie zum Beispiel gedünsteter oder pochierter Knollen- und Stangensellerie, Brokkoli oder Blumenkohl. Ein Hochgenuß ist auch ein gutes Geflügel vom Bauern, das man bei schwacher Hitze in einer Brühe gart, dann zerteilt und mit der Sauce übergießt. Wenn Sie ein nettes Essen im Freien veranstalten wollen, garnieren Sie das Ganze mit Portulakblättern oder auch mit Blüten und Blättern von Kapuzinerkresse.

Zupfen Sie die Kresse ab, waschen und trocknen Sie sie.

Bringen Sie 1 l Salzwasser zum Kochen. Sobald das Wasser kocht, geben Sie die Kresseblätter hinein.

Lassen Sie sie anschließend abtropfen und trocknen Sie sie, indem Sie sie so lange in der Hand drücken, bis die gesamte Flüssigkeit herausgepreßt ist.

Bringen Sie nun die ungeschlagene Sahne zum Kochen. Lassen Sie sie kurz aufwallen und geben sie dann in den Mixer. Binden Sie mit dem Kartoffelpüree, fügen Sie die Kresse hinzu und verrühren Sie das Ganze.

Würzen Sie mit Salz und Pfeffer und schmecken Sie mit 1 Msp. geriebener Muskatnuß ab.

FÜR 4 PERSONEN

Vorbereitungszeit: 10 Min.
Kochzeit: 5 Min.

20 g glatte Petersilie
180 ml süße Sahne
etwas feingehackter
Knoblauch
70 g Kartoffelpüree
(mit Butter oder
Olivenöl zubereitet;
siehe S. 18)
einige Tropfen *Pastis*
Salz
Pfeffer

PETERSILIENSAUCE

Die Blätter der glatten Petersilie, die – warum, weiß ich nicht – auch italienische Petersilie genannt wird, sind fleischiger als die der krausen Petersilie, vor allem aber sind sie aromatischer. Verwenden Sie deshalb für die Zubereitung dieser Sauce nur glatte Petersilie. Die Sauce macht pochierte oder gedünstete Möhren, weiße Rübchen, Lauch, Spargel und Blumenkohl noch schmackhafter, und sie paßt ausgezeichnet zu einem in Zitronenwasser pochierten Lammhirn.

Zupfen Sie die Petersilie ab, waschen und trocknen Sie sie.

Wiegen Sie sie so fein, daß Sie einen Brei erhalten. Bringen Sie nun die Sahne zum Kochen.

Lassen Sie sie kurz aufwallen und geben sie dann in den Mixer. Fügen Sie das Petersilienmus und den Knoblauch hinzu.

Verrühren Sie das Ganze und geben Sie anschließend etwa 70 g Kartoffelpüree dazu.

Vermischen Sie alles nochmals auf höchster Stufe und schmecken Sie mit Salz, Pfeffer und 1 bis 2 Tropfen *Pastis* ab.

Servieren Sie die Sauce sofort, ohne sie noch einmal zu erhitzen. Sie verändert sonst ihren Geschmack und ihre Farbe.

SAUCE AUS FRISCHEN WEISSEN BOHNEN UND BASILIKUM

FÜR 4 BIS 6 PERSONEN

Vorbereitungszeit: 15 Min.
Kochzeit: 45 bis 60 Min.

100 g weiße Bohnen (frisch
aus der Hülse gelöst oder
getrocknet und über
Nacht in lauwarmem
Wasser eingeweicht)
1 kleine Zwiebel
1 EL Olivenöl
$1/2$ Knoblauchzehe
$1/2$ Würfel konzentrierte
Hühnerbrühe
Salz
Pfeffer

Für das Kräutersträußchen:
1 Zweig Thymian
$1/2$ Lorbeerblatt
1 Salbeizweig
einige Stengel Petersilie

Für die Basilikumsauce:
300 g Tomaten
4 EL Olivenöl
1 kleine Knoblauchzehe
20 Basilikumblätter
5 Stengel Petersilie
2 EL geriebener Parmesan
(nach Belieben)

In dieser Sauce garte ein Gastwirt aus der Toskana bei schwacher Hitze jungen Kaninchenrücken, den er zuvor nur kurz in Olivenöl angebraten hatte. Die Sauce hat mir so gut geschmeckt, daß ich das Rezept hier für Sie rekonstruieren möchte... Sie paßt ausgezeichnet zu allen nicht stärkehaltigen Gemüsesorten. aber auch zu Geflügel und gebratenem Kaninchen. Ich empfehle sie Ihnen außerdem zu *al dente* gekochten Spaghetti oder zu im Ofen gegarten Scheiben vom Thunfisch, Schwertfisch oder Stör. Und sollte etwas davon übrigbleiben, strecken Sie die Sauce einfach mit etwas Hühnerbrühe und schon haben Sie eine leckere Suppe.

Für die Zubereitung benötigen Sie nur 100 g weiße Bohnen. Aber kaufen Sie ruhig etwas mehr. Aus den restlichen Bohnen können Sie mit etwas rohem, sehr fein gehacktem Fenchel und einer Vinaigrette aus Weinessig und Olivenöl einen köstlichen Salat zubereiten.

Stellen Sie zunächst ein Püree aus den weißen Bohnen her:

Lösen Sie dazu die Bohnen aus den Hülsen. Hacken Sie die Zwiebel fein und schwitzen sie dann in einem Schmortopf mit 1 EL Olivenöl goldgelb an. Geben Sie die halbe, geschälte und kleingehackte Knoblauchzehe, die Bohnen, den halben Hühnerbrühwürfel, 1 Prise Salz und das Kräutersträußchen dazu. Gießen Sie mit $1/2$ l Wasser auf, so daß die Bohnen etwa zu $2/3$ bedeckt sind. Bringen Sie das Ganze zum Kochen und lassen es, wenn Sie frische Bohnen verwenden, auf sehr kleiner Flamme 30 bis 40 Minuten köcheln. Wenn Sie getrocknete Bohnen nehmen, beträgt die Kochzeit 1 Stunde. Am Ende der Kochzeit müssen die Bohnen sehr weich sein.

Bereiten Sie nun die Basilikumsauce zu:

Dazu enthäuten und entkernen Sie die Tomaten und geben sie zusammen mit dem restlichen Olivenöl, der geschälten, kleinen Knoblauchzehe, den Basilikumblättern und der Petersilie in den Mixer und würzen mit Salz und Pfeffer.

Verrühren Sie das Ganze so lange im Mixer, bis alle Zutaten vollständig zerfallen sind und Sie einen flüssigen Brei erhalten. Wenn Sie mögen, können Sie auch noch 2 EL sehr fein geriebenen Parmesan zufügen. Geben Sie die Mischung anschließend in eine Schüssel und stellen Sie sie zur Seite.

Sobald die Bohnen weich sind, nehmen Sie das Kräutersträußchen heraus, geben sie zusammen mit der Kochflüssigkeit in den Mixer und verrühren das Ganze zu einem flüssigen Brei.

Erhitzen Sie den Bohnenbrei unmittelbar vor dem Servieren. Sobald er gut heiß ist, nehmen Sie ihn vom Feuer und heben die Basilikumsauce mit einem Schneebesen unter.

Schmecken Sie das Ganze ab und würzen Sie gegebenenfalls nach.

FÜR 6 BIS 8 PERSONEN

Vorbereitungszeit: 10 Min.
Kochzeit: 15 Min.

200 g im Ofen oder in
Wasser gegarte Rote Bete
4 EL Rotweinessig
1 TL Zucker (wenn die Rote
Bete in Wasser gegart
wurde)
2 EL Crème fraîche
180 ml süße Sahne
1 Sternanis oder
1 EL *Pastis*
120 ml Hühnerbrühe
Salz
Pfeffer
1 EL Dijon-Senf
Kerbel-, Basilikum- oder
Salbeiblätter zum
Garnieren

ROTE ANISSAUCE

Was würden Sie von einer fruchtigen Sauce halten, um beispielsweise pochiertes, gedünstetes oder gegrilltes und mit einem Spritzer Zitronensaft beträufeltes weißes Fischfleisch (Kabeljau, Seezunge, Goldbrasse, Petersfisch) oder pochiertes Gemüse (Spargel, Fenchel, Sellerie) mit einem schönen Rot zu überziehen. (Sie sollten dies jedoch erst unmittelbar vor dem Servieren tun, denn die Rote Bete färbt alles, womit sie in Berührung kommt.) Ich esse diese Sauce auch gerne zu einer Kalbsniere, die im eigenen Fett im Ofen gegart wurde. Ich gebe die Sauce dann in einen Teller, rühre ¹/₂ TL Dijon-Senf darunter und lege die Niere anschließend in die Sauce. Zusammen mit einem Kartoffelpüree ist dieses Gericht einfach köstlich.

Schälen Sie die roten Rüben und schneiden Sie sie in kleine Würfel.

Gießen Sie den Essig in einen Schmortopf und geben Sie die Rote Bete, gegebenenfalls den Zucker, und 1 Prise Salz dazu.

Lassen Sie das Ganze etwa 10 Minuten zugedeckt auf kleiner Flamme köcheln. Öffnen Sie anschließend den Topf, damit die gesamte Flüssigkeit verdampfen kann.

Geben Sie in der Zwischenzeit die Crème fraîche und die süße Sahne in einen Schmortopf. Fügen Sie den Anis bei und lassen Sie das Ganze kurz aufkochen. Schließen Sie dann den Topf, nehmen Sie ihn vom Herd und lassen Sie die Sahne gute 5 Minuten ziehen.

Sobald die gesamte Kochflüssigkeit der roten Rüben verdampft ist, geben Sie sie in den Mixer. Gießen Sie die heiße Sahne, aus der Sie zuvor den Anis entfernt haben, dazu. Verrühren Sie das Ganze auf höchster Stufe und fügen Sie gleichzeitig nach und nach die Hühnerbrühe und den *Pastis* hinzu, bis Sie eine sämige Sauce erhalten. Sie müssen dann sofort mit dem Mixen aufhören, weil die Sauce sonst ihre Konsistenz verlieren kann.

Schmecken Sie mit Salz und Pfeffer ab und halten Sie die Sauce anschließend im Wasserbad warm.

Eine leckere Abwandlung können Sie herstellen, indem Sie 30 g (etwa 1 EL) Dijon-Senf unter die fertige Sauce rühren.

Garnieren Sie mit einigen fritierten Kerbel-, Basilikum- oder Salbeiblättern und servieren Sie sofort.

Foto rechts

KNOBLAUCHSAUCE

Diese herrliche, sommerliche Sauce aus Knoblauch, Olivenöl und Ei hat dem berühmten provenzalischen *aïoli*, einem Gericht, bei dem man diese Sauce zu pochiertem Gemüse und Fisch reicht, seinen Namen gegeben. Doch nicht allein dort findet sie Verwendung. In zahlreichen anderen Gerichten, wie zum Beispiel der provenzalischen Fischsuppe *(bourride)*, dient sie zum Binden. Rührt man sie ganz zum Schluß unter eine Sahnesauce, macht sie diese schön sämig und verleiht ihr ein wundervolles Aroma. Ich empfehle sie Ihnen natürlich auch zu allen rohen, pochierten oder gedünsteten Gemüsen, aber auch

FÜR 4 PERSONEN

Vorbereitungszeit: 25 Min.
(einschließlich der Kochzeit
für die Kartoffel)

¹/₂ Kartoffel
2 Knoblauchzehen
2 Eigelb
250 ml Olivenöl
Salz
Pfeffer

zu Schnecken, geschmortem Fenchel, gegrillten Kartoffeln oder hartgekochten Eiern...

Wenn Sie glauben, Ihr Atem rieche zu stark danach, zerkauen Sie einige Kaffeebohnen oder essen Sie glatte Petersilie. Am einfachsten ist es jedoch, wenn Sie Ihr *aïoli* im Kreise der Familie genießen.

Geben Sie die ungeschälte Kartoffel in kaltes Wasser und kochen Sie sie. Gießen Sie sie dann ab und schälen Sie sie. Zerdrücken Sie sie anschließend auf einem Teller gut mit einer Gabel.

Zerstoßen Sie die Knoblauchzehen in einem Mörser. Fügen Sie das Eigelb und die zerdrückte Kartoffel hinzu und schmecken Sie mit Salz und Pfeffer ab. Gießen Sie das Öl in einem feinen Strahl hinein und verrühren Sie das Ganze gut mit dem Stößel.

Wenn Sie die Sauce nicht gleich servieren, sollten Sie sie außerhalb des Kühlschrank, bei Zimmertemperatur aufbewahren, denn sonst gerinnt das Öl, und die Sauce verliert ihre Konsistenz. Sollte Ihnen dies einmal passieren, geben Sie einen großen Löffel heißes Wasser in eine Schüssel, fügen das *aïoli* nach und nach in kleinen Mengen dazu und schlagen das Ganze dabei kräftig mit einem Schneebesen. Wenn Sie nicht mit Ihren Kräften sparen, können Sie die Sauce so retten.

FÜR 4 PERSONEN

Vorbereitungszeit: 1 Std.
Kochzeit: 30 Min.

250 g Knoblauch
240 ml süße Sahne
50 g glatte Petersilie
(nur die Blätter)
1 Kästchen Kresse
1 Zweig Bohnenkraut
30 g Butter
Salz
Pfeffer

MILDE, GRÜNE KNOBLAUCHCREME

Trotz des vielen Knoblauchs ist diese Sauce sehr fein und mild, denn der Knoblauch verliert durch mehrmaliges Blanchieren an Schärfe. Die Sauce wird Ihnen besonders zu in Butter geschwenkten Weinbergschnecken mit Pfifferlingen und Croûtons schmecken. Die zartgrüne Farbe verleiht der Sauce einen zusätzlichen Reiz.

Schälen Sie die Knoblauchzehen und geben Sie sie in einen Topf mit 2 l kaltem Wasser. Bringen Sie das Wasser zum Kochen und lassen Sie es 2 bis 3 Minuten aufwallen. Gießen Sie die Knoblauchzehen dann in ein Sieb ab. Wiederholen Sie diesen Vorgang fünfmal. Erst beim letzten Mal salzen Sie das Wasser. Prüfen Sie durch Einstechen mit einem Messer, ob der Knoblauch richtig weich ist.

Bringen Sie inzwischen die leichtgesalzene, ungeschlagene Sahne mit dem Bohnenkraut zum Kochen.

Sobald sie gekocht hat, nehmen Sie sie vom Feuer und lassen sie zugedeckt ziehen.

Zupfen Sie die Petersilie und die Kresse ab, waschen und trocknen Sie die Blätter und wiegen Sie sie sehr fein.

Nehmen Sie den Zweig Bohnenkraut sowie alle Blättchen, die sich möglicherweise abgelöst haben, aus der Sahne und erhitzen Sie sie erneut.

Geben Sie dann die abgetropften Knoblauchzehen hinein.

Lassen Sie das Ganze auf kleiner Flamme 5 Minuten köcheln.

Geben Sie es anschließend in den Mixer und verrühren Sie es so lange auf höchster Stufe, bis Sie eine sämige Sauce erhalten.

Belassen Sie die Mischung im Mixer und fügen Sie die Butter und die feingehackten Kräuter hinzu, schmecken Sie mit Salz und Pfeffer ab und mischen Sie das Ganze nochmals gut durch, bis die Sauce sehr fein ist und eine schöne, hellgrüne Farbe hat.

Sollten Sie die Sauce nicht gleich servieren, halten Sie sie im Wasserbad warm. Lassen Sie sie aber keinesfalls nochmals zum Kochen kommen, da sie sonst ihre schöne, grüne Farbe verliert.

Sollte die Sauce zu dick sein (was durch die Qualität des Knoblauchs bedingt sein kann), können Sie sie ohne weiteres mit etwas heißer, ungeschlagener Sahne verdünnen.

TOMATENPÜREE

FÜR 8 BIS 10 PERSONEN

Vorbereitungszeit:
15 bis 20 Min.
Kochzeit: 20 Min.

200 g junge weiße Zwiebeln
1 kg sehr reife Tomaten
30 g Butter oder
10 EL Olivenöl
3 Knoblauchzehen
1 großer Zweig Thymian
1 TL Zucker (nach Belieben)
einige Basilikum-, Petersilien-, Korianderblätter oder 1 Knoblauchzehe (nach Belieben)
Salz
Pfeffer

Dieses Püree, das sich ausgezeichnet als Grundlage für eine Reihe sommerlicher Gerichte eignet, ist schnell zubereitet und ist im Kühlschrank mindestens eine Woche haltbar. Sie sollten reichlich davon vorbereiten, denn Sie werden immer wieder Verwendung dafür finden, zum Beispiel als Beigabe zu Nudeln, Reis und den meisten Gerichten aus gedünsteten, gegrillten oder fritierten Gemüsen. Wenn Sie das Püree zu gebratenen Schweinekoteletts reichen, sollten Sie noch einen EL scharfen Senf und einige in Scheibchen geschnittene Cornichons dazugeben. Wenn Sie es kalt essen wollen, sollten Sie anstatt der Butter, die gerinnen kann, Olivenöl verwenden.

Schälen Sie die Zwiebeln und schneiden Sie sie in sehr feine Ringe. Geben Sie sie mit der Butter oder dem Olivenöl in einen Schmortopf und dünsten Sie sie zugedeckt bei kleiner Flamme an, bis sie weich und glasig sind.

Entfernen Sie die Stielansätze der Tomaten. Vierteln Sie sie und achten Sie dabei darauf, daß der Saft und die Kerne nicht verlorengehen.

Ziehen Sie die Knoblauchzehen ab und zerdrücken Sie sie.

Sobald die Zwiebeln weich sind, geben Sie die Tomatenviertel, den zerdrückten Knoblauch, Salz und Pfeffer, den Zweig Thymian und – sollten die Tomaten zu säuerlich im Geschmack sein – den Zucker dazu.

Kochen Sie alles 10 bis 15 Minuten auf großer Flamme im geöffneten Topf.

Nehmen Sie den Thymianzweig heraus und passieren Sie das Ganze fein durch oder pürieren Sie es im Mixer. Dann streichen Sie die Mischung nochmals unter kräftigem Druck durch ein feines Sieb, um auch die letzten Kerne zurückzubehalten.

Es gibt eine Vielzahl von Möglichkeiten, dieses Püree abzuwandeln, um daraus die unterschiedlichsten Saucen herzustellen. So kann man beispielsweise einige Basilikum-, Petersilienoder Korianderblätter oder auch etwas Knoblauch hinzufügen oder man kann das Püree zu gleichen Teilen mit einem milden Paprikapüree (siehe S. 20), mit geschlagener Sahne oder auch mit einer Kräutersauce (siehe S. 19) mischen. Senf und Cornichons passen ebenfalls gut dazu.

Und noch ein Tip: Im Winter oder in der Stadt kann man nicht immer gute, aromatische Freilandtomaten kaufen. Sollten Ihre Tomaten deshalb im Geschmack etwas fad sein, geben Sie noch 2 EL Tomatenmark in das Püree oder noch besser 6 bis 8 gedörrte Tomaten (man findet sie gewöhnlich in italienischen Feinkostgeschäften), die Sie zuvor etwa 30 Minuten in lauwarmem Wasser einweichen, dann abgießen und in grobe Würfel schneiden. Sie können aber auch in Öl eingelegte Tomaten verwenden, die Sie zuvor lediglich abtropfen lassen.

ERBSENSAUCE

FÜR 4 PERSONEN

Vorbereitungszeit: 20 Min.
Kochzeit: 30 Min.

200 g mittelgroße Erbsen
(frisch aus der Schote
gepellt oder auch tiefge-
froren)
die Hälfte der Erbsenschoten (nach Belieben)
250 ml ungeschlagene
Sahne
eine kräftige Prise Zucker
5 g Currypulver
30 g Butter
Salz
Pfeffer

Foto rechts

**Zucchiniblüten dienen
nicht nur als Tisch-
schmuck. Gefüllt oder
fritiert sind sie nicht nur
sehr schmackhaft,
sondern sehen auch
schön aus (folgende
Doppelseite).**

Bei dieser etwas eigenwilligen Sauce wird Sie der Kontrast von süßlichen Erbsen und scharfem Curry aufs Angenehmste überraschen. Bei der Verwendung
des Currys sollten Sie sich allerdings genau an die Mengenangabe halten, um
den frischen Geschmack der Erbsen nicht zu beeinträchtigen. Die Sauce paßt
hervorragend zu in Sahne zubereiteten Geflügelfilets, zu Fischfilet oder zum
Fleisch der Jakobsmuschel, das in der Pfanne angebräunt und mit dem Rogen
der Muscheln und einigen Stengeln Kerbel garniert wird.

Pellen Sie die Erbsen aus den Schoten,
schneiden Sie die Enden der Schoten
ab und befreien Sie sie von allen
Fäden und Fasern.

Geben Sie die Erbsen in 1 l kochendes Salzwasser. Lassen Sie sie je nach
Größe und Frische 5 bis 10 Minuten
kochen und schrecken sie anschließend mit kaltem Wasser ab. Gießen Sie
sie dann ab und stellen Sie sie zur
Seite.

Bringen Sie in einem zweiten Topf
Salzwasser zum Kochen. Sobald das
Wasser kocht, geben Sie die Schoten
hinein und lassen sie 2 bis 3 Minuten
kochen. Schrecken Sie die Schoten
anschließend mit kaltem Wasser ab,
gießen Sie sie ab und stellen sie dann
zur Seite.

Geben Sie die gesalzene, ungeschlagene Sahne, den Zucker und den
Curry in einen Schmortopf. Verrühren
Sie alles gut mit einem Schneebesen
und lassen es aufkochen. Nach 2 Minuten Kochzeit fügen Sie die Erbsen und
die Schoten hinzu und lassen das
Ganze zwei- bis dreimal aufwallen.

Geben Sie die Mischung dann
zusammen mit der Butter in den Mixer.

Schmecken Sie mit Salz und Pfeffer
ab, passieren Sie die Sauce durch ein
feines Sieb und halten Sie sie bis zum
Servieren im Wasserbad warm.

DAS SOMMERGEMÜSE

DIE ARTISCHOCKE

Wenn man sie im Garten stehen sieht, die blaue Blüte über einer Krone kunstvoll gestalteter Blätter voll entfaltet, muß man von ihrem Anblick einfach fasziniert sein. Tatsächlich ist die Artischocke eine Blume, aus der in vielen Ländern Sträuße gebunden werden. In Frankreich hingegen ziert sie häufiger einen Teller als eine Vase!

Denn sie ist sehr schmackhaft, und man kann sowohl den fleischigen Teil ihrer Hüllblätter, ihr zartes Herz, aber auch ihren wohlschmeckenden Boden genießen.

Es gibt eine ganze Reihe verschiedener Artischockenarten, im allgemeinen findet man jedoch nur drei: die runde, etwas abgeplattete bretonische Artischocke *(camus breton)*, die große grüne, weniger fleischige Artischocke, die man in der Umgebung von Laon antrifft und die daher auch den Namen »Grüne von Laon« trägt, und schließlich die kleine, violette provenzalische Pfefferartischocke, die man im Frühling und im Herbst auf den Märkten findet.

Jede der drei Arten wird unterschiedlich zubereitet. Von der bretonischen Artischocke ißt man in der Regel sowohl das Herz als auch die Blätter und den Boden mit einer Vinaigrette. Dafür gibt es übrigens auch bemaltes Keramikgeschirr mit Vertiefungen für die Blätter und die

Sauce. Bei der »Grünen von Laon« ißt man vorwiegend die Böden. Und die kleine violette Pfefferartischocke ist Hauptbestandteil der *barigoule*, eines schmackhaften provenzalischen Gerichts. Man kann sie aber auch auf italienische Art fritieren oder sie roh mit einer Sardellenpaste oder einer Vinaigrette essen.

Wie immer man sie zubereiten möchte, in jedem Fall sollte man die Artischocken sorgfältig auswählen. Denn schon wenige Tage nachdem sie geerntet wurden, verändert sich ihr Geschmack und ihre Beschaffenheit erheblich. Sie sollten eine olivgrüne Farbe haben, die Blätter müssen schön knackig sein, fest anliegen und vollkommen makellos sein. Die Stiele dürfen nicht vertrocknet sein. Bei den Pfefferartischocken sollte man die Exemplare auswählen, die eine schöne violette Farbe und deren Blätter keine Stacheln haben.

Sollten Sie die Artischocken nicht gleich verbrauchen, können Sie sie frisch halten, indem Sie die Stiele um einen knappen halben Zentimeter kürzen, sie in frisches Wasser stellen oder sie mit einem feuchten Tuch umwickeln.

Bevor Sie die Artischocken zubereiten, sollten Sie sie 10 Minuten in kaltes Wasser legen, dem Sie einige Eßlöffel Branntweinessig zugegeben haben. Wa-

GARNIERTE ARTISCHOCKENBLÄTTER

Auf diese Weise hat man auch noch etwas von den Blättern der Artischocken, die man im Ganzen gegart hat, von denen man aber eigentlich nur die Herzen verwenden will. In die Vertiefungen der schönsten Blätter kann man beispielsweise eine Creme aus Thunfisch und Mayonnaise, aus Roquefort und Butter füllen oder, was noch leckerer ist, feine Streifen von geräuchertem Lachs, Lachsrogen, Kaviar oder eine Mousse aus Gänseleber.

Kreisförmig auf einer Platte angerichtet, können die so gefüllten Artischockenblätter als Vorspeise gereicht werden.

schen Sie sie anschließend mehrmals und wechseln Sie dabei immer wieder das Wasser, um Läuse, die sich möglicherweise an den Blättern befinden, zu entfernen. Lassen Sie die Artischocken dann abtropfen und schneiden Sie die Blattspitzen mit einem kleinen Messer aus rostfreiem Stahl ab. Brechen Sie den Stiel heraus, um die harten

Fasern des Herzes zu entfernen. Geben Sie die Artischocken dann in kochendes Wasser, dem Sie eine Handvoll grobkörniges Salz beigegeben haben. Pro Artischocke müssen Sie einen guten Liter Wasser rechnen. Lassen Sie die Artischocken im geöffneten Topf je nach Größe 30 bis 40 Minuten kochen, bis sich die untersten Blätter leicht ablösen lassen. Sobald sie gar sind, lassen Sie sie mit dem Kopf nach unten abtropfen. Servieren Sie sie warm mit einer holländischen Sauce, mit zerlassener Butter oder einer Vinaigrette. Heben Sie sie aber keinesfalls länger als 24 Stunden auf, denn sonst verfärben sie sich.

Die Pfefferartischocken werden etwas anders zubereitet: Die untersten Blätter müssen entfernt, der Stiel, der sehr zart und schmackhaft ist, wird bis auf 2 bis 3 cm abgeschnitten und dann mit einem scharfen Haushaltsmesser geschält. Das Herz sollten Sie mit Zitronensaft beträufeln, es von der Mitte aus in schmale Streifen zerteilen und diese über einen grünen oder einen gemischten Salat mit Oliven oder gewürfelten Tomaten geben.

Mit den Blättern gegarte Artischockenböden sind ein Genuß, doch werden sie häu-

fig zu lange gekocht und sind dann nicht mehr so weiß wie im rohen Zustand. Deshalb hier ein Tip, wie die Böden schön weiß bleiben und Sie sie auf den Punkt genau garen können, um sie dann je nach Belieben beispielsweise mit dünnen Scheiben von Gänseleber anzurichten oder sie zu gebratenem Fleisch oder Geflügel zu servieren: Stellen Sie eine große Schüssel mit Zitronenwasser bereit. Waschen Sie die Artischocken, lassen Sie sie gut abtropfen und brechen Sie die Stiele heraus. Schneiden Sie anschließend mit einem scharfen Messer aus rostfreiem Stahl rund um die Artischocke die Blätter unmittelbar oberhalb des fleischigen Bodens ab. Sobald Sie eine Blattreihe entfernt haben, legen Sie die Artischocke in das Zitronenwasser, damit sie sich nicht verfärbt. Wenn Sie alle Blätter abgetrennt haben, entfernen Sie das Heu. Das klappt am besten mit einem Kugelausstecher. Kochen Sie nun die Artischockenböden in dem Zitronenwasser, dem Sie zuvor Salz und 1 bis 2 EL Olivenöl zugegeben haben.

Die Böden sind gar, wenn man mit der Spitze eines kleinen Messers in das Fleisch einstechen kann. Die Kochzeit beträgt etwa 15 bis 20 Minuten.

Zu den kleinen, violetten Pfefferartischocken sollten Sie einen Côtes-de-Provence-Wein oder einen Bellet-Roséwein servieren. Der Geschmack der großen bretonischen Artischocke und der der »Grünen von Laon« entfaltet sich hingegen am besten mit einem Roséwein aus der Touraine.

ARTISCHOCKEN MIT EIFÜLLUNG

FÜR 4 PERSONEN

Vorbereitungszeit: 30 Min.
Kochzeit: 1 Std.

4 Grüne von Laon
4 Eier
6 EL Olivenöl
8 in Öl eingelegte Sardellenfilets
20 entsteinte, schwarze Oliven
1 kleines Sträußchen Petersilie
einige frische Basilikumblätter
1 kleine Knoblauchzehe
4 EL frisches, weiches Weißbrot ohne Rinde
5 EL Branntweinessig
grobkörniges Salz
Salz
Pfeffer

Foto links

Bringen Sie in einem großen Kochtopf oder einem Couscous-Topf 4 l Wasser mit 1 Handvoll grobkörnigem Salz zum Kochen.

Bereiten Sie inzwischen die Artischocken vor: Brechen Sie zunächst die Stiele ab. Legen Sie die Artischocken in kaltes Wasser, dem Sie 5 EL Branntweinessig zugegeben haben. Waschen Sie sie anschließend unter fließendem Wasser und lassen Sie sie in einem Sieb abtropfen. Schneiden Sie dann die Blattspitzen ab. Verwenden Sie dazu ein Messer aus rostfreiem Stahl, damit sich die Blätter nicht verfärben.

Geben Sie die Artischocken nun in das kochende Wasser und lassen sie etwa 30 Minuten bei geöffnetem Topf kochen. Sobald sie gar sind, lassen Sie sie, ohne sie vorher abzuschrecken, mit dem Kopf nach unten in einem Sieb abtropfen.

In der Zwischenzeit schlagen Sie die Eier über einer Schale oder einer Schüssel auf und verquirlen sie kräftig mit einer Gabel oder einem Schneebesen.

Hacken Sie dann jeweils getrennt die Sardellenfilets, die Oliven, die Petersilie, das Basilikum und den Knoblauch fein.

Schneiden Sie aus Butterbrotpapier vier 10 cm breite und 30 cm lange Streifen zurecht.

Mischen Sie 4 EL Olivenöl, die kleingehackten Sardellenfilets, das Weißbrot, die Petersilie, das Basilikum, den Knoblauch und die Oliven unter die geschlagenen Eier und würzen Sie mit Salz und Pfeffer.

Fetten Sie die Papierstreifen mit dem restlichen Olivenöl ein. Umwickeln Sie jede Artischocke lose mit einem Streifen Butterbrotpapier und schichten Sie sie in einen Schmortopf.

Heizen Sie den Backofen auf 120°C vor.

Biegen Sie die Blätter der Artischocken leicht auseinander und gießen Sie die Eiermasse zwischen die Blätter. Geben Sie 6 EL Wasser in den Topf und lassen Sie die Artischocken bei schwacher Hitze (120°C) etwa 30 Minuten köcheln. Entfernen Sie das Butterbrotpapier und servieren Sie die Artischocken heiß. Und denken Sie daran, Fingerschalen mit Zitronenwasser auf den Tisch zu stellen.

ARTISCHOCKENHERZEN IN SARDELLENCREME

Brechen Sie die Stiele der Artischocken heraus, um die Fasern zu entfernen, und waschen Sie sie anschließend mit lauwarmem Wasser. Sollten Sie Läuse entdecken, legen Sie die Artischocken für etwa 10 Minuten in Zitronenwasser. Lassen Sie sie dann abtropfen.

Bringen Sie ca. 8 l Wasser mit 2 Handvoll Meersalz in einem großen Kochtopf zum Kochen.

Sobald das Wasser zu kochen beginnt, geben Sie die Artischocken hinein. Decken Sie den Topf dann mit einem Tuch ab. Tauchen Sie die Artischocken, die an der Oberfläche schwimmen, von Zeit zu Zeit mit einem Kochlöffel unter Wasser und lassen Sie sie je nach Qualität und Größe etwa 20 bis 30 Minuten kochen.

Sobald sich ein Blatt leicht herausziehen läßt, sind sie gar.

Nehmen Sie den Topf vom Herd und lassen Sie die Artischocken im Koch-

wasser etwa 30 Minuten abkühlen. Lassen Sie sie anschließend auf einem Gitter mit dem Kopf nach unten abtropfen.

Während die Artischocken kochen, entsteinen Sie die Oliven.

Bringen Sie nun 1 l Wasser zum Kochen und geben Sie die Tomate, von der Sie zuvor den Stielansatz entfernt haben, hinein. Lassen Sie das Wasser aufwallen, nehmen Sie die Tomate heraus und tauchen sie in kaltes Wasser. Enthäuten und halbieren Sie sie, entfernen Sie die Kerne, zerteilen Sie sie anschließend in grobe Würfel und stellen Sie sie, ebenso wie die Oliven, auf die Seite.

Lösen Sie die Blätter der Artischocken vorsichtig ab, ohne dabei allzuviel Fleisch vom Boden mit zu entfernen. Behalten Sie 24 der schönsten Blätter zurück. Entfernen Sie das Heu und zerteilen Sie jedes Herz in 10 gleich große Stücke.

Enthäuten Sie nun die Bohnenkerne.

Hacken Sie die geschälte Knoblauchzehe sehr fein.

Geben Sie 2 Löffel Crème fraîche in einen Tiegel und erhitzen Sie sie auf mittlerer Flamme. Geben Sie dann die Sardellenfilets hinein und zerdrücken Sie sie gründlich mit einer Gabel. Fügen Sie anschließend die restliche Crème fraîche, die zerteilten Artischockenherzen, die Bohnenkerne und den feingehackten Knoblauch hinzu.

Lassen Sie das Ganze kurz aufkochen, nehmen Sie den Tiegel vom Herd und geben die schwarzen Oliven und die Tomatenwürfel hinein.

Schmecken Sie mit ganz wenig Salz und Pfeffer ab, denn die Sardellenfilets und die Oliven sind bereits gesalzen.

Richten Sie die Artischockenherzen mit den Bohnen und den Oliven pyramidenförmig auf vier vorgewärmten Tellern an und bestreuen sie mit den Petersilienblättern. Garnieren Sie jede der Artischockenpyramiden mit 6 Artischockenblättern, die Sie mit den Spitzen nach außen kreisförmig um die Pyramiden anordnen.

Sie können auch einige Bohnenkerne zurückbehalten und das Ganze unmittelbar vor dem Servieren damit garnieren.

FÜR 4 PERSONEN

Vorbereitungszeit:
1 Std. 30 Min.
Kochzeit: 40 Min.

8 große bretonische
Artischocken
150 g kleine schwarze
Oliven
1 schöne, reife Tomate
200 g kleine weiße
Bohnenkerne (das entspricht 1 kg ganzen
Bohnen)
1 kleine Knoblauchzehe
4 EL Crème fraîche
8 in Öl eingelegte Sardellenfilets
4 Stengel glatte Petersilie
grobkörniges Salz
Salz
Pfeffer

VIOLETTE ARTISCHOCKEN MIT SPARGELFÜLLUNG

Bringen Sie 4 l Wasser mit 1 Handvoll grobkörnigem Salz zum Kochen.

Brechen Sie die Stiele der Artischocken heraus und entfernen Sie die äußeren großen Blätter. Geben Sie die Artischocken in das kochende Salzwasser und lassen Sie sie etwa 20 Minuten kochen. Machen Sie die Garprobe, indem Sie versuchen, ein Blatt abzuziehen. Läßt es sich mühelos ablösen, sind die Artischocken gar.

Bringen Sie nun 1/2 l Salzwasser zum Kochen.

Schälen Sie den Spargel, schneiden Sie die Spitzen 4 cm lang ab und kochen Sie sie etwa 12 Minuten in dem sprudelnden Salzwasser. Sie müssen noch einigermaßen fest sein.

Schrecken Sie sie mit kaltem Wasser ab, lassen Sie sie gut abtropfen, halbieren sie der Länge nach und stellen sie auf die Seite.

Schneiden Sie nun die Spargelstangen in kleine Stücke. Lassen Sie die Butter in einem Tiegel zerlaufen, geben Sie die kleingeschnittenen Spargelstangen hinein und würzen Sie mit 1 Prise Salz und 1 Msp. Puderzucker. Lassen Sie das Ganze zugedeckt auf kleiner Flamme 5 Minuten leise kochen. Fügen Sie anschließend die Erbsen und 1 Msp. geriebene Muskatnuß hinzu. Schließen Sie den Topf wieder und lassen alles auf kleiner Flamme weitere 10 Minuten köcheln. Nehmen Sie dann den Topf vom Feuer und stellen ihn warm.

FÜR 4 PERSONEN

Vorbereitungszeit:
1 Std. 15 Min.
Kochzeit: 1 Std.

4 violette Artischocken à
250 g
8 nicht zu dicke Stangen
violetter Spargel
30 g Butter
100 g sehr feine Erbsen
(das entspricht etwa 500 g
Erbsenschoten)
120 ml süße Sahne
1 Msp. Puderzucker
1 Eigelb
1 Msp. geriebene Muskatnuß
einige Kerbelblättchen
grobkörniges Salz
Salz, Pfeffer

Foto links

Sobald die Artischocken gar sind, schrecken Sie sie kurz mit kaltem Wasser ab. Sie dürfen jedoch nicht vollständig abkühlen. Halbieren Sie sie längs mit einem scharfen Messer.

Entfernen Sie das Heu und die kleinen Blätter in der Mitte. Schichten Sie die Artischocken mit der Schnittfläche nach oben in eine Auflaufform und füllen Sie die Erbsen und die kleingeschnittenen Spargelstangen in die Vertiefungen.

Schlagen Sie die gut gekühlte Sahne mit dem Schneebesen. Sobald sie steif zu werden beginnt, würzen Sie sie mit Salz und Pfeffer, geben das Eigelb dazu und schlagen Sie das Ganze weiter.

Verteilen Sie die geschlagene Sahne auf den gefüllten Artischockenhälften und geben Sie sie für ca. 5 bis 10 Minuten in den vorgeheizten Backofen, bis die Sahne goldgelb ist.

In der Zwischenzeit erhitzen Sie die 16 halben Spargelspitzen kurz in Salzwasser, lassen sie anschließend gut abtropfen und garnieren jede Artischocke mit je zwei halben Spargelspitzen.

Richten Sie die Artischocken auf einem vorgewärmten Teller an und bestreuen sie mit Kerbelblättchen.

FÜR 2 PERSONEN

Vorbereitungszeit: 25 Min.
Kochzeit: 20 Min.

8 kleine Pfefferartischocken
1 mittelgroße weiße Zwiebel
1 junge Möhre
4 Knoblauchzehen
1 Zweig Basilikum
einige Stengel Petersilie
$^1/_2$ Lorbeerblatt
1 Zweig Thymian
1 Zitrone
5 EL Olivenöl
120 ml trockener Weißwein
Salz
Pfeffer

Foto rechts

KLEINE VIOLETTE ARTISCHOCKEN
EN BARIGOULE

Der Name *barigoule*, der ursprünglich einen Pilz bezeichnete, steht heute für ein Gericht, das aus provenzalischen Artischocken und Waldpilzen zubereitet und mit Wildkräutern abgeschmeckt wird. Dieses uralte südfranzösische Rezept hat sich bis in unsere Tage überliefert. Ich möchte Ihnen hier nun eine etwas vereinfachte Version vorstellen. Wenn Sie noch einige Waldpilze hinzufügen, können Sie dem Gericht eine etwas kräftigere Note geben.

Schälen Sie die Zwiebel und die Möhre und schneiden Sie sie in feine Scheiben. Ziehen Sie dann die Knoblauchzehen ab. Behalten Sie zwei Zehen zurück und hacken Sie die beiden anderen zusammen mit den Basilikumblättern und der Petersilie.

Schneiden Sie die Stiele der Artischocken bis auf 4 cm ab und kürzen Sie die Blattspitzen um etwa 1 cm. Entfernen Sie die ersten beiden Blattreihen oberhalb der Böden. Schälen Sie die Böden und die Stiele sorgfältig mit einem scharfen Messer und reiben Sie sie anschließend sofort mit einer halben Zitrone ab. Legen Sie sie dann in kaltes Zitronenwasser. Nehmen Sie die Artischocken einzeln aus dem Wasser, biegen Sie die Blätter vorsichtig zurück, entfernen Sie das Heu mit einem Kaffeelöffel und legen Sie sie zurück ins Wasser.

Erhitzen Sie das Öl langsam in einem Topf aus Emaille oder rostfreiem Stahl.

Schwitzen Sie die Zwiebelringe und die Möhrenscheiben in dem Öl goldgelb an. Schichten Sie dann die Artischocken in den Topf und geben den Thymian, das halbe Lorbeerblatt und die beiden ganzen Knoblauchzehen dazu. Würzen Sie anschließend nach Belieben mit Salz und Pfeffer.

Gießen Sie den Wein an und füllen Sie mit so viel Wasser auf, daß die Artischocken gerade bedeckt sind.

Kochen Sie das Ganze 15 Minuten zugedeckt auf mittlerer Flamme und lassen Sie die Kochflüssigkeit dann bei großer Hitze einkochen.

Nehmen Sie den Topf vom Herd und würzen Sie mit dem gehackten Knoblauch, der Petersilie und dem Basilikum. Verrühren Sie das Ganze gut und servieren Sie sofort.

DIE AUBERGINE

Mit ihrer lackartig glänzenden Schale und ihrer länglichen, prallen Form ist sie eine Frucht, bei der nicht nur das üppige Fruchtfleisch gut schmeckt, sondern die auch schön anzusehen ist und sich angenehm anfühlt.

Im Garten, wo sie einem Wunder gleich, eingerahmt von kleinen malvenfarbenen Blütendolden in einem Gewirr von Blättern hängt, zieht sie stets das Licht auf sich. Und nicht anders ist es in den Auslagen auf den Märkten, ja selbst noch in Ihrem Einkaufskorb. Und nicht einmal beim Kochen büßt sie merklich an Glanz ein.

Es gibt verschiedene Auberginenarten: längliche oder runde, schwarzviolette, aber auch blaue und weiße. Ich esse sie alle gern, doch habe ich den Eindruck, daß die kleinere weiße Aubergine weniger kräftig im Geschmack ist.

Beim Einkauf sollten Sie darauf achten, daß die Früchte nicht matt sind und keine braunen Flecken haben. Sie sollten zwar fest sein, zugleich aber auf Druck leicht nachgeben. Und wenn sie hart sind? Dann sind sie noch nicht reif genug, und ihr Fleisch kann einen unangenehm sauren Geschmack haben. Sind sie hingegen weich und überreif, ist ihr Fleisch grießelig und hat einen sehr beißenden Geschmack.

Was die Schale anbetrifft, bin ich bisweilen etwas unschlüssig. Sie ist zwar dünn, läßt sich jedoch im Essen nie ganz verleugnen. Deshalb schäle ich die Auberginen für gewöhnlich (außer wenn ich sie fülle), nachdem ich den mit kleinen Stacheln besetzten Stielansatz abgeschnitten habe.

Die Aubergine hat die Besonderheit, daß ihr Fruchtfleisch oxidiert und sich schwarz verfärbt, wenn es mit Metall in Berührung kommt. Beim Putzen und bei der Zubereitung sollten Sie deshalb nur Geräte aus rostfreiem Stahl benutzen.

Die Aubergine eignet sich hervorragend zum Braten oder Fritieren und für Gerichte aus verschiedenen Gemüsen. Mit Wasser sollte man sie allerdings nicht zubereiten, weil sie sich damit vollsaugt. Pochieren Sie sie also nicht, denn das bekommt ihr überhaupt nicht.

Öl saugt die eigenwillige Aubergine ebenfalls in sich auf. Deshalb gare ich sie vorzugsweise auf einem Backblech oder in einer Auflaufform im vorgeheizten Ofen. Aufgrund ihres angenehmen Geschmacks paßt sie gut zu allen anderen Sommergemüsen, besonders aber zu Tomate und Paprikaschote. Sehr gut verträgt sie sich auch mit Olivenöl, weil es den samtigen Charakter ihres Fleisches noch unterstreicht.

Zu diesem kräftig schmeckenden Gemüse trinkt man am besten einen sonnengereiften Rotwein.

MEIN AUBERGINENKAVIAR

Diese Auberginencreme, die oft mißlungen ist, weil sie falsch zubereitet wurde, haben Sie vielleicht in schlechter Erinnerung. Sie kann aber hervorragend schmecken, wenn man dicke geröstete Brotscheiben damit bestreicht und sie mit Olivenöl und etwas Zitronensaft oder Weinessig beträufelt.

Halbieren Sie eine große Aubergine der Länge nach. Schneiden Sie das Fleisch mit einem spitzen Messer rautenförmig ein, ohne dabei die Schale zu verletzen, beträufeln Sie es mit Olivenöl und bestreuen Sie es mit Salz. Geben Sie die Auberginenhälften dann für etwa 35 Minuten in den auf 220°C (Stufe 4) vorgeheizten Backofen.

Schaben Sie das Fruchtfleisch, das sehr weich sein muß, anschließend mit einem Löffel aus rostfreiem Stahl heraus. Geben Sie es zusammen mit 2 EL Tomatenstückchen, etwas gehacktem Knoblauch, 1 Prise Cayennepfeffer oder einigen gehackten Basilikumblättern in den Mixer. Verrühren Sie das Ganze und fügen Sie während des Mixens nach und nach, wie bei der Zubereitung einer Mayonnaise, je nach Größe der Aubergine 7 bis 15 EL Olivenöl hinzu.

Sobald die Mischung eine cremige Konsistenz angenommen hat, müssen Sie sie nur noch genießen!

KNUSPRIGE AUBERGINENBEIGNETS

FÜR 4 PERSONEN

Vorbereitungszeit: 15 Min.
Kochzeit: 15 Min.

2 Auberginen (450 bis
500 g)
etwas frischer oder
getrockneter Majoran
100 g Mehl
150 ml eisgekühltes Bier
Salz

Zum Fritieren:
2 l geschmacksneutrales
Pflanzenöl
(Mais- oder Ernußöl)

Dies ist eines meiner besonderen Lieblingsgerichte. Der herbe Geschmack der Auberginen wird hier durch einen zarten, leicht bitteren Teig gemildert. Ein sehr einfaches, aber ganz köstliches Gericht, das noch besser schmeckt, wenn man dazu ein Tomatenpüree oder ein Püree aus Paprikaschoten reicht.

Schälen Sie die Auberginen und schneiden Sie sie der Länge nach in ca. 5 mm dicke Scheiben.

Wenn Sie frischen Majoran verwenden, wiegen Sie diesen fein und streuen ihn über die Auberginen. Legen Sie dann die einzelnen Scheiben aufeinander.

Verrühren Sie das Mehl und das gut gekühlte Bier mit dem Schneebesen in einer Salatschüssel oder einer Schale, bis Sie einen Teig erhalten, der in etwa die Konsistenz eines Crêpe-Teigs hat.

Wenn Sie eine elektrische Friteuse besitzen, erhitzen Sie diese auf 180°C. Sollten Sie einen Fritiertopf verwenden, können Sie die Temperatur des Fritierfetts prüfen, indem Sie den Stiel eines Streichholzes zuerst in kaltes Wasser und anschließend in das Öl tauchen. Sobald sich Bläschen um das Streichholz bilden, hat das Öl die gewünschte Temperatur von 180°C erreicht. Nehmen Sie nun das Streichholz heraus und beginnen Sie mit dem Fritieren. Wenden Sie jede Auberginenscheibe einzeln in dem Fritierteig, lassen Sie sie über einer Schüssel abtropfen und geben sie dann sofort in das heiße Fett. Damit die Teighülle nicht bricht, wenden Sie die Auberginenscheiben mit einem Holzstäbchen. Verwenden Sie dazu zum Beispiel den Stiel eines Kochlöffels oder ein chinesisches Eßstäbchen. Sobald die Auberginenscheiben auf beiden Seiten eine goldgelbe Farbe angenommen haben, lassen Sie sie auf Küchenkrepp abtropfen.

Richten Sie sie anschließend auf einer gefalteten Serviette an. Salzen Sie erst unmittelbar vor dem Servieren, denn durch das Salz bildet sich Flüssigkeit, und der Teig weicht auf.

Foto Seite 44

GEFÜLLTE AUBERGINEN MIT SCHWARZEN OLIVEN

Die entsteinten schwarzen Oliven können in diesem Rezept auch durch grüne Oliven ersetzt werden. Wichtig ist nur, daß sie in Öl und nicht in Salzlake eingelegt wurden; denn sonst kann sich die Konsistenz des Gerichts verändern, weil die in Salzlake eingelegten Oliven, vor allem dann, wenn sie sehr groß sind, Wasser enthalten.

Halbieren Sie die Auberginen, von denen Sie zuvor die Stiele und die Stielansätze entfernt haben, der Länge nach. Schneiden Sie das Fruchtfleisch mit der Spitze eines kleinen Messers rautenförmig ein, ohne dabei die Schale zu verletzen. Salzen Sie sparsam, beträufeln Sie die Auberginenhälften mit Olivenöl und geben Sie sie für etwa 30 Minuten zum Weichgaren in den auf 200 °C (Stufe 3) vorgeheizten Backofen.

Putzen Sie in der Zwischenzeit die Champignons: Schneiden Sie den erdigen Teil der Stiele ab und waschen Sie sie kurz unter fließendem Wasser. Zerteilen Sie sie anschließend in grobe Stücke.

Erhitzen Sie 2 EL Olivenöl auf mittlerer Flamme in einer Schmorpfanne, geben Sie die Champignons hinein und wenden Sie sie so lange mit einem Holzpfannenwender, bis sie ihre Flüssigkeit vollständig abgegeben haben.

Waschen Sie die Petersilie und die Minze, lassen Sie sie abtropfen und wiegen Sie die Kräuter anschließend zusammen mit der geschälten Knoblauchzehe.

Verquirlen Sie nun die Eier in einer Schüssel.

Sobald die Auberginen gar sind, schaben Sie das Fleisch vorsichtig mit einem Löffel aus rostfreiem Stahl heraus, zerkleinern es auf einem Holzbrett mit einem Messer, das ebenfalls aus rostfreiem Stahl sein sollte, damit sich das Fruchtfleisch nicht verfärbt, und geben es anschließend zu den Champignons in die Schmorpfanne.

Lassen Sie das Ganze auf großer Flamme unter ständigem Rühren mit dem Holzpfannenwender einkochen.

Nehmen Sie den Topf vom Herd und geben Sie die gehackte Petersilie, den Knoblauch, die Minze sowie 2 EL Weißbrot, die Oliven und die verquirlten Eier zu den Auberginen und den Champignons. Würzen Sie kräftig mit frischgemahlenem Pfeffer. Salzen Sie nur sehr sparsam, da die Oliven bereits gesalzen sind.

Füllen Sie die Farce anschließend in die Auberginenschalen und bringen Sie sie wieder in ihre ursprüngliche Form. Drücken Sie die Füllung mit einer Gabel gut an. Bestreuen Sie die gefüllten Auberginenhälften mit dem restlichen Weißbrot und schichten Sie sie in eine feuerfeste Form, die Sie zuvor mit 1 EL Olivenöl eingefettet haben.

Träufeln Sie das restliche Olivenöl darüber und geben das Ganze für 15 Minuten in den auf 180 °C (Stufe 1) vorgeheizten Backofen.

Die gefüllten Auberginen sollten heiß serviert werden.

FÜR 4 PERSONEN

Vorbereitungszeit: 40 Min.
Kochzeit: 45 Min.

4 schöne Auberginen
(1 kg)
6 EL Olivenöl
200 g Champignons
2 Eier
etwa 20 Stengel Petersilie
4 Minzblätter
1 Knoblauchzehe
30 g frisches, weiches
Weißbrot ohne Rinde
75 g entsteinte schwarze
Oliven
Salz
Pfeffer

Gefüllte Auberginen mit schwarzen Oliven (Foto links)

AUBERGINENGRATIN MIT BECHAMELSAUCE

Dieses Rezept verdanke ich meinem Freund Raymond Vidal, der einem bekannten Hotel, dem Club de Cavalière, zur Blüte verhalf. Er bekam dieses Familienrezept von seiner Kinderfrau, Mutter Berthet, die es, wie alle Köchinnen früher, verstand, die Familie mit Gerichten mit Bechamelsaucen zu verwöhnen. Ich bedaure, daß diese Sauce, die wir als Kinder so gerne aßen, heute durch die Anhänger der *nouvelle cuisine* so in Verruf geraten ist, die, anstatt uns das Wasser im Munde zusammenlaufen zu lassen, lieber Tinte fließen läßt. Ich persönlich bereite die Sauce gerne mit Olivenöl zu, auch wenn dies nicht dem traditionellen Rezept entspricht. Probieren Sie es einmal, zusammen mit Auberginen schmeckt sie einfach köstlich.

Die Aubergine: Man kennt sie in der Regel als längliche, dunkelviolette Frucht. Ich mag sie jedoch lieber, wenn sie noch nicht zu reif und eher fest ist und wenn sie diese schöne violette Farbe hat (folgende Doppelseite). Und es gibt sogar weiße Auberginen.

FÜR 4 PERSONEN

Vorbereitungszeit: 35 Min.
Kochzeit: 65 Min.

3 schöne Auberginen
(750 g)
1 Knoblauchzehe
7 EL Olivenöl
2 EL Mehl
250 ml Milch
250 g Crème fraîche
100 g geriebener Gruyère
1 Msp. geriebene Muskat-
nuß
Salz
Pfeffer

Schälen Sie die Auberginen. Ziehen Sie die Knoblauchzehe ab und hacken Sie sie sehr fein.

Erhitzen Sie 3 EL Olivenöl auf kleiner Flamme in einem Schmortopf und geben Sie das Mehl hinein. Verrühren Sie das Ganze gründlich mit dem Schneebesen und achten Sie darauf, daß das Mehl nicht anbräunt. Geben Sie nun die kalte Milch dazu. Rühren Sie dabei laufend weiter, damit sich keine Klümpchen bilden. Und schon haben Sie eine Bechamelsauce.

Bringen Sie die Sauce jetzt, wiederum unter ständigem Rühren, auf kleiner Flamme erneut zum Kochen. Fügen Sie die gekühlte Crème fraîche hinzu, schmecken Sie mit Salz, Pfeffer und 1 Msp. geriebener Muskatnuß ab und lassen Sie das Ganze nochmals aufkochen. Nehmen Sie den Topf vom Herd und geben Sie den feingehackten Knoblauch hinein. Halten Sie die Sauce warm, ohne sie jedoch nochmals zum Kochen kommen zu lassen.

Heizen Sie nun den Backofen auf 250° C (Stufe 5) vor.

Schneiden Sie die Auberginen in 4 bis 5 mm dicke Scheiben. Fetten Sie 1 oder 2 Backbleche mit je 1 EL Olivenöl ein und bestreuen sie mit feinkörnigem Salz. Verteilen Sie die Auberginenscheiben darauf und geben Sie das Ganze für ca. 10 Minuten in den Ofen. Die Auberginen sollten weich, aber nicht ausgetrocknet sein. Wiederholen Sie diesen Vorgang so oft, bis alle Auberginenscheiben gegart sind.

Füllen Sie nun die Bechamelsauce in eine Auflaufform und geben Sie die Auberginenscheiben darauf. Streuen Sie geriebenen Gruyère darüber und stellen Sie das Ganze in ein Wasserbad. Schalten Sie den Backofen auf 180 °C (Stufe 1) herunter, lassen Sie das Gratin bei dieser Temperatur im Wasserbad 45 Minuten garen und servieren Sie es anschließend im Kochgeschirr.

FÜR 4 PERSONEN

Vorbereitungszeit: 35 Min.
Kochzeit: 50 Min.

2 schöne Auberginen
(400 g)
8 große oder 16 kleine
Mangoldblätter mit Stielen
1 EL Mehl
7 EL Olivenöl
2 Knoblauchzehen
5 g Koriander (vorzugsweise frische Körner oder aber auch gemahlenen Koriander)
30 g frisches, weiches Weißbrot ohne Rinde
250 g Tomatenpüree
(siehe Rezept S. 29)
grobkörniges Salz
Salz
Pfeffer

Foto rechts

MANGOLD-AUBERGINEN-ROULADEN MIT TOMATENPÜREE

Schälen Sie die Auberginen und schneiden Sie sie in etwa 1 cm große Würfel.

Trennen Sie die Mangoldblätter mit einem kleinen Messer aus den Stielen heraus. Bewahren Sie die Blätter auf und achten Sie darauf, daß sie nicht einreißen. Schälen Sie die Mangoldstiele mit einem Haushaltsmesser und schneiden Sie sie in kleine Stücke.

Kochen Sie die Stiele anschließend in einem Mehlwasser, das Sie folgendermaßen zubereiten: Geben Sie 1 EL Mehl in ein Sieb, das sie über einen Schmortopf halten, in den Sie 2 l Wasser und die Mangoldstiele gegeben haben, und lassen Sie einen Strahl kaltes Leitungswasser darüberlaufen. Salzen Sie und kochen Sie das Ganze etwa 20 Minuten. Gießen Sie die Stiele

anschließend in ein Sieb ab und schrecken Sie sie ab.

Bringen Sie nun 2 l Wasser mit 1 Handvoll grobkörnigem Salz zum Kochen. Sobald das Wasser aufkocht, tauchen Sie die Mangoldblätter zunächst in das kochende Wasser, damit sie geschmeidiger werden, und anschließend sofort in eiskaltes Wasser.

Nehmen Sie die Blätter aus dem kalten Wasser, lassen Sie sie abtropfen und breiten sie auf einem Tuch aus.

Geben Sie die Hälfte des Olivenöls in eine Pfanne und erhitzen es auf mittlerer Flamme. Es darf jedoch nicht zu rauchen beginnen. Garen Sie die Auberginenwürfel in dem Öl. Salzen Sie und wenden Sie die Würfel immer wieder mit einem Holzpfannenwender, bis sie weich sind. Gießen Sie sie

anschließend in ein Sieb ab. Erhitzen Sie nun 1 EL Olivenöl in der Pfanne und geben Sie die Mangoldstiele hinein, damit sie etwas Farbe bekommen.

Heizen Sie den Backofen auf 140 °C vor.

Sollten Sie frische Korianderkörner verwenden, rösten Sie sie einige Minuten auf großer Flamme ohne Fett in einer Pfanne an, zerstoßen sie anschließend im Mixer oder im Mörser und streichen das Pulver dann durch ein feines Sieb.

Vermischen Sie die Auberginenwürfel, die Mangoldstiele, die geschälten und feingehackten Knoblauchzehen, den Koriander und das Weißbrot gründlich in einer Schüssel und würzen Sie mit Pfeffer.

Beginnen Sie nun mit der Vorbereitung der Rouladen: Wenn Sie kleine Mangoldblätter verwenden, nehmen Sie jeweils 2 und legen sie kreuzförmig übereinander. Sind die Blätter groß, halbieren Sie sie und verfahren dann ebenso. Geben Sie in die Mitte jedes Blattkreuzes einen großen Löffel der Auberginenmasse und formen Sie die Blätter zu kleinen Päckchen. Schichten Sie die 8 Rouladen, die Sie so erhalten, mit der Naht nach unten in eine Auflaufform.

Beträufeln Sie die Rouladen mit dem restlichen Olivenöl, decken Sie die Form mit Alufolie ab, geben sie in den Ofen und lassen das Ganze 20 Minuten garen. Erwärmen Sie das Tomatenpüree bei schwacher Hitze. Sobald es gut warm ist, verteilen Sie es auf die vier Teller und setzen je 2 Rouladen darauf. Gießen Sie etwas von der Kochflüssigkeit darüber und servieren Sie.

AUBERGINENGRATIN »VIEUX PEYGROS«

Vieux Peygros ist ein Altstadtviertel von Mougins, wo man früher Blumen, vor allem Veilchen und Jasmin, zur Parfümherstellung züchtete. Da dieses Auberginengratin so aromatisch ist, daß es einen geradezu an den Duft dieser Gegend erinnert, habe ich es nach diesem schönen, bekannten Landstrich benannt.

Schälen Sie die Auberginen, die Zwiebeln und den Knoblauch. Hacken Sie die Zwiebeln fein und lassen sie auf kleiner Flamme in einem Emailletopf mit 2 EL Olivenöl glasig werden.

Schneiden Sie die Auberginen in 3 bis 4 mm dicke Scheiben.

Zerkleinern Sie das Bohnenkraut, den Knoblauch und die Petersilie zusammen im Mixer oder, falls Sie keinen besitzen, hacken Sie sie fein. Geben Sie das Ganze anschließend auf einen Teller und stellen es auf die Seite.

Heizen Sie den Backofen auf 250 °C (Stufe 5) vor.

Nehmen Sie nun ein Backblech, fetten Sie es mit 2 EL Olivenöl ein und streuen etwas Salz darauf.

Verteilen Sie die Auberginenscheiben lose nebeneinander auf dem Blech. Geben Sie sie anschließend für ca. 10 Minuten in den Ofen, bis sie weich sind. Wiederholen Sie diesen Vorgang so oft, bis alle Auberginenscheiben gegart sind. Nehmen Sie sie dann heraus und stellen sie auf die Seite.

Fetten Sie nun eine Auflaufform mit etwas Olivenöl ein. Geben Sie eine Lage Auberginenscheiben hinein und darauf eine Schicht gedünstete Zwiebeln. Salzen Sie das Ganze leicht.

FÜR 4 PERSONEN

Vorbereitungszeit: 30 Min.
Kochzeit: 65 Min.

4 schöne Auberginen (1 kg)
2 Zwiebeln (nach Möglichkeit weiße Zwiebeln) (300 g)
2 Knoblauchzehen
4 mittelgroße, sehr reife Tomaten (600 g)
10 EL Olivenöl
2 EL geriebener Parmesan
2 EL feingemahlene Semmelbrösel
1 Zweig Bohnenkraut
1 kleines Bund Petersilie
Salz
Pfeffer
4 Eier (nach Belieben)
grobkörniges Salz (nach Belieben)
1 Sträußchen Bohnenkraut (nach Belieben)

Foto links

Schneiden Sie die Tomaten in dünne Scheiben und schichten Sie sie auf die Zwiebeln. Bestreuen Sie alles mit der Mischung aus gehacktem Knoblauch, Bohnenkraut und Petersilie. Geben Sie nochmals eine Schicht Auberginenscheiben und zum Schluß eine Lage Tomatenscheiben darauf und würzen Sie mit Salz und Pfeffer.

Vermischen Sie nun die Semmelbrösel und den geriebenen Parmesan in einer Schüssel, streuen Sie die Mischung über die Tomaten und beträufeln Sie sie mit 2 EL Olivenöl.

Geben Sie die Auflaufform in den Backofen und lassen das Gratin 45 Minuten bei 110 °C garen. Achten Sie darauf, daß es nicht austrocknet und verringern Sie gegebenenfalls die Temperatur.

Servieren Sie das fertige Gratin in der Form und garnieren Sie es mit Bohnenkraut.

Sie können auch, sobald Sie das Gratin aus dem Ofen geholt haben, mit der Rückseite einer Schöpfkelle 4 Vertiefungen hineindrücken, in die Sie je ein frisches Ei schlagen. Geben Sie das Gratin dann nochmals für 5 bis 10 Minuten in den Ofen und würzen Sie anschließend mit Pfeffer und grobkörnigem Salz.

FÜR 4 PERSONEN

Vorbereitungszeit: 50 Min.
Kochzeit: 1 Std.
Abkühldauer: 15 Min.

2 Auberginen (500 g)
5 EL Olivenöl
40 g frisches, weiches Weißbrot ohne Rinde
150 ml Milch
3 Eier
1 rote Paprikaschote
2 g gemahlener Kardamom
2 bis 3 Tropfen Tabasco
200 ml süße Sahne
Salz
Pfeffer
Püree aus Tomaten oder roten Paprikaschoten (nach Belieben)

Foto rechts

AUBERGINENKUCHEN

Man kann diesen herrlichen Kuchen, dessen glänzende, feste Hülle ein feines Püree umschließt, kalt oder warm servieren. Man kann dazu einen Salat aus verschiedenen Blattsalaten, ein Pilaw oder auch kleine gegrillte Lammkoteletts reichen. Sollte etwas davon übrigbleiben, können Sie es getrost aufwärmen. Der Kuchen schmeckt dann sogar noch besser.

Heizen Sie den Backofen auf 180°C (Stufe 1) vor.
Halbieren Sie die Auberginen der Länge nach.

Schneiden Sie das Fruchtfleisch mit einem kleinen spitzen Messer aus rostfreiem Stahl rautenförmig ein, ohne dabei die Schale zu verletzen.

Bestreuen Sie die Auberginenhälften mit Salz, gießen Sie etwas Olivenöl darüber und geben sie in den Ofen. Lassen Sie sie je nach Größe 20 bis 30 Minuten garen und schalten Sie den Ofen dann auf 150 °C zurück.

Schaben Sie anschließend das Fruchtfleisch aus den Schalen und geben es in den Mixer. Bewahren Sie die Schalen auf.

Fetten Sie eine Springform mit 18 cm Durchmesser oder eine große Savarinform mit wenig Olivenöl ein und kleiden Sie den Boden und die Wände mit den Auberginenschalen aus, wobei die dunkle Seite nach außen zeigen muß.

Weichen Sie das Weißbrot kurz in Milch ein und drücken es dann mit der Hand aus.

Schlagen Sie die Eier über einer Schüssel auf und verquirlen sie einige Minuten mit dem Schneebesen oder mit einer Gabel.

Pürieren Sie das Auberginenfleisch im Mixer oder in einem Mörser und geben anschließend den Kardamom, Salz, Pfeffer und Tabasco, die verquirlten Eier und das ausgedrückte Weißbrot und zum Schluß die Sahne dazu. Schmecken Sie nochmals mit Salz und Pfeffer ab und verrühren Sie das Ganze erneut, bis Sie ein vollkommen gleichmäßiges Püree erhalten.

Enthäuten Sie die Paprikaschote, indem Sie sie von allen Seiten kurz über eine offene Flamme halten und sie dann unter fließendem Wasser mit den Fingerspitzen abpellen. Entfernen Sie anschließend die Kerne.

Schneiden Sie 6 schöne, gleichmäßige Rauten heraus und legen Sie sie auf

die Seite. Zerteilen Sie die restlichen Teile der Paprikaschote in kleine Würfel, geben Sie sie zu dem Auberginenpüree und verrühren Sie das Ganze nochmals.

Füllen Sie das Püree in die mit den Auberginenschalen ausgekleidete Form, decken sie mit Alufolie ab und geben

sie für 30 Minuten in den Ofen. Nehmen Sie den fertigen Kuchen aus dem Ofen, lassen ihn 15 Minuten auskühlen, stürzen ihn dann auf eine Servierplatte und garnieren ihn in der Mitte mit den Paprikarauten.

Reichen Sie dazu ein Püree aus Tomaten oder roten Paprikaschoten.

TIAN AUS AUBERGINEN UND ROTEN PAPRIKASCHOTEN

Ursprünglich bezeichnete das Wort *tian* eine große, flache provenzalische Tonform, in der bestimmte traditionelle Fisch- oder Gemüsegerichte zubereitet wurden. Mit der Zeit ist der Name dann auf die Gerichte selbst übergegangen.

FÜR 6 PERSONEN

Vorbereitungszeit: 25 Min.
Kochzeit: 1 Std. 15 Min.

4 Auberginen
2 weiße Zwiebeln
3 Knoblauchzehen
4 rote Paprikaschoten
5 Zweige Bohnenkraut
7 EL Olivenöl
Salz
Pfeffer

Schälen Sie die Zwiebeln und hacken Sie sie fein. Dünsten Sie sie dann in einer kleinen Stielpfanne auf kleiner Flamme mit 2 EL Olivenöl weich. Sie dürfen jedoch keine Farbe annehmen.

Schälen und zerkleinern Sie die Knoblauchzehen und geben Sie sie zu den Zwiebeln. Heizen Sie Ihren Backofen auf 180°C (Stufe 1) vor.

Schälen Sie die Auberginen und schneiden Sie sie in etwa 5 mm dicke Scheiben.

Vierteln Sie die Paprikaschoten der Länge nach und entfernen Sie die Kerne und die Stielansätze.

Verwenden Sie eine große Bratform mit Deckel. Sie sollte möglichst aus glasiertem Ton und ziemlich dickwandig sein. Sie können aber auch eine Porzellanform nehmen.

Geben Sie zunächst die Zwiebeln und den Knoblauch hinein.

Zerpflücken Sie das Bohnenkraut darüber, schichten Sie anschließend erst eine Lage Paprikaschoten und dann eine Lage Auberginenscheiben darauf. Würzen Sie mit Salz und Pfeffer und gießen Sie das restliche Olivenöl darüber. Schließen Sie nun den Deckel, geben die Form in den Ofen und lassen das Ganze etwa 1 Stunde garen. Drücken Sie das Gemüse von Zeit zu Zeit mit einem Kochlöffel an, damit es das Öl gut in sich aufnimmt. Das Gericht ist gar, wenn die gesamte Flüssigkeit verdunstet ist und das Gemüse zu karamelisieren beginnt.

Servieren Sie das Gericht heiß oder warm im Kochgeschirr.

GURKEN, KÜRBISSE UND ZUCCHINI

Eine ziemlich ungewöhnliche und weitläufige Familie sind sie, die Gurken- und Kürbisgewächse. Manche von ihnen, wie zum Beispiel die Riesenkürbisse und die Melonen, sind rund oder oval; andere, wie Schlangen- oder Salatgurken, Schälgurken und Zucchini haben eine längliche, zylindrische Form. Und sie alle sind verschieden in Geschmack, Beschaffenheit und Farbe.

Das ganze Jahr über findet man zwei Arten von Gurken auf den Märkten: die eine lang und glatt, die andere kürzer, mit gerippter, rauher Schale. Beide sind sehr gut im Geschmack und sollten die gleichen Qualitätsmerkmale aufweisen: Festigkeit und Glanz. Zubereitet werden Sie jedoch auf unterschiedliche Weise. Die glatte Salatgurke, die kaum Kerne enthält, kann nach dem Waschen einfach in Scheiben geschnitten und roh gegessen werden. Die runzlige Schälgurke muß hingegen sorgfältig geschält werden, denn ihre Schale ist bitter und hart. Man kann sie auch der Länge nach halbieren und das Fruchtfleisch mit einem Kaffeelöffel herausschaben. Damit sie besser verdaulich ist, sollte man sie außerdem mit grobkörnigem Salz bestreuen, sie so etwa eine Stunde ziehen lassen, um ihr die Flüssigkeit zu entziehen und sie dann abtrocknen. Für gewöhnlich bereitet man aus der Schlangengurke einen Salat zu, wofür sie sich auch hervorragend eignet.

Wissen Sie aber auch, daß sie warm ebensogut schmeckt? So kann man sie beispielsweise kurz in kochendes Wasser geben und sie dann mit einer sehr pikant abgeschmeckten Kräuterbutter anrichten oder sie kurz in der Pfanne anschmoren und mit Senf und Schnittlauch verfeinern. Einige Weißweine passen sehr gut zur Salatgurke. Ich zum Beispiel trinke zu Gurkengerichten sehr gerne einen trockenen Jurançon.

Schälgurken, die vor dem Verzehr erst in Salzlake oder in Essig eingelegt werden, werden seltener als Gemüse gegessen, sondern dienen eher als Gewürz. Nehmen Sie nur sehr kleine, fast bartlose Exemplare, die noch ihre kleine, zerknautschte, gelbe Blüte haben.

Ob sie nun Speisekürbis, Gartenkürbis oder Riesenkürbis heißen, ob sie gelb, grün, orange oder rot sind, sie sind die Früchte, die mich am meisten an meine Kindheit erinnern, denn sie bevölkerten nicht nur den Garten, sondern spielten auch in den Märchen eine Rolle. Im Herbst verstaute sie mein Vater im Schuppen bei den Zwiebel- und Schalottenbündeln und den Knoblauchzöpfen. Ich kann mich noch gut an diese imposanten leblosen Gestalten erinnern.

GURKENSALAT

Eine der besten Arten Salatgurken zuzubereiten, besteht nach wie vor darin, sie mit einer Vinaigrette zu übergießen, die man aus Weinessig, einem geschmacksneutralen Pflanzenöl (Erdnuß-, Mais- oder Sonnenblumenöl), Salz, Pfeffer und sehr fein gehackten aromatischen Kräutern, wie Schnittlauch, Petersilie, Kerbel, Dill oder, um ihre Frische noch zu unterstreichen, besser noch mit Minze, herstellt. Das Öl kann man auch sehr gut durch süße Sahne oder, wie in der Türkei und in Griechenland üblich, durch Naturjoghurt ersetzen, der mit Kuh- oder Schafsmilch angesetzt wurde.

Der Kürbis ist in der Tat eine beeindruckende Frucht. Doch erst sein Geschmack! Unbeschreiblich! Mild, etwas süßlich und zart. So zart und warm wie die Hände meiner Mutter, die die Kürbisse in leichte Pürees, leckere Gratins und cremige, süße Suppen verwandelten.

Manchmal, am Ende des Frühlings, schnitt sie ihre großen, aprikosenfarbenen Blüten ab und bereitete köstliche Beignets daraus zu oder füllte sie wie die Blüten der Zucchini.

Im Geschmack sind die einzelnen Kürbisarten etwas unterschiedlich. Ich mag am liebsten den großen Gartenkürbis mit seinem roten Fruchtfleisch, den, der sich in die Kutsche von Aschenputtel verwandelte. Vielleicht übt das Märchen ja auch heute noch seine Faszination auf mich aus. Die Kürbisse, die als erste auf den Markt kommen, sind allerdings noch sehr wäßrig und haben deshalb weniger Geschmack als die Früchte, die den ganzen Winter über auf einem Bett aus Stroh ihre volle Reife entfalten konnten. Der feine Geschmack und die zarte Beschaffenheit des Riesenkürbisses verlangen geradezu danach, mit Zucker, gekochter Milch, Butter und Crème fraîche zubereitet zu werden. Für die Zubereitung der kalten Pürees für die sommerliche Jahreszeit empfehle ich Ihnen hingegen Olivenöl. Und zur Abrundung der Suppen bieten sich im Backofen oder in Olivenöl geröstete Croûtons an.

Die Loire-Rotweine der Rebsorte Cabernet Franc (Bourgueil, Chinon, Saumur, Touraine) mit ihrem Himbeer- und Veilchenaroma passen gut zu diesem fruchtigen Gemüse.

CORNICHONS

Um Cornichons zuzubereiten, bürsten Sie die Schälgurken, wenn sie mit Erde verschmutzt sind, zunächst mit einer Nagelbürste ab. Waschen Sie sie aber keinesfalls, sie werden sonst schlaff. Reiben Sie sie dann so lange mit einem Küchentuch und einer Handvoll grobkörnigem Meersalz ab, bis Sie alle Härchen entfernt haben. Schichten Sie sie anschließend in ein Einmachglas, das Sie zuvor mit kochendem Wasser sterilisiert haben. Geben Sie 1 Zweig Estragon, etwa 20 geschälte, kleine weiße Zwiebeln, einige Körner schwarzen Pfeffer oder eine Pfefferschote dazu und gießen Sie das Ganze mit Branntweinessig auf. Und das war es auch schon!

Kürbisse müssen mit viel Wasser gesäubert werden, denn sie sind oft mit Erde verschmutzt, wenn der Gärtner nicht einen großen flachen Stein daruntergelegt hat. Wenn sie gewaschen und getrocknet sind, schält man sie mit einem Messer aus rostfreiem Stahl, damit sich das Fleisch nicht verfärbt. Dann entfernt man die Kerne und Fasern im Innern der Frucht. Will man die Kerne essen, befreit man sie von den Fasern, wäscht sie und läßt sie anschließend in einem Sieb trocknen. Die Kürbisse werden nun in große Würfel zerteilt, die man entweder in Wasser kocht oder in Alufolie im Backofen gart.

Eine andere Art der Zubereitung, mit der man leckere Resultate erzielen kann, bevorzuge ich persönlich immer dann, wenn ich relativ kleine Riesenkürbisse bekommen konnte.

Nach dem Waschen schneide ich lediglich einen Deckel mit einem Durchmesser von 15 bis 20 cm ab, entferne die Kerne und Fasern mit einem Löffel, salze das Kürbisinnere und den Deckel und gebe den Kürbis für etwa 30 Minuten in den sehr heißen Backofen. Anschließend schabe ich das nunmehr weiche Fruchtfleisch heraus, bereite daraus eine Suppe, ein Püree oder ein Gratin zu und serviere es in dem Kürbisgehäuse. Probieren Sie es einmal aus. Diese wirkungsvolle Art der Präsentation wird Ihren Gästen gefallen.

Das Sommergemüse, das wohl am schlechtesten behandelt wird, ist zweifelsohne die Zucchini. Sie, die zu Unrecht als Diätgemüse angesehen wird und die man - was geradezu ein Frevel ist - in kochendem Wasser pochiert,

Speisekürbis, Riesenkürbis und Gartenkürbis – riesige Sonnenfrüchte in den Gemüsegärten und auf den Märkten.

gilt als Frucht ohne besondere Eigenschaften, ohne Geschmack und ohne Charakter. Doch sie verdient wahrlich eine bessere, sogar sehr viel bessere Behandlung, denn sie ist geradezu ein Wunder an Zartheit und geschmacklicher Feinheit.

Seit ein paar Jahren gibt es einige neue Zucchini-Arten. Man findet heute auch runde Formen, die sich hervorragend zum Füllen eignen (siehe S. 216), und verschiedene längliche Arten; es gibt dunkelgrüne oder weißmarmorierte und sogar goldgelbe. Im Geschmack und in der Beschaffenheit sind sie alle gleich.

Wenn Sie nicht die Möglichkeit haben, Ihre Zucchini ganz früh am Morgen selbst zu ernten, gehen Sie möglichst zeitig auf den Markt, um sie einzukaufen, denn es bekommt ihnen nicht, in Obstkisten eingezwängt in der Wärme zu liegen. Wählen Sie nur Exemplare aus, die schön glänzen und keine Flecken haben. Lagern Sie sie an einem kühlen, aber nicht zu kalten Ort bis zu dem freudigen Augenblick, wenn Sie sie, nachdem Sie sie gewaschen haben, zerteilen. Was für ein Vergnügen! Das Messer gleitet durch die Frucht wie durch frische Butter und von ihrem Fleisch perlt ein feiner, öliger Saft. Wenn sie nicht zu groß sind, ist es nicht notwendig, sie zu schälen und die Kerne zu entfernen. Schneiden Sie aber immer die Enden ab.

Aufgrund ihrer Vielseitigkeit läßt sich die Zucchini auf unterschiedlichste Art zubereiten. Ich esse sie sehr gerne roh, in hauchdünne Scheiben geschnitten oder in einem Salat, oder ich schneide sie in Würfel oder in Scheiben, wende sie in Mehl und backe sie in

Olivenöl heraus. In der Regel bereitet man die Zucchini mit Olivenöl zu, aber haben Sie auch schon einmal daran gedacht, Butter zu verwenden? Köstlich schmecken sie auch, wenn man sie fritiert oder grillt oder wenn man sie zusammen mit ihren ständigen Begleitern – der Tomate, der Aubergine, der Zwiebel und dem Thymian – behutsam in einem Ratatouille mitkocht. Da sie sehr viel Wasser enthalten, sollten Sie sie aber nicht pochieren.

Ihren feinen Geschmack kann man beispielsweise mit einer Füllung unterstreichen. Und da sind sie auch schon wieder die Kindheitserinnerungen, die lieben Erinnerungen an die Mahlzeiten im Kreis der Familie. Ich sehe sie noch vor mir, die Zucchini, die sich mit Sonne und Wasser vollsaugen durften, bis sie auf eine Länge von 30 bis 40 cm angewachsen waren. Dann wurden sie von meiner Mutter und meiner Tante Céléstine geerntet. Sie säuberten sie und schnitten der Länge nach einen etwa 3 cm breiten Deckel ab.

Anschließend entfernten sie alle Kerne. Und davon gab es wahrlich eine Menge! Dann bereiteten sie eine Füllung aus Wurstbrät, kleingeschnittenen gekochten Fleischresten, bißfest gekochtem Reis, Salz und Pfeffer zu. Damit wurden die Zucchini reichlich gefüllt, das Ganze wurde mit Butterflöckchen besetzt und mit Thymian bestreut. Dann kam es mit etwas Wasser in eine große ofenfeste Form und wurde 2 Stunden gegart.

Ich empfehle Ihnen, zu Zucchini einen leichten, gefälligen südfranzösischen Wein der Rebsorte Cinsault (Côtes de Provence, Coteaux du Languedoc) zu reichen.

FRISCHER SOMMERSALAT

An sehr heißen Sommertagen, wenn ich selbst im Schatten des Feigenbaums keine Kühlung mehr finde, bereite ich mir gerne diesen einfachen, säuerlichen, aromatischen Salat zu.

Geben Sie den Saft einer Zitrone sowie eine filetierte zweite Zitrone in eine Salatschüssel. Fügen Sie 3 kleine, in 3 bis 4 mm dicke Scheiben geschnittene Zucchini, kleine Tomatenwürfel und einige Körner grobes Meersalz hinzu und lassen Sie das Ganze ziehen. Geben Sie dann schwarze Oliven, Koriander und Minzblätter dazu. Begießen Sie alles mit Olivenöl, schmecken Sie kräftig mit Pfeffer ab, mischen Sie den Salat durch und servieren ihn dann sofort.

GESCHMORTE GURKEN MIT SCHNITTLAUCH

FÜR 4 PERSONEN

Vorbereitungszeit: 15 Min.
Kochzeit: 8 Min.

1 kg große Salatgurken
1 kleines Bund Schnittlauch
1/2 Sträußchen Petersilie
20 g Butter
4 EL Crème fraîche
1 EL scharfer Dijon-Senf
Salz
Pfeffer

Es gibt nur wenige Rezepte für warme Gurkengerichte. Doch ich finde, daß ihr Eigengeschmack besonders gut zur Geltung kommt, ihre Knackigkeit aber keineswegs beeinträchtigt wird, wenn man sie nur ganz kurz kocht. Versuchen Sie es einmal. Wenn Sie die Kochzeit genauestens einhalten und sehr feste Gurken verwenden, werden Sie nicht enttäuscht werden.

Schälen Sie die Gurken mit einem Haushaltsmesser. Halbieren Sie sie, entfernen Sie die Kerne mit einem Kaffeelöffel und schneiden Sie sie anschließend in 4 cm lange Stifte.

Waschen Sie den Schnittlauch und schneiden ihn in 1 cm lange Röllchen.

Waschen Sie die Petersilie und wiegen Sie sie.

Wärmen Sie eine tiefe Schale bei 90 °C im Backofen vor.

Lassen Sie die Butter in einer großen Pfanne zerlaufen, geben Sie die Gurkenstifte hinein und schalten Sie die Herdplatte auf höchste Stufe. Würzen Sie mit Salz. Schmoren Sie die Gurken nun exakt 2 Minuten in der Pfanne und wenden Sie sie dabei laufend.

Fügen Sie die Crème fraîche hinzu und lassen Sie das Ganze kurz aufkochen.

Nehmen Sie die Pfanne vom Herd und geben Sie den Senf, den Schnittlauch und die Petersilie zu den Gurken.

Schmecken Sie mit Salz und Pfeffer ab und servieren Sie die Gurken anschließend sofort in der vorgewärmten Schüssel.

Das Gericht kann auch kalt, sollte aber nicht eisgekühlt gegessen werden.

KÜRBISFLAN MIT TAPIOKA

FÜR 4 PERSONEN

Vorbereitungszeit: 30 Min.
Kochzeit: 1 Std. 40 Min.

1 Speisekürbis (1,5 kg)
2 TL Streuzucker
200 ml Milch
40 g Butter
1 Vanilleschote
4 Eier
1 Msp. geriebene Muskatnuß
10 g Tapioka
Salz
Pfeffer

Da dieser ausgesprochen raffinierte Flan, den man als Dessert reicht, im Kochgeschirr serviert werden muß, sollten Sie eine hübsche ofenfeste Form aus glasiertem Ton oder aus Porzellan verwenden, die farblich zu Ihrem Tischtuch paßt. Sie können den Flan warm oder kalt servieren. Und wenn Sie ihn mit Vanille aromatisieren, wird er Ihre Kinder ein für allemal mit der Tapiokastärke versöhnen!

Heizen Sie den Backofen auf 180 °C (Stufe 1) vor. Schälen Sie den Kürbis und entfernen Sie die Kerne und Fasern im Innern.

Schneiden Sie das Fruchtfleisch in 2 cm große Würfel und geben Sie diese in die Mitte eines 50 cm langen Stücks Alufolie. Bestreuen Sie die Kürbiswürfel mit Salz und Zucker und schlagen Sie sie dann in die Folie ein.

Verstärken Sie diese Hülle mit einem zweiten Stück Alufolie.

Geben Sie das Ganze in den Ofen und lassen es 45 bis 60 Minuten garen.

Bringen Sie in der Zwischenzeit die Milch mit der Vanilleschote und einer Prise Salz zum Kochen. Streuen Sie die Tapiokastärke in die kochende Milch ein, verrühren Sie alles mit dem Schneebesen und lassen es auf kleiner

Flamme 5 Minuten köcheln. Dann nehmen Sie die Milch vom Herd.

Holen Sie die Kürbiswürfel aus dem Ofen, öffnen Sie die Alufolie, lassen Sie das Kürbisfleisch in einem Sieb abtropfen und geben es anschließend in eine Schüssel.

Schalten Sie den Backofen auf 140 °C herunter.

Verquirlen Sie die Eier mit dem Schneebesen in einer Schüssel. Mischen Sie das Kürbisfleisch gründlich mit der Tapiokamilch.

Geben Sie 30 g in kleine Flöckchen zerteilte Butter dazu und verrühren Sie das Ganze erneut, bis die Butter vollständig geschmolzen ist. Fügen Sie nun die verquirlten Eier und 1 Msp. geriebene Muskatnuß hinzu.

Schmecken Sie anschließend mit Salz und Pfeffer ab. Rühren Sie das Ganze gut mit einem Holzpfannenwender um und geben es dann in eine Auflaufform, die Sie zuvor gut mit der restlichen Butter eingefettet haben.

Streichen Sie die Oberfläche mit der Rückseite eines Kaffeelöffels glatt.

Stellen Sie die Form in eine zweite ofenfeste Form, die als Wasserbad dient. Füllen Sie diese bis zur halben Höhe der Form, die die Kürbis-Tapioka-Mischung enthält, mit heißem Wasser und geben Sie das Ganze in den Ofen.

Lassen Sie den Flan zunächst 10 Minuten bei 140 °C garen. Schalten Sie die Temperatur dann auf 120 °C herunter und lassen ihn weitere 30 Minuten garen.

Stellen Sie die Auflaufform anschließend auf eine Servierplatte und tragen Sie den Flan auf.

KÜRBISPÜREE MIT OLIVENÖL

FÜR 4 PERSONEN

Vorbereitungszeit: 10 Min.
Kochzeit: 40 bis 50 Min.

1 kleiner Riesenkürbis (2 kg)
eventuell 2 EL feiner
Weizengrieß
4 Knoblauchzehen
7 EL Olivenöl
einige Tropfen Tabasco
Salz
4 Scheiben geröstetes
Landbrot (nach Belieben)

Da der Riesenkürbis, der im Spätsommer und im Herbst zur Reife gelangt, bis zum Ende des Winters gelagert werden kann und in dieser Zeit seine volle Reife und sein volles Aroma entwickelt, kann man ihn fast das ganze Jahr über genießen. Im Herbst und im Winter sollten Sie daraus Suppen, Gratins und warme Pürees zubereiten; für den Sommer empfehle ich Ihnen hingegen, ihn zu kalten Pürees zu verarbeiten, die Sie mit verschiedenen Würzmitteln verfeinern können.

Heizen Sie den Backofen auf hohe Temperatur (240 °C, Stufe 4–5) vor.

Schneiden Sie von dem Kürbis einen Deckel mit 15 cm Durchmesser ab und entfernen Sie Kerne und Fasern mit einem Löffel.

Salzen Sie das Kürbisinnere und den Deckel und geben Sie den Kürbis in den sehr heißen Backofen. Nach etwa 30 Minuten sollte das Fruchtfleisch weich sein, und im Innern des Kürbisses sollte keine Flüssigkeit mehr sein. Ist dies dennoch der Fall, streuen Sie 2 EL Grieß in den Kürbis und geben ihn nochmals für 10 bis 15 Minuten in den Ofen.

Ziehen Sie nun die Knoblauchzehen ab und hacken Sie sie.

Schaben Sie das Fruchtfleisch mit einem Löffel vollständig aus dem Kürbis heraus.

Erhitzen Sie 2 EL Olivenöl in einer Pfanne. Wenn das Öl siedendheiß ist, geben Sie das Kürbisfleisch hinein. Braten Sie es auf großer Flamme an und wenden Sie es dabei laufend mit einem Holzpfannenwender, damit die überschüssige Flüssigkeit verdunsten kann.

Sobald das Kürbisfleisch zu einem festen Brei eingekocht ist, geben Sie diesen in eine Schüssel und fügen nach und nach das restliche Öl, den Knoblauch, Tabasco und Salz hinzu. Verrühren Sie das Ganze anschließend gründlich mit dem Holzpfannenwender. Halten Sie das Püree im Wasser-

bad warm und servieren Sie es möglichst bald. Wenn Sie mögen, reichen
Sie dazu geröstetes, mit Olivenöl
beträufeltes Landbrot.

Variation:
Sie erhalten ein herrliches Sommer-
gericht, wenn Sie dem Püree noch folgende Zutaten hinzufügen:
120 g weiße, in Öl eingelegte Thun-
fischstücke
80 g schwarze Oliven
4 hartgekochte Eier

10 Ringe roten Paprika
10 Ringe grünen Paprika
abgezupfte Blätter von 1 Zweig Minze
abgezupfte Blätter von 1 Stengel
Basilikum

Geben Sie das kalte Püree in eine tiefe
Schale, verteilen Sie die Thunfisch-
stücke, die Oliven, die geviertelten
hartgekochten Eier und die Paprika-
ringe darauf und streuen Sie die abgezupften Minz- und Basilikumblätter
darüber.

KÜRBISSUPPE

FÜR 4 PERSONEN

Vorbereitungszeit: 15 Min.
Kochzeit: 50 Min.

1 große Zwiebel (150 g)
2 EL Olivenöl
1 Speisekürbis (1 kg)
1 Süßkartoffel (nach Be-
lieben)
250 ml Vollmilch
10 g Puderzucker
20 g Butter
4 EL Crème fraîche
4 etwas dickere Scheiben
geröstetes Landbrot
Salz
Pfeffer

Foto Seite 62

Auch dies ist ein Gericht, das mich an meine Kindheit erinnert. Seine cremige
Beschaffenheit, sein süßer Geschmack und seine zarte Farbe machen es zu
einer wahren Leckerei. Bei uns zu Hause wurde diese Suppe im Winter häufig als Abendmahlzeit gegessen. Wie köstlich das doch war! Ich kann mich
noch lebhaft daran erinnern.

Sollten Ihre Kinder partout keine Suppe mehr essen wollen, können Sie sie
mit dieser Kürbissuppe ganz sicher umstimmen.

Schälen Sie die Zwiebel und hacken
Sie sie fein. Dünsten Sie sie in einem
Schmortopf mit Olivenöl an. Schälen
Sie den Kürbis, entfernen Sie die Kerne
und Fasern, schneiden Sie das Fruchtfleisch in große Würfel und geben diese, eventuell zusammen mit einer geschälten, gewaschenen und ebenfalls in
grobe Würfel zerteilten Süßkartoffel zu
den Zwiebeln.

Schwitzen Sie das Ganze gut 15 Minuten auf sehr kleiner Flamme an.
Wenden Sie das Gemüse dabei laufend
mit einem Holzpfannenwender, damit
es nicht anhängt.

Mischen Sie 250 ml Milch mit 250 ml
Wasser und gießen sie über das Ge-
müse, so daß es gerade bedeckt ist.
Schmecken Sie anschließend mit Salz
und Pfeffer ab und geben Sie den
Puderzucker dazu.

Lassen Sie das Ganze 30 Minuten auf
kleiner Flamme köcheln und geben es
dann in die Gemüsepresse oder den
Mixer.

Erhitzen Sie den Kürbisbrei anschließend in einem Emailletopf und fügen
Sie die Butter und die Crème fraîche
hinzu.

Lassen Sie die Suppe nochmals aufkochen, geben Sie sie dann sofort in
tiefe Teller und legen Sie unmittelbar
vor dem Auftragen die gerösteten Brotscheiben darauf.

KÜRBISTARTE

Das Rezept für diese Kürbistarte stammt aus Mittelfrankreich. Dort wird sie hauptsächlich in der Gegend um Millançay in der Sologne gebacken, und zwar vor allem zu Allerheiligen, dem amerikanischen Halloween. Sie können sie warm oder kalt, mit oder ohne Schlagsahne servieren.

Stellen Sie zunächst einen Mürbteig her: Dazu lassen Sie die Butter auf einem Heizkörper oder im nur leicht vorgewärmten Backofen weich werden. Drücken Sie eine Vertiefung in das Mehl, gießen Sie das Wasser hinein und geben Sie eine Prise Salz dazu.

Fügen Sie anschließend die weiche Butter und den Zucker hinzu. Vermengen Sie das Ganze mit den Fingerspitzen, formen Sie den fertigen Teig zu einer Kugel, schlagen ihn in ein Tuch ein und lassen ihn mindestens 1 Stunde an einem kühlen Ort ruhen.

Heizen Sie den Backofen auf 220 °C (Stufe 4) vor. Nehmen Sie eine relativ hohe Kuchenform mit 25 cm Durchmesser, fetten Sie sie sorgfältig mit Butter ein und kleiden sie mit dem Teig aus. Stechen Sie den Boden mit einer Gabel ein und decken ihn dann mit Butterbrot- oder Backpapier ab. Damit der Teig schön flach bleibt, geben Sie eine Schicht Bohnenkerne, Linsen oder Maiskörner oder auch kleine, saubere Flußkiesel darauf. Schieben Sie die Form dann für 10 bis 15 Minuten in den Ofen und backen den Teig vor, ohne daß er Farbe annimmt.

Entfernen Sie anschließend das getrocknete Gemüse und das Papier. Schalten Sie den Backofen aber nicht aus.

Während der Teig bäckt, schälen Sie den Kürbis, zerteilen ihn und entfernen die Kerne und die Fasern. Schneiden Sie das Fruchtfleisch in kleine Würfel und garen Sie sie etwa 20 Minuten mit etwas Wasser in einer feuerfesten Form oder einer Kasserolle im Ofen, bis das Wasser zum größten Teil verdampft ist und ein relativ trockener Brei entstanden ist. Geben Sie diesen Brei dann zum Abkühlen in eine Schüssel.

Sobald er abgekühlt ist, fügen Sie die 3 Eier, Salz, den Grieß, den Zimt, Muskat, den Ingwer, den Farinzucker und die Kondensmilch (oder die Sahne) hinzu.

Vermischen Sie alles gründlich, verteilen Sie die Masse auf dem vorgebackenen Teig und geben die Tarte für 15 Minuten in den Ofen.

Schalten Sie den Backofen danach auf 180 °C (Stufe 1) herunter und lassen die Tarte weitere 30 Minuten backen.

FÜR 8 PERSONEN

Vorbereitungszeit:
1 Std. 45 Min. (einschließlich der Ruhezeit für den Teig)
Kochzeit: 65 Min.

1 Riesenkürbis (1,5 kg)
3 Eier
3 g Salz
50 g Weizengrieß
5 g gemahlener Zimt
1 Msp. geriebene Muskatnuß
3 g Ingwerpulver
100 g Farinzucker
150 ml ungezuckerte Kondensmilch oder
210 ml flüssige, süße Sahne

Für den Mürbteig:
250 g Mehl
150 g Butter
30 g Butter zum Ausfetten der Form
4 EL kaltes Wasser
1 Prise Salz
1 EL Zucker

**Kürbissuppe,
Rezept Seite 61
(Foto links)**

ZUCCHINIKUCHEN MIT PINIENKERNEN

Hier nun ein raffinierter Kuchen mit einem äußerst verlockenden Aroma. Wenn Sie den ausgekühlten Kuchen in Alufolie verpacken, können Sie ihn mehrere Tage im Kühlschrank aufbewahren.

Lassen Sie die Butter auf kleiner Flamme zerlaufen. Putzen und waschen Sie die Zucchini und trocknen Sie sie ab. Raspeln Sie sie mit der Schale auf einer groben Reibe.

Geben Sie die Eier, die geschmolzene Butter und den Zucker in den Mixer und verrühren Sie alles.

Heizen Sie nun den Backofen auf 220 °C (Stufe 4) vor.

Vermischen Sie das Mehl, das Salz, den Vanillezucker, das Backpulver (oder das kohlensaure Natron) und den Kümmel in einer Schüssel.

Geben Sie das Ganze dann zu der Mischung aus der Butter, dem Zucker und den Eiern.

Verrühren Sie alles so lange im Mixer, bis Sie einen glatten, gleichmäßigen Teig erhalten und fügen Sie anschließend die geraspelten Zucchini und die Pinienkerne hinzu.

Fetten Sie eine Kastenform mit etwas geschmolzener Butter ein, stäuben Sie Mehl darüber und füllen Sie den Teig in die Form.

Geben Sie die Form in den Ofen. Schalten Sie die Temperatur nach 10 Minuten auf 180 °C (Stufe 1) herunter und lassen Sie den Kuchen noch eine gute Stunde weiterbacken.

Nehmen Sie den fertigen Kuchen aus dem Ofen und stürzen ihn auf ein Gitter.

FÜR 4 PERSONEN

Vorbereitungszeit: 25 Min.
Backzeit: 1 Std. 15 Min.

300 g Zucchini
150 g Butter
4 Eier
300 g Mehl
250 g Streuzucker
1 TL Salz
1 Päckchen Vanillezucker
1 Päckchen Backpulver
oder
5 g kohlensaures Natron
100 g Pinienkerne
1 Msp. gemahlener Kümmel

Foto links

ZUCCHINIKUCHEN »MONSIEUR JOURDAN«

Diesen Kuchen, dessen Name an eine Erzählung von Alphonse Daudet erinnert, hat mir einmal Monsieur Jourdan, ein Gastwirt aus der Gegend von Manosque, serviert. Der Geschmack der Zucchinischeiben auf dem sehr dünnen Teig ist mir in angenehmster Erinnerung geblieben. Deshalb möchte ich auch Sie an diesem Genuß teilhaben lassen.

Drücken Sie eine Vertiefung in das leicht gesalzene Mehl, gießen Sie das Olivenöl und das lauwarme Wasser hinein und kneten Sie das Ganze zu einem glatten Teig. Formen Sie diesen zu einer Kugel, schlagen ihn in ein Tuch ein und lassen ihn anschließend mindestens 1 Stunde im Kühlschrank ruhen.

Heizen Sie nun den Backofen auf 220 °C (Stufe 4) vor.

Waschen Sie die Zucchini, trocknen Sie sie ab und schneiden sie dann in feine Scheiben.

Nehmen Sie den Teig aus dem Kühlschrank, rollen Sie ihn mit einem Nudelholz dünn aus und geben ihn auf ein Backblech.

Stechen Sie den Teig mit einer Gabel ein und verteilen Sie die Zucchinischeiben lose darauf. Zwischen den einzel-

FÜR 4 PERSONEN

Vorbereitungszeit:
1 Std. 35 Min. (einschließlich der Ruhezeit für den Teig)
Backzeit: 15 Min.

2 sehr feste Zucchini
250 g Mehl
8 EL Olivenöl
1/2 Glas lauwarmes Wasser
1 Prise Salz
1 Msp. Thymianblüte
etwas grobkörniges Salz

nen Scheiben sollte noch etwas Teig freibleiben.

Drücken Sie die Zucchini gut an, streuen Sie etwas grobkörniges Salz und Thymianblüte darüber und

geben Sie den Kuchen für ca. 15 Minuten in den Ofen. Am Ende der Backzeit sollte der Teig schön knusprig sein.

Servieren Sie den Kuchen heiß.

FÜR 4 PERSONEN

Vorbereitungszeit: 30 Min.
Kochzeit: 25 Min.

600 g lange, dünne, sehr
feste Zucchini
4 EL Olivenöl
200 g kleine weiße
Zwiebeln
1 TL Kardamomkörner
1/2 Pfefferschote
100 g gedörrte Feigen
2 sehr reife Zitronen
1 TL Tomatenmark
3 Lorbeerblätter
2 EL Pfefferminze
2 EL frische Koriander-
blätter
Salz
Pfeffer

Foto rechts

ZUCCHINI MIT KLEINEN ZWIEBELN UND KARDAMOM

Schälen Sie die kleinen weißen Zwiebeln und geben Sie sie mit 2 EL Olivenöl, dem Kardamom und den Lorbeerblättern in einen Schmortopf. Gießen Sie so viel Wasser an, daß alles bedeckt ist, würzen Sie mit Salz und Pfeffer und fügen Sie die halbe Pfefferschote hinzu. Schließen Sie den Topf und kochen Sie das Ganze 10 Minuten auf großer Flamme.

Schneiden Sie in der Zwischenzeit die ungeschälten Zucchini, von denen Sie zuvor die Enden abgeschnitten haben, in 5 cm lange Stücke, die Sie anschließend halbieren.

Schneiden Sie die Feigen in kleine Würfel, geben sie in ein feines Sieb

und säubern sie, indem Sie einige Minuten lauwarmes Leitungswasser darüberlaufen lassen. Lassen Sie sie dann abtropfen.

Geben Sie die Zucchini zu den Zwiebeln in den Topf und fügen Sie das Tomatenmark hinzu.

Achten Sie darauf, daß genügend Flüssigkeit im Topf ist, und gießen Sie gegebenenfalls noch etwas Wasser an. Schließen Sie den Topf nun wieder und lassen das Ganze weitere 5 Minuten auf großer Flamme kochen.

Schälen Sie inzwischen die Zitronen und filetieren Sie sie. Schneiden Sie sie anschließend in Würfel und nehmen Sie die Kerne heraus.

Wiegen Sie nun die Minz- und Korianderblätter.

Nehmen Sie am Ende der Kochzeit den Deckel vom Topf, geben Sie das restliche Olivenöl hinein und lassen das Ganze nochmals kräftig aufkochen, damit die Flüssigkeit eindickt. Nehmen Sie den Topf vom Herd und fügen Sie die Feigen und die Zitrone hinzu. Erhitzen Sie das Gericht danach nicht noch einmal.

Kurz vor dem Auftragen entfernen Sie die Lorbeerblätter und die Pfefferschote und geben die kleingehackten Koriander- und Minzblätter hinein. Schmecken Sie mit Salz und etwas Pfeffer ab, rühren Sie um und servieren Sie das Gericht warm.

DER FENCHEL

Wer hat sie nicht schon in den Heidegebieten der Provence am Wegrand stehen sehen, die geraden, mit duftig gefiederten Blättern besetzten und von gelben Blütendolden gekrönten Fenchelstengel? Aus dem Landschaftsbild der Provence sind sie nicht wegzudenken, und jedes Kind, das auf dem Land aufwächst, hat schon einmal die nach Anis schmeckenden Stengel geknabbert. Seit jeher würzt man das Weihnachtsgebäck mit Fenchelsamen, füllt man gegrillten Seebarsch mit seinen Stengeln und garniert Fischgerichte mit den an Dill erinnernden Blättern. Doch in erster Linie erfreut sich seine fleischige Knolle besonderer Beliebtheit.

Beim Kauf sollten Sie darauf achten, daß die Knollen schön rund, weiß und fest sind. Nehmen Sie aber keinesfalls solche Exemplare, deren äußere Blätter bereits von jungen Trieben durchbohrt sind. Die an den Stengeln verbliebenen Blätter sollten eine schöne hellgrüne Farbe haben.

Wie den Sellerie muß man auch den Fenchel zunächst von den äußeren Blätter befreien, um an sein zartes Inneres zu gelangen. Dann entfernt man den sehr harten unteren Teil und schneidet die Stengelansätze ab, damit man schöne regelmäßige Kugeln erhält.

Man kann die Knollen entweder in kochendem Salzwasser oder in Mehlwasser garen, d.h., man gibt sie in kaltes Wasser, in dem man zuvor Mehl aufgelöst hat und dem man Zitronensaft beigibt, damit sich der Fenchel nicht verfärbt.

Ich ziehe es allerdings vor, die Knollen der Länge nach zu halbieren und sie ganz sachte mit Olivenöl, einem Stück Zucker und etwas Zitronensaft in einem Schmortopf oder im Backofen schmoren zu lassen. So werden sie ganz zart und erinnern im Geschmack an eingelegten Anis.

Der kräftige Eigengeschmack des Fenchels läßt sich gut mit Zucker, Früchten (vor allem Aprikosen), süßlichen Gemüsesorten, wie Zwiebeln, Paprikaschoten und Tomaten, unterstreichen, aber auch mit Zitrone, die ihm eine angenehm säuerliche Note gibt und das Fruchtfleisch zarter macht. Koriander und Lorbeer passen ebenfalls gut zu Fenchel.

Für gewöhnlich serviert man ihn zu gegrilltem oder gedünstetem Fisch, mit dem er sich sehr gut verträgt, oder auch zu einem *aïoli*. Aber warum sollte man ihn nicht auch zu gegrilltem Lamm oder zu einem Zitronenhähnchen reichen. Ein kühler Bandol-Roséwein paßt besonders gut zu Fenchel.

SUPPE AUS FENCHEL-BLÄTTERN

Gewiß werden nur wenige von Ihnen wissen, daß man aus den äußeren Blättern des Fenchels, die zu fasrig sind, um sie zu Gemüse zu verarbeiten, eine sehr feine und schmackhafte Suppe zubereiten kann, die man zum Beispiel als leckere Vorspeise zu einem Fischgericht reichen kann.

Nehmen Sie die äußeren Blätter und die Fenchelstengel sowie die inneren weißen Teile von 1 oder 2 Stangen Lauch. Schneiden Sie alles in feine Streifen und schwitzen Sie diese auf kleiner Flamme im geschlossenen Topf mit 3 EL Olivenöl und einer zerdrückten Knoblauchzehe an.

Füllen Sie nach 15 Minuten mit 1 l Hühnerbrühe (die Sie aus einem Brühwürfel hergestellt haben) auf und lassen das Ganze eine gute Viertelstunde kochen. Pürieren Sie die Suppe dann zunächst im Mixer und streichen Sie sie anschließend nochmals durch ein feines Sieb, um die Fasern vollständig auszusondern.

Verrühren Sie 4 Eigelb, 2 EL Olivenöl und einige EL Fenchelbrühe im Mixer und dicken Sie das Ganze dann wie eine Mayonnaise an.

Lassen Sie diese Mischung aufkochen, nehmen Sie sie vom Herd und rühren sie mit einem Schneebesen in die Suppe.

Schmecken Sie kräftig mit frischgemahlenem Pfeffer ab und servieren Sie die Suppe dann sofort.

FENCHELHERZEN IM EIGENEN SAFT GESCHMORT

FÜR 4 PERSONEN

Vorbereitungszeit: 30 Min.
Kochzeit: 1 Std. 30 Min.

4 große, frische Fenchel-
knollen (900 g)
1 große Zwiebel
1 rote Paprikaschote
1 Knoblauchzehe
150 bis 225 ml Hühner-
brühe
2 mittelgroße Tomaten
$^1/_2$ TL Zucker
2 EL Olivenöl
2 EL Korianderblätter
24 entsteinte schwarze
Oliven
Salz
Pfeffer

Trennen Sie zunächst die Stengel und die Wurzelansätze der Fenchelknollen ab. Entfernen Sie die äußeren Blätter mit einem Haushaltsmesser und halbieren Sie die Knollen anschließend der Länge nach.

Heizen Sie nun den Backofen auf 150° C vor.

Schälen Sie die Zwiebel und schneiden Sie sie in dünne Ringe.

Waschen Sie die Paprikaschote, entfernen Sie die Kerne und schneiden Sie sie ebenfalls in dünne Ringe.

Gießen Sie das Olivenöl in einen Schmortopf, geben Sie die in Ringe geschnittene Zwiebel und die Paprikaschote hinein und garen Sie sie auf kleiner Flamme. Rühren Sie dabei laufend mit einem Kochlöffel um, damit das Gemüse nicht anbräunt.

Sobald es weich wird, fügen Sie die geschälte und zerdrückte Knoblauchzehe hinzu und schichten die Fenchelhälften in den Topf. Gießen Sie die Hühnerbrühe an und schmecken Sie mit Salz ab.

Lassen Sie das Ganze aufkochen, schließen Sie den Topf und geben ihn dann für 30 Minuten in den Ofen.

Entfernen Sie in der Zwischenzeit die Stielansätze der Tomaten und legen Sie sie 1 Minute in kochendes Wasser. Holen Sie sie anschließend wieder heraus, schrecken sie ab und ziehen die Haut ab. Halbieren Sie sie, entfernen Sie die Kerne und schneiden Sie die Tomatenhälften in grobe Würfel. Geben Sie diese zusammen mit dem Zucker zu den Fenchelknollen und schieben Sie das Ganze für weitere 20 Minuten in den Ofen.

Hacken Sie die Korianderblätter grob.

Nehmen Sie die Fenchelknollen mit einem Schaumlöffel aus dem Topf, schichten Sie sie in eine tiefe feuerfeste Form und stellen Sie sie warm. Gießen Sie die Kochflüssigkeit mit den Zwiebeln, dem Knoblauch, der Paprikaschote und den Tomaten in den Mixer und verrühren Sie alles zu einem flüssigen Brei.

Salzen Sie diesen Brei, würzen Sie ihn kräftig mit Pfeffer und passieren ihn anschließend durch ein feines Sieb über die Fenchelknollen.

Verteilen Sie die entsteinten Oliven auf den Knollen und geben sie dann nochmals für 10 Minuten in den 150 °C heißen Ofen.

Bestreuen Sie das Ganze unmittelbar vor dem Servieren mit dem gehackten Koriander.

FÜR 4 PERSONEN

Vorbereitungszeit: 10 Min.
Kochzeit: 1 Std.

8 zarte Fenchelknollen
6 frische schwarze Feigen
2 Lorbeerblätter
$^1/_2$ Zimtstange
50 g Butter
1 EL Mehl
Saft $^1/_2$ Zitrone
2 bis 3 Feigenblätter
grobkörniges Salz
Salz
Pfeffer

Foto rechts

FENCHELTOPF MIT FEIGEN UND LORBEER

Entfernen Sie die äußeren Blätter der Fenchelknollen und schneiden Sie die Wurzelansätze und die Stengel ab, so daß Sie regelmäßige Kugeln erhalten. Waschen Sie diese und lassen Sie sie abtropfen. Geben Sie sie dann in kochendes Wasser, dem Sie grobkörniges Salz und Zitronensaft zugefügt haben, und kochen Sie die Knollen 30 Minuten. Lassen Sie sie anschließend in der Kochflüssigkeit abkühlen. Wenn sie nur noch lauwarm sind, gießen Sie sie ab und trocknen sie gut ab.

Bestäuben Sie sie dann mit etwas Mehl.

Heizen Sie nun den Backofen auf 120 °C vor.

Lassen Sie die Hälfte der Butter in einer Pfanne zerlaufen. Sobald sie

Farbe annimmt, geben Sie die Fenchelknollen hinein, braten sie von allen Seiten goldgelb an und schichten sie dann nebeneinander in einen Schmortopf mit Deckel. Halbieren Sie die Feigen und verteilen Sie sie zwischen den Fenchelknollen.

Geben Sie die Lorbeerblätter und die Zimtstange darauf, salzen Sie und würzen Sie kräftig mit Pfeffer. Fügen Sie die restliche Butter hinzu und decken Sie das Ganze mit den Feigenblättern ab. Schließen Sie nun den Topf und schieben ihn für 20 bis 30 Minuten in den Ofen.

Entfernen Sie anschließend die Zimtstange sowie die Lorbeer- und die Feigenblätter und servieren Sie das Gericht im Kochgeschirr.

DIE PAPRIKASCHOTEN

Gelb, rot, orange, grün, violett. Sie leuchten in den buntesten Farben! Und sie sind einfach schön anzusehen, die Paprikaschoten. So schön, daß man fast meinen könnte, sie seien aus glänzendem Plastik. Aber glücklicherweise trügt der äußere Schein. Ihr kräftiger und verführerischer, etwas schärfer und leicht bitterer Eigengeschmack kann bei den gelben oder roten Sorten auch eine sehr süße Note haben.

Wählen Sie beim Einkauf stets nur die Schoten aus, die schön fest und glatt, schwer und fleischig sind. Für Pürees, ein Ratatouille und andere Gerichte aus verschiedenen Gemüsen, die eine relativ lange Kochzeit haben, können Sie auch die kleineren, weniger fleischigen Arten verwenden, deren Schale beim Kochen vollständig zergeht. Für Salate und zum Füllen empfehle ich Ihnen die länglichen, unregelmäßig geformten grünen Paprikaschoten, deren Schale man gut mitessen kann. Die kurzen, gedrungenen Paprikaschoten, die man am häufigsten findet, haben zwar den Vorzug, daß sie sehr fleischig sind, doch ist ihre Schale ziemlich dick und schwer verdaulich.

Wenn Sie sie roh essen wollen, sollten Sie sie schälen. Solange Sie frisch und fest sind, ist das ganz einfach. Wenn Sie sie dagegen kochen wollen, gibt es verschiedene Möglichkeiten, sie zu enthäuten: Man kann sie zum Beispiel für einige Minuten in sehr heißes Öl oder auch in kochendes Wasser geben. Ich persönlich ziehe es vor, sie mit Öl zu bestreichen und sie für kurze Zeit in die offene Glut eines Kaminfeuers, unter den Backofengrill oder auch auf eine vorgeheizte Kochplatte zu legen oder sie über die offene Gasflamme zu halten.

Sobald die Schale ganz schwarz ist und Blasen wirft, geben Sie die Paprikaschoten in einen Plastikbeutel, den Sie gut verschließen, oder Sie verpacken sie luftdicht in Zeitungspapier. Nach einer Viertelstunde sind sie dann weich und Sie können die Schale unter fließendem Wasser ganz leicht mit den Fingern abziehen. Und vergessen Sie nicht, anschließend den Stielansatz und die Kerne zu entfernen.

Wie bei den meisten Sommergemüsen, eignet sich das Olivenöl, in dem sie sich im übrigen auch sehr gut aufbewahren lassen, von allen Fetten am besten für die Zubereitung der Paprikaschoten.

Alle für die Mittelmeerküche typischen Kräuter und Pflanzen, wie Bohnenkraut, Thymian, schwarze Oliven, Knoblauch, Auberginen, Tomaten, vertragen sich auch gut mit der Paprikaschote. Außerdem paßt sie hervorragend zu Fisch.

Aufgrund ihrer kräftigen Farbe eignet sie sich auch sehr gut zum Garnieren, beispielsweise als Farbtupfer in einem Omelette oder auf einem Auberginenkuchen.

Ihr intensiver Geschmack, ihre Knackigkeit und Milde harmonieren vortrefflich mit den jungen Rioja-Rotweinen oder einigen leichten Médoc-Weinen.

b grün, gelb, t oder dunkellau (ja, das ibt es auch!), eischig, glänend und fest, ie Paprikaschoten sind o mild, daß an meinen önnte, sie sein gezuckert... och hüten Sie ch vor ihren erwandten, en Pfefferchoten, die war ebenso chön ausseen, aber hölsch scharf ein können.

SALAT CÉSAR

Die Spanier, die leidenschaftlich gerne Pfeffer- und Paprikaschoten essen, genießen gerne einen Salat aus Paprikaschoten und Sardellenfilets. Hier nun eine provenzalische Variante des Rezepts, die von meinem Freund, dem Bildhauer César stammt, der auch ein ausgezeichneter Koch ist.

Verwenden Sie dazu die länglichen, etwas gebogenen grünen Paprikaschoten. An weiteren Zutaten benötigen Sie einige in Salzlake eingelegte Sardellenfilets, $1/2$ TL junge Bohnenkrautblättchen, eine feingehackte Knoblauchzehe, eine Handvoll schwarze Oliven (mit oder ohne Kern), Weinessig, ein gutes, fruchtiges Olivenöl, Salz und Pfeffer.

Waschen Sie die Paprikaschoten und lassen Sie sie abtropfen, entfernen Sie die Stielansätze und die Kerne und schneiden Sie sie der Länge nach in schmale Streifen.

Vermischen Sie dann alle Zutaten in einer Salatschüssel und zerdrücken Sie die Sardellenfilets etwas in der Sauce. Lassen Sie den Salat vor dem Servieren $1/2$ Stunde ziehen.

ROTE PAPRIKASCHOTEN MIT SARDELLENFILETS

Ich serviere dieses für den Mittelmeerraum typische Gericht lauwarm mit dicken Scheiben geröstetem Landbrot.

Legen Sie die Paprikaschoten unter den auf höchster Stufe vorgeheizten Backofengrill oder in die offene Glut eines Kaminfeuers, bis die Schale schwarz ist. Nehmen Sie sie anschließend heraus und geben sie zum Garen in einen Plastikbeutel.

Ziehen Sie die Knoblauchzehen ab und hacken Sie sie fein.

Nehmen Sie dann die Paprikaschoten aus dem Plastikbeutel und enthäuten Sie sie.

Schneiden Sie die Stielansätze heraus, halbieren Sie die Schoten und entfernen Sie die Kerne.

Trocknen Sie sie anschließend mit Küchenkrepp ab und schneiden sie in schmale Streifen.

Zupfen Sie das Bohnenkraut ab und wiegen Sie die Blätter fein.

Fetten Sie nun eine Auflaufform mit etwas Olivenöl ein und geben Sie zunächst eine Lage in Streifen geschnittene Paprikaschoten hinein. Verteilen Sie dann den feingehackten Knoblauch, das Bohnenkraut, die Sardellenfilets und die schwarzen Oliven darauf und würzen Sie mit Pfeffer.

Bedecken Sie das Ganze anschließend mit den restlichen Paprikaschoten und schmecken Sie mit wenig Salz ab, denn die Sardellenfilets und die Oliven sind bereits gesalzen. Träufeln Sie das restliche Olivenöl darüber und geben Sie die Form dann bei schwacher Hitze (Stufe 1) für 10 Minuten in den Ofen.

FÜR 4 PERSONEN

Vorbereitungszeit: 30 Min.
Kochzeit: 30 Min.

4 fleischige rote Paprikaschoten
4 Knoblauchzehen
1 kleines Sträußchen Bohnenkraut
8 in Öl eingelegte Sardellenfilets
30 entsteinte schwarze Oliven
4 EL Olivenöl
Salz
Pfeffer

Foto links

GESCHMORTE MILDE PAPRIKA-SCHOTEN MIT WEINESSIG

Entfernen Sie die Stielansätze und die Kerne der Paprikaschoten. Halbieren Sie sie der Länge nach und schneiden sie dann in 1 cm breite Streifen.

Ziehen Sie die Knoblauchzehen ab und zerdrücken Sie sie.

Erhitzen Sie nun 3 EL Olivenöl in einer Pfanne und geben Sie die in Streifen geschnittenen Paprikaschoten, die zerdrückten Knoblauchzehen und die Pfefferschote hinein.

Würzen Sie mit Salz und dünsten Sie das Ganze an. Geben Sie dann den Deckel auf die Pfanne und lassen alles auf mittlerer Flamme 5 Minuten köcheln.

Nehmen Sie anschließend den Deckel wieder von der Pfanne und lassen das Öl sehr heiß werden. Gießen Sie nun den Weinessig in die Pfanne und lassen ihn einkochen.

Entfernen Sie die Pfefferschote, beträufeln Sie das Gericht mit dem restlichen Olivenöl und servieren Sie es auf einer Platte.

FÜR 4 PERSONEN

Vorbereitungszeit: 5 Min.
Kochzeit: 10 Min.

3 schöne, sehr fleischige, gleichfarbige Paprikaschoten oder je 1 rote, 1 gelbe und 1 grüne Paprikaschote
3 Knoblauchzehen
1 Pfefferschote (frisch oder getrocknet)
5 EL fruchtiges Olivenöl
2 EL Weinessig
Salz

DIE TOMATE

Die Tomate, diese Sonnenfrucht und Königin des Sommers hatte ihren Ursprung nicht, wie ich immer glaubte und gerne weiterhin glauben würde, auf provenzalischem Boden unter blauen Öl- und blühenden Feigenbäumen. Sie soll vielmehr aus Peru zu uns gekommen sein, wo sie die Inkas als »Liebesapfel« verehrten, was soviel bedeutet wie »verbotene Frucht«. Mit einer Frucht hat sie in der Tat die runde Form, den Glanz, die Saftigkeit, den zugleich säuerlichen und süßen Geschmack, aber auch die unwiderstehliche Anziehungskraft gemeinsam, die auch der Liebe eigen ist.

Tomatenzüchter und -kenner wissen, daß man sie in jedem Stadium und mit allen Sinnen genießen kann: Da ist zunächst einmal die Farbe. Solange die Tomate noch grün ist, kann man sie fritieren, zum Würzen verwenden oder zu Konfitüre verarbeiten. Sobald sie eine hellrote Farbe bekommt, kann man sie für Salate verwenden und wenn sie schließlich rot ist, kann man Suppen, Pürees, ein Ratatouille oder eine Cremesuppe daraus zubereiten. Und dann sollte man sie auch einmal anfassen und ihre Blätter zwischen den Fingern zerreiben. Sie riechen nämlich sehr gut. Das sollte man sich nicht entgehen lassen. Dann umschließt man die formvollendete Frucht mit der Hand, trennt sie mit den Fingerspitzen genau am Stielansatz ab und atmet ihren Duft mit geschlossenen Augen tief ein, um schließlich doch hineinzubeißen; denn nur allzuoft ge-

winnt der Appetit die Oberhand über die Bewunderung.

Die Natur geizt nicht mit Wundern, doch im Fall der Tomate hat sie sich als besonders großzügig erwiesen. Es gibt unzählige verschiedene Arten: winzige Kirschtomaten, längliche Eiertomaten oder große Fleischtomaten... Sie eignen sich für jede nur erdenkliche Art der Zubereitung. Für Saucen und gekochte Gemüsegerichte würde ich Ihnen allerdings Eiertomaten oder die Sorten Cirio oder Roma empfehlen. Besonders wichtig beim Einkauf ist, daß man auf ihre Qualität achtet. Denn aufgrund der Sortenvielfalt kann man kaum alle kennen.

Auf den Märkten sehen sie zwar meist sehr schön aus, doch allein darauf sollten Sie nicht vertrauen. Der beste Anhaltspunkt für gute Qualität ist vielmehr ihr Aroma. Nehmen Sie ruhig einmal eine Tomate in die Hand, um an ihr zu riechen. Am Stielansatz muß noch leicht der Geruch der Pflanze haften, sonst hat die Tomate keinen Geschmack und eignet sich bestenfalls zum Garnieren oder zum Füllen, beispielsweise mit etwas Salat aus Krustentieren. Die Tomate gedeiht zwar auch im Gewächshaus, aber sie bedarf der Sonne, um ihren vollen Geschmack zu entfalten.

Wenn Sie also auch im Winter Tomaten essen möchten, sollten Sie statt der geschmacklosen Früchte, die im Winter angeboten werden, getrocknete oder eingelegte geschmolzene Tomaten (siehe S. 80) verwenden, die Sie saf-

GANZ EINFACHE SALATE

Die Tomate ist schon eine ungewöhnliche Frucht: Je nachdem wie man sie schneidet, hat sie einen etwas anderen Geschmack. Wenn Sie reif ist, sollten Sie sie mit einem Messer in Scheiben schneiden, denn mit dem Tomatenschneider könnten Sie sie zerdrücken. Ist sie noch grün, schmeckt sie besser, wenn Sie sie in knackige Viertel zerteilen. Wenn sie noch nicht ganz reif ist, sollten Sie sie stets großzügig mit Olivenöl und mit etwas Weinessig oder Zitronensaft beträufeln.

Aufgrund ihres angenehmen und intensiven Eigengeschmacks genügen als Würze einige Körnchen grobes Meersalz oder einige Basilikum- oder Minzblätter. Die Tomate harmoniert aber auch sehr gut mit Salatgurken, grünen Paprikaschoten, kleinen schwarzen Oliven, Sardellenfilets, hartgekochten Eiern, Knoblauch, jungen Zwiebeln und Stangensellerie.

tig und sonnengereift während der Saison geerntet oder gekauft haben.

Zum Trocknen eignen sich am besten Eiertomaten oder die Sorte Cirio. Sie sollten nicht zu reif und vollkommen glatt und makellos sein. Reiben Sie die Früchte mit einem Lappen ab, halbieren Sie sie der Länge nach und legen Sie sie mit der Schnittfläche

nach unten auf ein Weiden- oder Bambusgitter oder auch auf ein Gitter aus rostfreiem Stahl und stellen Sie sie ins Freie oder an einen trockenen, hellen und luftigen Platz. Nach einigen Wochen werden die Tomaten zusammengeschrumpft sein, ohne ihr wundervolles Aroma eingebüßt zu haben. Wenn Sie sie verarbeiten wollen, müssen Sie sie nur noch gute 10 Minuten in lauwarmes Wasser legen.

Ob man sie nun roh oder gekocht essen will, man sollte die Tomate zuvor stets abreiben, weil sie meist mit Erde beschmutzt ist, und den Stiel, aber auch den tief im Fruchtfleisch verankerten Stielansatz entfernen.

Manchmal empfiehlt es sich, die Tomaten zu häuten. Das gilt vor allem für die Zubereitung von Pürees und für die Verwendung in den meisten warmen Gerichten, in denen die Tomaten zerfallen sollen. Das Häuten ist ein Kinderspiel, wenn man sie zuvor einige Sekunden in kochendes Wasser gibt.

Auch die Kerne können beim Essen störend sein. Ich empfehle Ihnen deshalb, die Tomaten zu halbieren und sie einfach etwas mit der Hand zusammenzudrücken, sie »auszuquetschen«, wie man in der Provence sagt. Will man einen Salat daraus zubereiten, kann man die Tomaten, wenn sie nicht zu reif sind, mit einem Tomatenschneider in Scheiben schneiden. Ich nehme allerdings lieber ein kleines Küchenmesser und viertele sie.

Ihr schönes Aussehen und ihre regelmäßige Form laden geradezu dazu ein, sie zu füllen und sie anschließend im Ofen zu garen oder sie roh mit leckeren Beilagen (Thunfisch und Mayonnaise, Krabben, Sardellenbutter und Oliven, Stockfischpüree oder einem *tabouleh* ...) zu garnieren. Um das Fruchtfleisch herauszuschaben, nehmen Sie am besten einen Kaffeelöffel oder, wenn Sie das Fruchtfleisch, beispielsweise zum Verzieren, zu kleinen Kugeln formen möchten, den Kugelausstecher.

Ich glaube, es gibt kein zweites Gemüse, das sich so problemlos kombinieren läßt. Tomaten vertragen sich hervorragend mit allen anderen Sommergemüsen, wie zum Beispiel der Aubergine, der Paprikaschote oder der Zucchini. Sie passen aber auch sehr gut zu den stärkehaltigen Gemüsesorten, wie Kartoffeln, weißen Bohnen, Kichererbsen. Zusammen mit gegrilltem Fleisch, vor allem vom Lamm, kommen sie besonders gut zur Geltung, aber auch mit Fisch, wo sie sehr häufig Bestandteil der Saucen sind, die dazu gereicht werden.

Und die Tomate harmoniert mit allen Kräutern und Gewürzen, vor allem aber mit denjenigen, die in Südfrankreich beheimatet sind, wie Thymian, Rosmarin, Bohnenkraut, Oregano, Lorbeer, Zwiebel, Knoblauch oder Meersalz. Und je nachdem welche geschmackliche Eigenschaft man unterstreichen möchte – die Süße oder den säuerlichen Geschmack – kann man dies mit etwas Zucker oder Zitronensaft erreichen.

Aufgrund ihrer Frische passen zu dieser saftigen, säuerlichen Frucht am besten die Côtes-de-Provence-Roséweine und die sonnengereiften Bandol-Weine.

GRÜNE TOMATEN IM TEIGMANTEL

FÜR 2 PERSONEN

Vorbereitungszeit: 10 Min.
Garzeit: 30 Min.
für alle Tomatenscheiben

1 große grüne Tomate

Für den Fritierteig:
120 g Mehl
20 g Speisestärke
14 g Backpulver
eisgekühltes Wasser

Was für eine herrliche Frucht ist sie doch, die Tomate! Man kann sie immer genießen, egal wie reif sie ist!
Im grünen Zustand ist sie sehr frisch, säuerlich, angenehm kühl im Geschmack. Für diese knusprigen Beignets benötigt man ganz grüne Tomaten. Servieren Sie sie doch als Vorspeise zu einem herzhaften Essen zum Sommer- oder Herbstanfang.

Bereiten Sie zunächst den Fritierteig zu: Vermischen Sie dazu das Mehl, die Speisestärke und das Backpulver in einer Tonschale und geben Sie so viel eiskaltes Wasser dazu, bis Sie einen zähflüssigen Brei erhalten.

Je flüssiger der Teig ist, desto zarter wird die Kruste. Der Teig sollte aber nicht zu dünnflüssig sein, damit er gut an den Tomatenscheiben haften bleibt.

Waschen Sie die Tomate, trocknen Sie sie mit Küchenkrepp ab und entfernen Sie den Stielansatz. Schneiden Sie sie dann in etwa 1 cm dicke Scheiben.

Erhitzen Sie die Friteuse auf 180 °C.

Ziehen Sie die Tomatenscheiben durch den Fritierteig und geben Sie sie anschließend nacheinander in die Friteuse.

Lassen Sie die Beignets auf beiden Seiten goldgelb werden. Legen Sie sie dann zum Abtropfen auf ein Stück Küchenkrepp, salzen Sie sie und servieren Sie sie sofort.

KONFITÜRE AUS GRÜNEN TOMATEN

FÜR 4 PERSONEN

Vorbereitungszeit: 15 Min.
Zeit zum Ziehen: 24 Std.
Kochzeit: 2 Std.

2 kg große grüne Tomaten
900 g Zucker
3 unbehandelte Zitronen

Foto Seite 241

In der Provence bereitet man diese Konfitüre schon seit jeher im September aus den noch an den Stauden verbliebenen Tomaten zu, die nicht mehr reif werden. Gegessen wird die Konfitüre einfach als Brotaufstrich. Man kann aber auch einen Mürbteigboden damit bestreichen und erhält so einen ausgezeichneten Kuchen. Das beste Rezept, das ich bisher probiert habe, stammt von Guy Gedda. In seinem Restaurant in Bormes-les-Mimosas setzt er die Familientradition fort und pflegt eine naturbelassene, provenzalische Küche, die reich im Geschmack ist.

Waschen Sie die Tomaten, entfernen Sie die Stielansätze und zerteilen Sie sie in Viertel, die die Größe von Orangenspalten haben sollten. Schichten Sie die Tomatenviertel in eine Salatschüssel aus rostfreiem Stahl und bestreuen Sie jede Lage mit Zucker.

Stellen Sie die Schüssel anschließend in den Kühlschrank, lassen Sie die Tomaten 20 bis 24 Stunden ziehen und wenden Sie sie 2 bis 3mal mit einem Holzpfannenwender.

Geben Sie die durchgezogenen Tomaten am nächsten Tag in einen Einkochtopf oder einen Schmortopf aus rostfreiem Stahl.

Schneiden Sie die ungeschälten Zitronen in 3 bis 4 mm dicke Scheiben, die Sie anschließend nochmals halbieren.

Lassen Sie die Tomaten auf großer Flamme aufkochen und schalten Sie den Herd dann so weit herunter, daß sie gerade noch kochen.

Schäumen Sie das Ganze ab und

fügen Sie nach 1 Stunde die Zitronenscheiben hinzu.

Lassen Sie die Konfitüre danach noch 1 Stunde auf kleiner Flamme köcheln.

Spülen Sie nun zwei 750-ml-Einmachgläser mit kochendem Wasser aus.

Stürzen Sie sie zum Abtropfen auf ein Tuch, trocknen Sie sie aber nicht ab.

Füllen Sie die noch heiße Konfitüre in die Gläser.

Verschließen Sie die Gläser erst am nächsten Tag mit angefeuchteter Frischhaltefolie oder mit einer Schicht geschmolzenem Wachs.

KARAMELISIERTE TOMATEN

Bei diesem typisch provenzalischen Gericht werden die Tomaten so lange auf großer Flamme in der Pfanne gebraten, bis sie karamelisiert und vollständig zusammengeschrumpft sind.

Sollten Sie dieses Gericht noch nicht kennen, gehen Sie zum Beispiel einmal zu Gu in der Nähe des Cour Mirabeau in Aix-en-Provence.

Dort werden Sie die meisten der herrlichen Gerichte der traditionellen provenzalischen Küche finden.

Waschen Sie die Tomaten und trocknen Sie sie ab.

Entfernen Sie die Stielansätze, halbieren Sie sie der Länge nach und drücken Sie die Kerne heraus.

Lassen Sie eine große Pfanne heiß werden und geben Sie das Olivenöl hinein. Schichten Sie die Tomatenhälften mit der Schnittfläche nach oben in die Pfanne, würzen Sie mit Salz und Pfeffer und schalten Sie den Herd auf größte Flamme. Sie brauchen keine Angst zu haben, daß die Flammen über den Rand der Pfanne schlagen.

Lassen Sie die Tomaten so lange braten, bis sie braun werden. Bestreuen Sie die Schnittflächen nun mit dem Puderzucker, drehen Sie die Tomatenhälften dann um und lassen sie weiter auf größter Flamme brutzeln.

Erschrecken Sie nicht. Die Tomaten werden karamelisieren und auch etwas schwarz werden.

Servieren Sie das Gericht direkt aus der Pfanne, die Sie in die Mitte des Tisches stellen. Reichen Sie dazu Sardellenfilets, ein paar kleine schwarze Oliven und schöne große Scheiben geröstetes, mit Knoblauch eingeriebenes Brot oder servieren Sie die Tomaten zu gegrillten, reichlich mit Thymian bestreuten Lammkoteletts.

FÜR 4 PERSONEN

Vorbereitungszeit: 5 Min.
Kochzeit: 15 Min.

6 große, sehr feste Tomaten
6 EL Olivenöl
1 EL Puderzucker
Salz
Pfeffer
einige Sardellenfilets
einige kleine schwarze Oliven (nach Belieben)
4 Scheiben geröstetes, mit Knoblauch eingeriebenes Brot (nach Belieben)

FÜR 4 PERSONEN

Vorbereitungszeit: 10 Min.
Kochzeit: 5 bis 6 Min.

500 g Kirschtomaten
1 Knoblauchzehe
20 Basilikumblätter
4 EL Olivenöl
1 TL Streuzucker
1 Msp. Thymianblüte
1 kleines Sträußchen
Petersilie
Salz
Pfeffer

Foto rechts

GESCHMORTE KIRSCHTOMATEN MIT BASILIKUM

Die kleinen Kirschtomaten sind so fruchtig, daß sie kaum weiterer Zutaten bedürfen. Dieses sehr einfache Gericht sollten Sie sehr schnell und erst unmittelbar vor dem Servieren zubereiten, weil es dann noch intensiver im Geschmack ist und die Tomaten ihre Festigkeit nicht einbüßen.

Waschen Sie die Kirschtomaten, trocknen Sie sie mit Küchenkrepp ab und entfernen Sie die kleinen Stielansätze.

Hacken Sie die abgezogene Knoblauchzehe zusammen mit den Basilikumblättern und der Petersilie fein.

Geben Sie eine tiefe Schale zum Vorwärmen in den Ofen.

Gießen Sie das Olivenöl in eine große Pfanne und schalten Sie den Herd auf höchste Flamme. Sobald das Öl heiß ist, geben Sie die abgetrockneten Tomaten hinein.

Streuen Sie den Zucker darüber, würzen Sie mit Salz und Pfeffer und rütteln Sie die Pfanne zweimal. Fügen Sie die gehackten Kräuter, den Knoblauch und die Thymianblüte hinzu und verrühren Sie das Ganze.

Geben Sie den Inhalt der Pfanne anschließend in die vorgewärmte Schale und servieren Sie.

FÜR 8 BIS 10 PERSONEN

Vorbereitungszeit: 15 Min.
Kochzeit: 30 Min.

2 kg Tomaten (nach Möglichkeit Eiertomaten)
1 große Zwiebel
3 Knoblauchzehen
4 EL Olivenöl
1 großer Zweig Thymian
2 Lorbeerblätter
1 Prise Zucker
Salz
Pfeffer

GESCHMOLZENE TOMATEN

Nutzen Sie die sommerliche Jahreszeit, in der es ein reichhaltiges Angebot an aromatischen und sehr preisgünstigen Tomaten gibt, um daraus diese geschmolzenen Tomaten zuzubereiten, die Sie auf vielfältigste Weise verwenden können, beispielsweise zum Verfeinern von Gemüse, Teigwaren, Reis, Fisch oder weißem Fleisch, aber auch als Füllung für ein in Olivenöl gebackenes und mit Basilikum abgeschmecktes Omelette.
Die geschmolzenen Tomaten können auch in einem Tomatenpüree oder einem Püree aus Paprikaschoten Verwendung finden, oder man kann sie mit Basilikum, Koriander, Oregano, Knoblauch... verfeinern.

Entfernen Sie die Stielansätze der Tomaten und bringen Sie 6 bis 7 l Wasser zum Kochen.

Sobald das Wasser kocht, geben Sie die Tomaten hinein. Nehmen Sie sie nach 1 Minute wieder heraus und legen Sie sie anschließend sofort in kaltes Wasser. Enthäuten und halbieren Sie sie dann, drücken Sie die Kerne heraus und schneiden Sie sie mit dem Messer in grobe Stücke.

Schälen Sie die Zwiebel und den Knoblauch und hacken Sie beides fein.

Gießen Sie das Olivenöl in einen Schmortopf und erhitzen Sie es auf kleiner Flamme. Geben Sie die gehackte Zwiebel und den Knoblauch hinein, lassen Sie sie goldgelb anschwitzen und fügen Sie dann die Tomatenstücke, den Thymian, die Lorbeerblätter, Salz und eine Prise Zucker hinzu.

Lassen Sie das Ganze auf großer Flamme kochen und rühren Sie gelegentlich mit einem Holzpfannenwender um. Sobald der Saft der Tomaten verdunstet ist, schalten Sie den Herd aus und würzen kräftig mit Pfeffer.

TOMATENKUCHEN MIT OREGANO

FÜR 4 PERSONEN

Vorbereitungszeit: 25 Min.
Kochzeit: 30 Min.

400 g sehr reife Tomaten
2 EL Olivenöl
1 Scheibe Toastbrot
6 Stengel Oregano
200 g Blätterteig
2 EL Kapern oder
100 g kleine schwarze
Oliven
Salz
Pfeffer

Foto links

**Weiß, grün oder rot,
Kohl oder Chinakohl, sie
eignen sich für mehr als
nur für Eintopfgerichte
(folgende Doppelseite).**

Entfernen Sie die Stielansätze der Tomaten, geben Sie sie einige Sekunden in kochendes Wasser und enthäuten Sie sie. Zerteilen Sie sie dann in grobe Stücke.

Nehmen Sie eine größere Schmor- oder eine Bratpfanne und gießen Sie das Olivenöl hinein. Geben Sie die Tomaten dazu, salzen Sie und braten Sie sie auf großer Flamme 7 bis 8 Minuten an.

Heizen Sie nun den Backofen auf 220 °C (Stufe 4) vor.

Stellen Sie ein Backblech zum Kühlen in den Kühlschrank.

Schneiden Sie die Rinde des Toastbrots ab, mahlen Sie es fein und geben es am Ende der Kochzeit zusammen mit den abgezupften Blättchen von 2 Stengeln Oregano zu den Tomaten. Würzen Sie kräftig mit Pfeffer und stellen Sie das Ganze auf die Seite.

Rollen Sie den Blätterteig dünn aus und stechen Sie 4 Kreise mit jeweils 15 cm Durchmesser aus.

Nehmen Sie nun das Backblech aus dem Kühlschrank, legen Sie die Teigscheiben darauf und stechen Sie sie in der Mitte mit einer Gabel ein.

Geben Sie sie dann für 10 Minuten in den auf 220 °C (Stufe 4) vorgeheizten Ofen.

Nehmen Sie das Backblech anschließend wieder heraus, ändern Sie die Temperatureinstellung aber nicht. Verteilen Sie die Tomatenstücke auf den vorgebackenen Blätterteigscheiben, bestreuen Sie sie mit Kapern und schieben das Ganze für weitere 8 Minuten in den Ofen.

Garnieren Sie jeden Tomatenkuchen mit einem Stengel Oregano und servieren Sie.

Anstelle der Kapern können Sie auch kleine schwarze Oliven aus der Provence verwenden.

SENFTOMATEN MIT KÄSEKRUSTE

FÜR 4 PERSONEN

Vorbereitungszeit: 10 Min.
Kochzeit: 20 Min.

8 Tomaten
1 EL scharfer Dijon-Senf
1 EL *Tapenade* (Püree aus
Oliven, Kapern, Sardellen,
Öl, Senf und Zitronensaft;
provenzalische Spezialität)
5 g Thymianblüte
100 g geriebener Gruyère
60 g Weißbrot ohne Rinde
4 EL Olivenöl
16 schwarze Oliven
Salz
Pfeffer

Halbieren Sie die Tomaten, von denen Sie zuvor die Stielansätze entfernt haben.

Drücken Sie die Kerne heraus und schichten Sie die Tomatenhälften mit der Schnittfläche nach oben dicht nebeneinander in eine Auflaufform.

Würzen Sie mit Salz und Pfeffer.

Heizen Sie dann den Backofen auf 250 °C (Stufe 5) vor.

Verrühren Sie den Senf, die *Tapenade* und die Thymianblüte. Bepinseln Sie jede Tomatenhälfte mit dieser Mischung, bestreuen Sie sie anschließend mit dem geriebenen Käse und dem gemahlenen Weißbrot und beträufeln Sie sie mit Olivenöl.

Garnieren Sie jede Tomatenhälfte mit einer entsteinten Olive.

Geben Sie die Tomaten dann für 15 bis 20 Minuten in den Ofen.

DIE GRÜNEN GEMÜSE

DER MANGOLD

Ein vielseitiges Gemüse, dieser Mangold, von dem man sowohl die Stiele als auch die Blätter essen kann! Beide Teile werden in den einzelnen Regionen Frankreichs unterschiedlich häufig verwendet. Die südfranzösische Küche beispielsweise bringt in ungewöhnlichen süßen oder salzigen Pasteten traditionell mehr die Blätter zu Ehren. Im Norden und Osten Frankreichs bevorzugt man hingegen die Stiele, die gratiniert oder mit einer Bechamelsauce überzogen werden. In der Auvergne gibt es, vor allem im südlichen Teil, keinen Garten, in dem nicht wenigstens eine prächtige Mangoldstaude aus der Erde ragt. Und wenn man dort eine Füllung für Zucchini, für eine Kalbsbrust, für Geflügel oder auch für *farçous*, die kleinen mit Geflügel, Backpflaumen oder Kräutern gefüllten Beignets, zubereitet, kommen stets auch Mangoldblätter hinein, die dem Ganzen eine etwas herbe, doch keine säuerliche Note geben. Wissen Sie übrigens, daß der Mangold auch eine wunderschöne Zierpflanze ist und daß es auch eine hübsche Art mit flammendroten Stielen gibt?

Wie Spinatblätter werden auch die Mangoldblätter sehr schnell welk. Man sollte den Mangold deshalb gleich nach dem Ernten zubereiten oder ihn sehr früh am Morgen, wenn er noch ganz frisch ist, einkaufen. Ob der Mangold frisch ist, kann man auf den ersten Blick erkennen. Die Stiele müssen rundherum perlmuttartig glänzen und die Blätter müssen eine leuchtende, dunkelgrüne Farbe haben und dürfen nicht welk sein.

Will man die Blätter beispielsweise für die Zubereitung einer Pastete oder einer *pastilla* verwenden, sollte man, damit man möglichst viel Grün hat, natürlich nur bereits vollständig entfaltete Blätter auswählen.

Die Stiele müssen von dem dünnen, durchsichtigen Häutchen, das sie umgibt, befreit werden. Man macht dies wie beim Rhabarber: Der Stiel wird rundherum quer eingeschnitten, und man zieht das Häutchen nach unten ab. Die geschälten Stiele zerteilt man in 5 bis 6 cm lange Stücke, die man dann wiederum in Stifte schneidet. Damit sie ihre weiße Farbe behalten, sollte man sie bis zum Kochen in frisches Wasser legen, dem man den Saft einer Zitrone oder einige EL Branntweinessig zugefügt hat. Gekocht werden die Mangoldstiele in Mehlwasser (siehe S. 245). Die Kochzeit für 1 kg Mangoldstiele beträgt ca. 15 Minuten. Nach dem Kochen läßt man sie in der Kochflüssigkeit abkühlen, gießt sie dann ab und verarbeitet sie weiter.

Zu den Mangoldstielen, die kaum Eigengeschmack haben, empfehle ich Ihnen einen jungen, frischen Weißwein aus Graves oder einen blumigen weißen Cassis. Mit den herberen Blättern harmoniert hingegen am besten das intensive fruchtige Bouquet eines Bellet-Rotweins.

OMELETTE TRUCCA

Das Rezept für dieses Omelette, dem man in Nizza den Beinamen *niçoise* gegeben hat, reklamiert man auch in Cannes für sich... Ich wage nicht, diese Streitfrage zu entscheiden. Wo immer man es erfunden haben mag, köstlich ist es allemal.

Garen Sie die Mangoldblätter so lange weich, bis ihre Flüssigkeit vollständig verdampft ist.

Schwitzen Sie gleichzeitig eine große, in dünne Ringe geschnittene Zwiebel auf kleiner Flamme in etwas Olivenöl an und geben Sie sie anschließend zu den Mangoldblättern. Verquirlen Sie 8 Eier mit 1 Prise Salz, Pfeffer und Thymianblüte und fügen Sie die Zwiebel und die Mangoldblätter hinzu. Gießen Sie die geschlagenen Eier in eine Pfanne mit etwas heißem Olivenöl. Fügen Sie nach Belieben gehackte Walnußkerne und geriebenen Parmesan hinzu. Heben Sie das Omelette immer wieder mit einer Gabel an. Sobald es die richtige Form hat, bestreuen Sie es mit 1 Scheibe geriebenem Weißbrot. Beträufeln Sie es mit etwas Olivenöl, wenden Sie es und lassen es goldgelb anbräunen. Geben Sie es anschließend auf eine Platte und servieren Sie es heiß, warm oder kalt.

MANGOLDKUCHEN NIZZA

FÜR 8 PERSONEN

Vorbereitungszeit: 1 Std.
Ruhezeit: 1 Std.
Backzeit: 35 bis 40 Min.

Für den Teig:
500 g Auszugmehl
200 g Butter
1/2 Zitrone
2 Eier
100 g Puderzucker
4 EL Milch
4 EL Rum
5 g Salz
1 Päckchen Backpulver
1 Ei zum Bestreichen des
Teigs

Für die Füllung:
1 kg Mangoldblätter
100 g Korinthen
100 g Aprikosenkonfitüre
100 g geschälte Pinien-
kerne
4 EL Rum
4 EL Orangenblütenwasser
4 Reinetten
grobkörniges Salz

Schauen Sie, wenn Sie in Nizza sind, doch einmal bei Hélène Barale vorbei, der großen Dame der Stadt. In ihrem Restaurant, das ein wahrer Gourmet-Tempel ist, pflegt sie die traditionelle Küche der Grafschaft Nizza. Es wird ihr eine Freude sein, Ihnen alles zu erklären und das im Nizzaer Dialekt, bis sie irgendwann merkt, daß Sie diese Sprache nicht beherrschen!

Wenn Sie nicht jedes Wort verstehen, macht das gar nichts. Die kulinarische Botschaft dieser liebenswerten und geistreichen Dame werden Sie auf Anhieb verstehen.

Hier nun das Rezept für die *tourta de blea*, wie sie in Nizza heißt, ein herrliches Dessert, zu dem man einen gut gekühlten Muskateller, zum Beispiel einen Muscat de Beaumes-de-Venise trinken sollte.

Weichen Sie zunächst die Korinthen in etwas lauwarmem Wasser ein und beginnen Sie dann mit der Zubereitung des Teigs.

Lassen Sie die Butter auf einem Heizkörper weich werden oder drücken Sie sie mit der Hand flach.

Reiben Sie die Schale der Zitrone ab. Geben Sie das Mehl auf Ihre Arbeitsfläche und drücken Sie eine Vertiefung hinein. Geben Sie die Butter, die Eier, den Puderzucker, die kalte Milch, die abgeriebene Zitronenschale, den Rum und das Salz in die Vertiefung. Vermengen Sie die Zutaten gründlich mit den Fingerspitzen, streuen Sie das Backpulver darüber und kneten alles so lange durch, bis Sie einen glatten Teig erhalten. Formen Sie ihn zu einer Kugel, schlagen ihn in ein Tuch ein und lassen ihn, bevor Sie ihn weiterverarbeiten, mindestens 1 Stunde an einem kühlen Ort ruhen.

Trennen Sie in der Zwischenzeit die Mangoldblätter sorgfältig von den Stielen. Wickeln Sie die Stiele in ein feuchtes Tuch und bewahren Sie sie an einen kühlen Ort auf. Sie können sie zu einem späteren Zeitpunkt beispielsweise für ein Gratin verwenden.

Waschen Sie die Mangoldblätter gründlich und wechseln Sie dabei immer wieder das Wasser, um die Erde restlos zu entfernen. Lassen Sie sie dann in einem Sieb abtropfen und bringen Sie 2,5 l Salzwasser zum Kochen.

Sobald das Wasser kocht, geben Sie die Blätter hinein. Lassen Sie das Wasser nochmals aufwallen, schrecken Sie die Mangoldblätter anschließend ab und trocknen Sie sie, indem Sie durch kräftiges Drücken das gesamte Wasser aus ihnen herauspressen.

Hacken Sie sie dann grob mit einem Messer.

Vermischen Sie nun die gehackten Mangoldblätter, die Korinthen, die Aprikosenkonfitüre, die Pinienkerne, den Rum und das Orangenblütenwasser in einer Schüssel.

Schälen Sie die Äpfel und schneiden Sie sie in dünne Scheiben.

Heizen Sie nun den Backofen auf höchster Stufe vor.

Rollen Sie den Teig mit einem Nudelholz etwa 7 mm dick aus.

Nehmen Sie ein ganz sauberes Backblech, geben Sie die Hälfte des Teigs darauf und bestreichen ihn etwa 2 cm hoch mit der Mangoldfüllung. Lassen Sie rundherum einen 2 cm breiten Teigrand stehen. Verteilen Sie die Apfelscheiben auf der Füllung.

Decken Sie alles mit dem restlichen Teig ab, drücken Sie die Teigränder sorgfältig mit einem Lineal zusammen und schlagen Sie sie dann um, so daß ein Saum entsteht.

Verquirlen Sie das Ei mit einer Gabel und bepinseln Sie den Kuchen damit.

Ritzen Sie die Oberfläche des Kuchens in Abständen von 3 cm mit einer Schere ein.

Geben Sie ihn anschließend in den Ofen und lassen ihn 35 Minuten backen. Überwachen Sie ihn dabei laufend.

Nehmen Sie den fertigen Kuchen aus dem Ofen, bestäuben Sie ihn mit Puderzucker und lassen ihn etwas abkühlen.

Hélène behauptet, er schmecke am nächsten Tag noch besser.

Und sollten Sie etwas Teig oder etwas von der Füllung übrigbehalten, können Sie es 2 bis 3 Tage im Kühlschrank aufheben und daraus noch einen Kuchen zubereiten.

GRATINIERTE MANGOLDSTIELE MIT TOMATEN

Dieses Mangoldgratin wird bei Ihnen die Erinnerung an die Wohlgerüche und die Gaumenfreuden Italiens wachrufen... Die Fontina, die aus vollfetter Kuhmilch hergestellt wird, ist sehr weich und zartschmelzend und eignet sich deshalb hervorragend zum Gratinieren. Ich empfehle Ihnen Fontina aus dem Aosta-Tal, die besonders aromatisch ist. Sie finden sie in italienischen Lebensmittelgeschäften oder auch in manchen Kaufhäusern. Häufig wird sie auch in der Schweiz und den Vereinigten Staaten angeboten.

Trennen Sie die Mangoldblätter von den Stielen. Sie können sie für ein anderes Gericht verwenden. Dann entfernen Sie die dünne Haut, die die Stiele umgibt, mit einem kleinen Messer. Schneiden Sie die Stiele anschließend in 5 bis 6 cm lange und 1 cm breite Stifte. Damit sie schön weiß bleiben, legen Sie sie dann sofort in kaltes Zitronenwasser.

Geben Sie das Mehl in ein feines Sieb, halten Sie es über einen großen Kochtopf und lassen Sie kaltes Wasser in einem feinem Strahl darüberlaufen. Füllen Sie den Topf dann mit ca. 3 l Wasser und fügen Sie 1 Handvoll grobkörniges Salz hinzu.

Geben Sie nun die abgetropften Mangoldstiele in das Mehlwasser. Kochen Sie das Wasser auf mittlerer Flamme auf und lassen Sie die Stiele etwa 20 Minuten auf kleiner Flamme weiterköcheln, bis sie weich sind. Gießen Sie sie dann in ein Sieb ab.

Während die Mangoldstiele kochen, entfernen Sie die Stielansätze der Tomaten, geben sie für 1 Minute in kochendes Wasser und enthäuten sie. Halbieren Sie sie, drücken Sie die Kerne heraus und zerteilen Sie sie in grobe Stücke.

Schälen Sie die Zwiebel und hacken Sie sie fein. Machen Sie dasselbe mit der Knoblauchzehe.

Erhitzen Sie die Hälfte des Olivenöls in einem Schmortopf und geben Sie die gehackte Zwiebel hinein. Sobald sie goldgelb ist, fügen Sie den gehackten Knoblauch und die Tomatenstücke hinzu. Salzen Sie und lassen Sie den Saft der Tomaten auf sehr hoher Flamme rasch einkochen.

Gießen Sie das restliche Olivenöl in eine Pfanne, erhitzen Sie es auf mittlerer Flamme und geben Sie die Mangoldstiele hinein. Erhöhen Sie die Temperatur und lassen Sie die Stiele goldgelb anbräunen. Schmecken Sie dann mit Salz und Pfeffer ab.

Geben Sie die eingedickten Tomaten zu den Mangoldstielen, verrühren Sie das Ganze gründlich und geben es in eine mit Butter gefettete feuerfeste Form.

Vermischen Sie den Parmesan, die Fontina und den Majoran und bestreuen Sie das Gericht damit. Schieben Sie es für ca. 15 Minuten in den auf 180 °C vorgeheizten Ofen, bis es goldgelb überbacken ist.

Servieren Sie das Gratin heiß.

FÜR 4 PERSONEN

Vorbereitungszeit: 30 Min.
Kochzeit: 50 Min.

1 kg Mangold
Saft einer Zitrone
2 EL Mehl
4 kleine Tomaten
1 kleine Zwiebel
1 Knoblauchzehe
5 EL Olivenöl
1 EL geriebener Parmesan
40 g geriebene Fontina
1 Msp. Majoran
grobkörniges Salz
Salz
Pfeffer

GEFÜLLTE MANGOLDBLÄTTER

FÜR 4 PERSONEN

Vorbereitungszeit: 1 Std.
Kochzeit: 1 Std. 10 Min.

1 Bund großblättriger
Mangold (ca. 12 Blätter)
1 EL Korinthen
1 Zwiebel
1 EL Mehl
8 EL Olivenöl
1 EL geschälte Pinienkerne
20 g Reis
grobkörniges Salz
Salz
Pfeffer

Foto links

Werfen Sie die Mangoldblätter nicht weg, wie ich es zu meinem Leidwesen häufig erlebe, sondern probieren Sie doch einmal dieses für den Mittelmeerraum typische Rezept aus. Hier wird der süßliche Geschmack der Mangoldblätter durch eine Füllung aus Korinthen und Pinienkernen besonders gut zur Geltung gebracht. Sie werden sehen, die gefüllten Mangoldblätter sind ein Leckerbissen, von dem Sie begeistert sein werden.

Weichen Sie zunächst die Korinthen in etwas lauwarmem Wasser ein. Geben Sie den Reis in kochendes Salzwasser, lassen Sie ihn 12 Minuten garen und gießen ihn dann zum Abschrecken in ein Sieb ab.

Schälen Sie die Zwiebel, hacken Sie sie fein und lassen sie mit 1 EL Olivenöl in der Pfanne goldgelb anschwitzen.

Waschen und trocknen Sie den Mangold und achten Sie dabei darauf, daß die Blätter nicht beschädigt werden. Trennen Sie die Blätter von den Stielen, indem Sie mit einem Messer an den Stielen entlangfahren. Schneiden Sie die Stiele anschließend in 5 cm lange Stücke.

Stellen Sie nun ein Mehlwasser her: Dazu geben Sie 1 EL Mehl und 1 Handvoll grobkörniges Salz in 3 l Wasser. Bringen Sie das Wasser zum Kochen, geben Sie die Mangoldstiele hinein und lassen das Ganze ca. 15 Minuten kochen.

Gießen Sie die Stiele dann ab und zerteilen Sie sie grob mit dem Messer.

Gießen Sie 4 EL Olivenöl in eine Pfanne. Erhitzen Sie das Öl auf mittlerer Flamme, geben Sie die Mangoldstiele hinein und lassen Sie sie 10 Minuten anbraten. Rühren Sie dabei gelegentlich mit einem Holzpfannenwender um.

Vermischen Sie die Stiele anschließend in einer Salatschüssel mit den abgetropften Korinthen, den Pinienkernen, dem Reis und der Zwiebel und schmecken Sie das Ganze mit Salz und Pfeffer ab. Stechen Sie mit einem Eßlöffel Klößchen ab, geben Sie diese auf die Mangoldblätter und formen Sie sie zu kleinen Päckchen.

Schichten Sie diese mit der Naht nach unten dicht nebeneinander in eine tiefe Schale, beträufeln Sie sie mit dem restlichen Olivenöl, gießen Sie etwas Wasser an und geben sie für ca. 35 Minuten bei schwacher Hitze (130 °C) in den Ofen.

Servieren Sie das Gericht heiß im Kochgeschirr.

MANGOLDTOPF MIT WEISSEN ZWIEBELN

FÜR 4 PERSONEN

Vorbereitungszeit: 45 Min.
Kochzeit: 1 Std. 30 Min.

800 g Mangold
3 EL Branntweinessig oder
Zitronensaft
10 EL Olivenöl
2 mittelgroße Tomaten
2 weiße Zwiebeln
1 Knoblauchzehe
1 EL Mehl
1 TL Kümmelsamen
1 EL frischer Koriander
grobkörniges Salz
Salz
Pfeffer

Foto rechts

Trennen Sie zunächst die Mangoldblätter von den Stielen, indem Sie mit einem Messer an den Stielen entlangfahren.

Waschen Sie die Blätter sorgfältig und lassen Sie sie dann abtropfen. Entfernen Sie das fasrige Häutchen, das die Stiele umschließt mit einem kleinen Messer oder einem Haushaltsmesser, zerteilen Sie sie dann in 5 cm lange Stücke und schneiden diese in 1 cm breite Stifte. Geben Sie die Stifte anschließend sofort in 4 l kaltes Wasser, dem Sie Branntweinessig oder Zitronensaft zugefügt haben.

Entfernen Sie die Stielansätze der Tomaten und legen Sie sie für einige Sekunden in kochendes Wasser. Nehmen Sie die Tomaten wieder heraus und geben Sie sie in eine Schale mit kaltem Wasser. Die Haut läßt sich nun ganz leicht abziehen.

Halbieren Sie die Tomaten der Länge nach und drücken Sie die Kerne heraus. Schneiden Sie sie dann in grobe Würfel und geben Sie diese zum Abtropfen in ein Sieb.

Schälen Sie nun die weißen Zwiebeln und schneiden Sie sie in dünne Ringe. Geben Sie sie dann mit der Hälfte des Olivenöls sowie 3 EL Wasser und 1 Prise Salz in einen Schmortopf. Schließen Sie den Topf und lassen Sie die Zwiebeln auf kleiner Flamme etwa 40 Minuten garen. Am Ende der Kochzeit sollten Sie ganz weich sein, dürfen aber keine Farbe angenommen haben.

Ziehen Sie nun die Knoblauchzehe ab und hacken sie fein.

Schneiden Sie die Mangoldblätter in feine Streifen und geben Sie sie zu den Zwiebeln. Rühren Sie gründlich mit einem Holzpfannenwender um und lassen Sie das Ganze im geöffneten Topf auf großer Flamme so lange kochen, bis die Flüssigkeit der Blätter vollständig verdampft ist.

Gießen Sie die Mangoldstiele ab und geben sie dann in einen Schmortopf. Schütten Sie 1 gehäuften EL Mehl in ein Haarsieb, halten Sie es über den Schmortopf und lassen Sie 2 l kaltes Wasser darüberlaufen. Fügen Sie 1 Handvoll grobkörniges Salz hinzu und lassen Sie die Stiele auf mittlerer Flamme 15 Minuten kochen. Am Ende der Kochzeit sollten die Stiele noch bißfest sein. Nehmen Sie sie dann vom Herd, lassen sie noch etwa 20 Minuten im Kochwasser ziehen und gießen sie anschließend in ein Sieb ab.

Geben Sie den Kümmel in eine kleine Stielpfanne und rösten ihn auf mittlerer Flamme goldgelb an. Zerstoßen Sie ihn dann in einem Mörser und streichen Sie das Kümmelpulver anschließend durch ein Haarsieb, um die Pflanzenfasern auszusondern.

Erhitzen Sie nun das restliche Olivenöl in einer Pfanne und geben Sie die gut abgetropften Mangoldstiele hinein. Lassen Sie sie etwas Farbe annehmen und fügen Sie dann die Zwiebeln, die Mangoldblätter, die Tomatenwürfel, den gehackten Knoblauch und den gemahlenen Kümmel hinzu.

Schmecken Sie mit Salz und Pfeffer ab und rühren Sie gut um.

Bestreuen Sie das Gericht anschließend mit gehacktem Koriander und servieren Sie.

FÜR 4 PERSONEN

Vorbereitungszeit: 30 Min.
Kochzeit: 40 Min.

Für die Füllung:
1 kg Mangold
1 kleine Zwiebel
1 Knoblauchzehe
3 EL Olivenöl
2 EL Korinthen
2 EL brauner Rum
2 EL geschälte Pinienkerne
Salz
Pfeffer

Für die Teighülle:
5 *Pastilla*- oder *Filo*-Blätter
30 g Butter
1 gehäufter TL Puderzucker
$^1/_2$ TL gemahlener Zimt

Foto rechts

PASTILLA
AUS MANGOLDBLÄTTERN

Als typisch orientalische Spezialität erfreut sich die *Pastilla* vor allem in Griechenland, in der Türkei und in Marokko großer Beliebtheit. Das äußerst schmackhafte Gericht besteht aus einer Blätterteighülle, die mit gehackten Pinienkernen, Rosinen, Mandeln... gefüllt wird. Ich möchte Ihnen hier eine süße Variante vorstellen, die Sie, beispielsweise zum Abschluß eines Gemüse-Menüs, als Dessert servieren können. Sie vereint alle Genüsse des Orients: edle Gewürze, süße Früchte und Zucker...

Besorgen Sie sich in einem orientalischen Lebensmittelgeschäft *Filo*-Blätter, einen Blätterteig, der aus Maismehl hergestellt wird.

Trennen Sie die Mangoldblätter von den Stielen, indem Sie mit einem scharfen Messer an den Stielen entlangfahren, und wickeln Sie die Stiele in ein feuchtes Tuch. Sie können sie später für ein anderes Gericht verwenden.

Waschen Sie die Blätter und wechseln Sie dabei immer wieder das Wasser, um die Erde restlos zu entfernen. Lassen Sie sie abtropfen und schneiden Sie sie dann in grobe Stücke.

Schälen Sie die Zwiebel und hacken Sie sie. Machen Sie dasselbe mit der Knoblauchzehe.

Gießen Sie das Olivenöl in eine Pfanne, erhitzen Sie es auf großer Flamme und geben Sie die gehackte Zwiebel hinein. Sobald sie eine goldgelbe Farbe annimmt, fügen Sie den gehackten Knoblauch und die zerteilten Mangoldblätter hinzu. Salzen Sie und lassen Sie das Ganze so lange auf großer Flamme kochen, bis die gesamte Flüssigkeit der Blätter verdampft ist.

Weichen Sie in der Zwischenzeit die Korinthen in dem leicht angewärmten Rum ein.

Verteilen Sie die Pinienkerne auf einem Backblech, schieben Sie sie kurz unter den Backofengrill und lassen sie goldgelb anbräunen.

Sobald die Mangoldblätter ihre Flüssigkeit verloren haben, schalten Sie den Herd aus. Die Blätter dürfen nicht anbraten.

Nehmen Sie die Pfanne vom Herd, fügen Sie die Korinthen und die angerösteten Pinienkerne hinzu und würzen Sie mit Salz und Pfeffer.

Stellen Sie das Ganze dann zum Abkühlen auf ein Holzbrett oder ein Tablett.

Nehmen Sie nun eine Biskuit- oder Tortenform mit ca. 20 cm Durchmesser und fetten Sie sie sorgfältig mit 30 g Butter ein.

Heizen Sie den Backofen auf 220°C (Stufe 4) vor.

Schichten Sie die *Pastilla*-Blätter überlappend auf den Boden der Form. Lassen Sie dabei so viel Teig überstehen, daß Sie die Füllung anschließend damit abdecken können und verteilen Sie die Mangoldmischung auf dem Teig.

Decken Sie die Füllung mit dem überstehenden Teig ab und geben Sie die *Pastilla* für 15 Minuten in den Ofen.

Vermischen Sie den Puderzucker und den Zimt gründlich in einer Schüssel.

Nehmen Sie die *Pastilla* aus dem Ofen und stellen Sie die Form für 2 bis 3 Minuten bei mittlerer Flamme auf den Herd, damit der Teig schön trocken wird. Stürzen Sie sie dann auf eine runde Platte und streuen Sie die Zucker-Zimt-Mischung darüber. Lassen Sie sie anschließend unter dem Backofengrill karamelisieren und servieren Sie sie sofort.

DER SELLERIE

Von allen Vorzügen, die man dem Sellerie zuschreibt, ist der unbestreitbarste das kräftige Aroma, das alle Teile der Pflanze aufweisen, gleichgültig um welche Sellerieart es sich handelt. Es gibt wenigstens drei Arten von Sellerie, die sich zum Kochen eignen: den Knollensellerie, den Stangensellerie und den Schnittsellerie.

Der Knollensellerie hat die Form einer dicken Kugel, die Blätter haben kann oder auch nicht. Er wird das ganze Jahr über auf den Märkten angeboten. Beim Kauf sollten Sie prüfen, ob er schön fest ist, denn wenn er keine Blätter hat, sieht er äußerlich fast immer gleich aus. Ein weicher Knollensellerie ist in der Regel hohl. Sein Fleisch ist ausgetrocknet und korkartig und eignet sich bestenfalls noch zum Würzen einer Suppe. Man kann den Knollensellerie roh geraspelt mit einer Remouladensauce essen, ihn im eigenen Saft garen, ihn in einem Eintopf mitkochen oder ein Püree daraus zubereiten, das man zu Wild oder einem Rinderbraten reicht. Wie immer Sie ihn verarbeiten wollen, sie sollten ihn stets gründlich waschen, bevor Sie ihn mit einem Haushaltsmesser oder einem scharfen Küchenmesser schälen, damit die Schale möglichst gut erhalten bleibt. Die Schalen kann man trocknen, indem man sie an einer Schnur im Freien aufhängt oder an einem trockenen Ort auslegt, und kann damit später Saucen, Brühen und Suppen fein abschmecken.

Wenn Sie den Knollensellerie geschält haben, sollten Sie ihn in Zitronenwasser legen, denn das Fleisch wird sehr schnell braun. Will man ihn in Wasser garen, sollte man dies am besten in einem Mehlwasser tun (siehe dazu das Kapitel »Die richtige Zubereitung«, S. 244).

Beim Stangensellerie ist nur das Innere zart, das aber nur einen kleinen Teil der Pflanze ausmacht. Deshalb empfehle ich Ihnen, besonders dicke Stangen auszuwählen. Vor der Zubereitung sollten Sie die Stangen auf 12 bis 15 cm kürzen und die äußeren, dunkelgrünen Blätter entfernen. Schälen Sie die Stangen anschließend mit einem Küchenmesser, um die Fasern zu entfernen, und legen Sie sie dann in Zitronenwasser, damit sie schön weiß bleiben. Wenn Sie sie mit Wasser zubereiten wollen, sollten Sie dazu ein Mehlwasser verwenden (siehe dazu das Kapitel »Die richtige Zubereitung«, S. 244). Ich persönlich ziehe es vor, sie in einem Schmortopf im Backofen im eigenen Saft garen zu lassen oder sie in einer Brühe zu kochen. Sie müssen etwa 1 Stunde Kochzeit rechnen, dann sind die Stangen schön weich.

Die sehr zarten inneren Teile des Stangenselleries können aber auch in dünne Scheiben geschnitten und beispielsweise zu einem Sommer- oder einem Tomatensalat gegeben werden.

Der Schnittsellerie wird lediglich zum Würzen, vor allem von Kraftbrühen, Suppen, Eintöpfen oder einem Hühnertopf verwendet. Die jungen Triebe kann man auch fein wiegen und über einen Salat streuen oder sie zu einer Kräutermischung oder in eine Kräutersauce geben.

Wegen des kräftigen Aromas des Selleries bedarf es bei der Auswahl der Weine eines gewissen Fingerspitzengefühls. Zu Knollensellerie würde ich einen kräftigen Rotwein aus der Grenache-Rebe des Rhônetals (Gigondas, Châteauneuf-du-Pape) reichen, zu Stangensellerie einen tanninhaltigen und rustikalen Wein aus Südwestfrankreich, zum Beispiel einen Cahors.

SELLERIEGRATIN MIT BRATENSAFT

FÜR 4 PERSONEN

Vorbereitungszeit: 20 Min.
Kochzeit: 1 Std.

2 Sellerieknollen à ca.
600 g
1 EL Mehl
250 ml Milch
50 g Butter
120 ml Bratensaft (vom
Huhn, Schwein oder Kalb)
oder die gleiche Menge
aus Konzentrat hergestell-
ter Hühnerbrühe
80 g geriebener Gruyère
Pfeffer

Waschen Sie die Sellerieknollen und schälen Sie sie.

Vierteln Sie die Knollen anschließend und schichten Sie sie in einen hohen Schmortopf. Geben Sie 1 EL Mehl in ein feines Sieb, halten Sie es über den Topf und lassen Sie einen feinen Strahl kaltes Wasser über das Mehl laufen, damit es sich auflöst.

Bedecken Sie den Sellerie mit Wasser und fügen Sie die Milch hinzu. Salzen Sie nicht.

Lassen Sie das Ganze im geöffneten Topf auf großer Flamme ein paar Mal aufkochen, schalten Sie die Temperatur dann herunter und schließen den Topf. Prüfen Sie nach 30 Minuten durch Einstechen, ob der Sellerie weich ist.

Während der Sellerie kocht, heizen Sie den Backofen auf 150° C vor.

Nehmen Sie die gegarten Sellerie-viertel aus der Kochflüssigkeit und schneiden Sie sie in 0,5 cm dicke Scheiben. Schichten Sie diese in eine feuerfeste Form. Kochen Sie den Bra-tensaft oder die Hühnerbrühe mit der Butter auf und gießen Sie sie über die Selleriescheiben. Geben Sie die Form dann für 15 Minuten in den Ofen. Nehmen Sie sie anschließend wieder heraus, bestreuen Sie das Gericht mit dem geriebenen Gruyère und geben es für weitere 10 Minuten in den 150°C heißen Ofen. Es muß eine schöne goldgelbe Farbe an-nehmen.

Holen Sie das fertige Gratin aus dem Ofen, würzen Sie mit Pfeffer aus der Mühle und servieren Sie es im Koch-geschirr.

SELBSTGEMACHTES SELLERIESALZ

Nichts ist einfacher als die Zubereitung dieses Selleriesalzes, das un-erläßlich ist zum Würzen von Tomatensäften oder -suppen, von Gemüsebrühen, Salaten...

Zermahlen Sie eine Handvoll getrocknete Sellerieschalen im Mixer mit einer Handvoll ganz trockenem, sehr gutem, grobkörnigem Meersalz.

Streichen Sie die Mischung anschlie-ßend durch ein Sieb und bewahren Sie sie in einer verschlossenen Flasche oder einer Blechbüchse auf.

STANGENSELLERIE MIT WALNUSSÖL

Dieses sehr einfach zuzubereitende Gericht schmeckt noch besser, wenn Sie reines Walnußöl verwenden; denn häufig wird dieses Öl mit einem neutralen Öl versetzt. Die besten Walnußöle gewinnt man aus Walnußkernen, die zuvor angeröstet wurden. Sie werden in der Regel in Zentralfrankreich hergestellt.

FÜR 4 PERSONEN

Vorbereitungszeit: 30 Min.
Kochzeit: 1 Std.

4 große, schöne weiße
Selleriestangen
12 schöne Walnußkerne
500 ml Hühnerbrühe (aus
Konzentrat hergestellt)
20 g Butter
3 EL Walnußöl
einige helle Sellerie-
blättchen
Pfeffer

Foto links

Entfernen Sie die äußeren, sehr fasrigen Teile der Selleriestangen und heben Sie sie für eine Suppe oder eine Kraftbrühe auf.

Kürzen Sie die Stangen auf 10–12 cm und behalten Sie einige junge Blättchen zurück, die Sie an einem kühlen Ort aufbewahren.

Befreien Sie die inneren Teile der Selleriestangen mit einem Küchenmesser von den Fasern und schneiden Sie den Wurzelansatz ab, so daß Sie schöne weiße Stangen erhalten.

Waschen Sie diese unter gerade nur lauwarmem Wasser und ziehen Sie dabei die einzelnen Blattlagen etwas auseinander, um den Sand restlos zu entfernen.

Um die Walnußkerne zu enthäuten, geben Sie sie für einige Sekunden in kochendes Wasser und ziehen die Häute dann mit einem kleinen spitzen Messer ab.

Schneiden Sie sie anschließend in feine Scheibchen.

Kochen Sie die Hühnerbrühe auf, schalten Sie den Herd dann aus und geben Sie die Butter hinein.

Lassen Sie die Selleriestangen abtropfen und schichten Sie sie in einen gußeisernen Schmortopf.

Gießen Sie die heiße Hühnerbrühe darüber.

Heizen Sie nun den Backofen auf 120 °C vor.

Lassen Sie den Sellerie in der Zwischenzeit auf mittlerer Flamme im geschlossenen Topf weiterkochen und geben ihn dann für 30 bis 45 Minuten in den Ofen. Nehmen Sie den Topf anschließend heraus und prüfen Sie, ob der Sellerie gar ist. Er muß sich mühelos mit der Spitze eines Messers einstechen lassen. Sollte er noch nicht weich genug sein, geben Sie ihn nochmals in den 120 °C heißen Ofen.

Sobald der Sellerie weich ist, richten Sie die Stangen in einer tiefen Schale an.

Lassen Sie die Kochflüssigkeit zu einem zähflüssigen Saft einkochen. Fügen Sie das Walnußöl hinzu und schlagen Sie das Ganze so lange mit dem Schneebesen, bis Sie eine glatte Sauce erhalten.

Gießen Sie die Sauce anschließend über die Selleriestangen.

Würzen Sie mit Pfeffer, bestreuen Sie das Gericht mit den Sellerieblättchen und den Walnußscheibchen und servieren Sie es sehr heiß.

FÜR 4 PERSONEN

Vorbereitungszeit: 15 Min.
Kochzeit: 30 Min.

100 g Knollensellerie
das Innere sowie einige
junge Blättchen von
1 Stangensellerie
2 große Kartoffeln (Bintje;
400 g)
50 g Butter
1 mittelgroße, nach Mög-
lichkeit weiße Zwiebel
4 EL Crème fraîche
1 EL Erdnußöl
1 Msp. Muskatnuß
Salz

Foto rechts

KARTOFFEL-SELLERIE-PUFFER MIT CRÈME FRAÎCHE

Diese kleinen Kuchen aus geraspelten Kartoffeln sind eine Spezialität der Dauphiné. Es gibt aber auch noch eine lothringische Variante.

Schälen Sie die Kartoffeln, reiben Sie sie trocken und raspeln Sie sie fein. Machen Sie dasselbe mit dem Knollensellerie.

Salzen Sie und vermengen Sie die Kartoffeln und den Sellerie.

Formen Sie den Teig zunächst zu Kugeln, drücken Sie diese mit der Hand flach, so daß Sie etwa 1,5 cm dicke Küchlein erhalten.

Erhitzen Sie die Butter und das Öl in einer großen Pfanne. Geben Sie die Küchlein hinein, braten Sie sie auf mittlerer Flamme goldbraun und wenden Sie sie dann.

Drücken Sie sie danach mit einem Pfannenwender leicht an, damit sie eine regelmäßige Form bekommen, und braten Sie sie dann weitere 15 bis 20 Minuten.

Schälen Sie inzwischen die Zwiebel und schneiden Sie sie in sehr dünne Ringe. Salzen Sie sie leicht und geben sie zum Abtropfen in ein Haarsieb.

Zupfen Sie einige zarte Sellerieblättchen ab, schneiden Sie das Innere des Stangenselleries in feine Scheiben und stellen Sie sie auf die Seite.

Sobald die Kartoffelpuffer fertiggebraten sind, richten Sie sie in einem Kreis schuppenförmig auf einer flachen, runden Platte an. Geben Sie auf jedes Küchlein 1 Löffel Crème fraîche, bestreuen Sie das Ganze mit 1 Msp. Muskatnuß und verteilen Sie die Zwiebelringe auf den Sahnehäubchen.

Schieben Sie die Kartoffelpuffer dann kurz unter den Grill oder in den heißen Backofen. Nehmen Sie sie wieder heraus und geben Sie den in Scheibchen geschnittenen Sellerie und die jungen Sellerieblättchen in die Mitte der Platte.

Servieren Sie dann sofort.

DER KOHL

Obwohl die Mitglieder dieser weitläufigen Familie in sehr unterschiedlichen Erscheinungsformen auftreten, haben sie doch alle eines gemeinsam: einen kräftigen Geschmack, den ich als etwas herb bezeichnen würde, der aber auch nicht einer gewissen Süße entbehrt. Beim Kochen entwickelt der Kohl einen starken Geruch, der manchmal als unangenehm empfunden wird. Mich stört er jedoch überhaupt nicht, denn er weckt bei mir schöne Kindheitserinnerungen an köstliche Eintopfgerichte, an gefüllte Kohlköpfe, rund wie Bälle...

Die Zahl der grünen Kohlsorten ist groß. Im Frühjahr kommt der Kopfkohl, wegen seiner spitz zulaufenden Form auch Spitzkohl genannt, auf den Markt. Seine großen, nicht sehr festen Blätter bieten sich geradezu für die Zubereitung unterschiedlich gefüllter Kohlrouladen an. Wegen ihrer zarten Beschaffenheit sollte man die Blätter nur kurz kochen oder sie sanft im Schmortopf garen.

Im Herbst und im Winter sind die Stände auf den Märkten voll von kleinen, grünen, krausen Spitzkohlköpfen, großen, glatten, zartgrünen Weißkohlköpfen und großen Kohlköpfen mit mehr oder weniger krausen Blättern. Erstere sind sehr aromatisch und schmecken köstlich, wenn man sie im eigenen Saft schmort und zu einem Perlhuhn oder einem Fasan reicht oder wenn man sie füllt. Ihre Blätter sind allerdings so zart, daß man sie nicht in Wasser kochen sollte, um daraus beispielsweise einen Eintopf zuzubereiten. Der Weißkohl hingegen hat sehr feste Blätter und die Blattrippen sind etwas hart. Wenn man die Rippen herausschneidet und die Blätter in feine Streifen schneidet, kann man leckere Salate daraus zubereiten.

Legt man ihn in Streifen geschnitten mit grobkörnigem Salz, Wacholderbeeren oder Kümmel in Steinguttöpfen ein, nimmt er einen köstlichen, säuerlichen Geschmack an, und man kann daraus mit Weißwein oder Bier oder, wie in Mitteleuropa, mit Sahne, ein Sauerkraut zubereiten.

Die anderen grünen Kohlsorten eignen sich gleichermaßen für Eintopfgerichte, zum Füllen und für Salate.

Im Elsaß und in Lothringen wird sehr viel Rotkohl, ein Winterkohl, angebaut. Seinen leicht süßlichen Geschmack kann man am besten unterstreichen, wenn man ihn mit Äpfeln, Blaubeeren oder Johannisbeeren sanft in Rotwein gart. Er paßt sehr gut zu Wild, vor allem zu Wildschwein. Er eignet sich aber auch wunderbar für herzhafte Salate. Man schneidet ihn dazu in Streifen, gibt diese anschließend in eine Schüssel und übergießt sie mit Weinessig, den man zuvor aufgekocht hat. Dann läßt man sie kurz im Essig ziehen, läßt sie danach abtropfen und macht sie mit Öl, Salz und Pfeffer an. Man kann den Salat noch mit Grieben aus Schweine- oder Entenschmalz oder auch mit Walnüssen oder Maroni veredeln und ihn dann an einem rustikal gedeckten Tisch vor einem Holzfeuer genießen.

Der Rosenkohl, diese

CREMESUPPE AUS BLUMENKOHLSTRÜNKEN

Da ich als Kind oft die Blumenkohlstrünke knabberte, wenn meine Mutter den Kohl putzte, merkte ich schon sehr früh, daß sie genauso gut und süßlich schmecken wie die Röschen. Meine Mutter bereitete aus den Strünken leckere Suppen zu. Dazu schnitt sie sie in dünne Scheiben und dünstete sie zusammen mit dem weißen Inneren einer Lauchstange in etwas Butter an, goß das Ganze dann mit einem guten Liter Salzwasser auf und gab 1 bis 2 mehlige Kartoffeln dazu. Sobald die Strünke, der Lauch und die Kartoffeln weich waren, pürierte sie das Gemüse im Mixer, erwärmte die Suppe dann nochmals, ohne sie zum Kochen kommen zu lassen, nahm sie vom Herd und fügte einige Löffel Crème fraîche und einige Kerbelblättchen hinzu. Und das war es auch schon. Für diese Cremesuppe kann man auch Brokkolistrünke verwenden.

kleinen, zarten Winterröschen, erfreuen sich besonders bei den Kindern großer Beliebtheit. Sie sollten deshalb nicht zögern, dieses Gemüse, das geradezu für besondere Leckerbissen bestimmt ist, auch auf eine besondere Art zuzubereiten, indem Sie es beispielsweise mit Kastanien kombinieren oder es pürieren und zu köstlichen Mousses verarbeiten. Ich dünste den Rosenkohl am liebsten und schwenke ihn anschließend in einem guten Fett, zum Beispiel in einer Nußbutter oder in Schweineschmalz, das die Röschen gut aufnehmen.

Beim Einkauf des Blumenkohls sollten Sie darauf achten, daß er ganz weiß ist.

Die Röschen, die man in kaltem Wasser mit etwas Branntweinessig wäscht und danach abtropfen läßt, werden in kochendem Wasser gegart oder gedünstet. Prüfen Sie mit der Spitze eines Messer, ob die Röschen gar sind. Sie sollten zwar weich sein, aber noch Biß haben. Schrecken Sie sie dann ab und lassen Sie sie abtropfen. Um den starken Geruch, der beim Kochen entsteht, etwas abzumildern, gibt man dem Kochwasser manchmal Brotrinde oder auch eine Knoblauchzehe bei. Ich glaube nicht so recht an die Wirksamkeit solcher Kniffe und beschränke mich darauf, die Küche gut zu lüften.

Ob er nun grün, violett oder gelb ist, der Brokkoli ist ein kleiner südländischer Verwandter unseres weißen Blumenkohls und er wird auch genauso vorbereitet und gegart. Lediglich in der Beschaffenheit und im Geschmack unterscheiden sich die beiden etwas voneinander.

Wählen Sie beim Einkauf die eher kleinen, festen Exemplare aus und lassen Sie von vornherein diejenigen liegen, deren Blüten bereits leicht geöffnet sind und gelb aussehen.

Für gewöhnlich ißt man von Blumenkohl und Brokkoli nur die Blüten, doch auch der Strunk und die Blütenstiele sind genießbar.

Zu den anderen Kohlsorten, die uns weniger vertraut sind, möchte ich nur ein paar kurze Anmerkungen machen.

Der Chinakohl oder *Pé-tsaï* hat eine längliche Form und eine zartgrüne Farbe. Von weitem könnte man ihn für einen Römischen Salat halten. Er ist nicht so intensiv im Geschmack wie seine europäischen Verwandten, aber er hat eine sehr angenehme, leicht süßliche Note und eine interessante Struktur, die sichtbar wird, wenn man ihn in Streifen schneidet und ihn beispielsweise in einem Wok bei starker Hitze kurz anbrät (siehe dazu das Kapitel »Die richtige Zubereitung«, S. 246).

Der Kohlrabi, dieses widerstandsfähige Gemüse, das man früher auf dem Lande im Überfluß fand, ist heute eher selten geworden. Dennoch verleiht er Eintopfgerichten und Brühen einen unnachahmlichen Geschmack, genauso wie der Wirsing, der von den französischen Märkten ebenfalls verschwunden ist. Wenn man ihn mit Wachs einreibt, ist er monatelang haltbar, ohne zu verderben. Sollten Sie zögern beim Kauf dieses Kohls, weil er Sie an düstere, entbehrungsreiche Zeiten erinnert, vergessen Sie Ihre Abneigung und geben Sie ihm eine neue Chance.

Seit einiger Zeit bieten die Frühgemüsehändler Meerkohl an, eine Kohlsorte, die in Form kleiner weißer Triebe mit kaum angedeuteten Blättern zum Kauf angeboten wird. Man ißt sie ähnlich wie Spargel. Sie werden in kochendem Wasser pochiert und mit einer Vinaigrette oder einer holländischen Sauce gereicht. Für mein Empfinden sind diese zarten Triebe jedoch etwas zu fein im Geschmack.

Die Wahl des Weines hängt davon ab, wie man den Kohl zubereitet. Das Sauerkraut, wie es in Mitteleuropa zubereitet wird, harmoniert am besten mit den leicht säuerlichen elsässischen oder deutschen (Mosel-Saar-Ruwer oder Rheingau) Rieslingweinen. Zu einem gefüllten Kohl oder einem Eintopf würde ich dagegen eher einen kräftigen Rotwein, zum Beispiel einen Corbières oder auch einen Coteaux d'Aix, ja sogar einen Gaillac wählen.

Zu Rotkohl paßt am besten ein roter Bandol-Wein oder zum Beispiel ein Pinot noir aus dem Elsaß.

WEISSKOHL MITTELEUROPÄISCHE ART

FÜR 4 PERSONEN

Vorbereitungszeit: 15 Min.
(plus 5 Tage Einlegezeit)
Kochzeit: 45 bis 60 Min.

1 Weißkohl der Sorte
Quintal (1,5 kg)
80 g grobkörniges Meer-
salz
1 mit 2 Nelken gespickte
Zwiebel
1 Lorbeerblatt
1 Zwiebel (100 g)
1 Knoblauchzehe
80 g Schweineschmalz,
Gänse- oder Entenfett
1/2 EL süßer Paprika
1 TL Tomatenmark
1/2 TL gemahlener Kümmel
1,5 EL Crème fraîche
1 Becher Naturjoghurt
Salz

Mit diesem Weißkohl-Rezept können Sie – obwohl die Art der Zubereitung genau dieselbe ist – völlig unterschiedliche Ergebnisse erzielen, je nachdem ob Sie den Kohl zuvor in Salz einlegen oder nicht. Denn durch das Einlegen bekommt er einen säuerlichen Geschmack, den man mit Crème fraîche noch besonders angenehm unterstreichen kann.

Waschen Sie den Kohl, halbieren Sie ihn und schneiden Sie den Strunk und die harten Blattrippen vollständig heraus. Zerteilen Sie die Blätter dann in 1 cm breite Streifen. Geben Sie diese zusammen mit dem Salz in eine Suppenschüssel. Vermengen Sie das Ganze gründlich und fügen Sie die mit 2 Nelken gespickte Zwiebel und das Lorbeerblatt hinzu. Beschweren Sie das Kraut mit einem Teller, der mindestens 500 g wiegen sollte, und stellen Sie die Schüssel an einen kühlen Ort, jedoch nicht in den Kühlschrank.

Nach 24 Stunden hat der Kohl so viel Wasser gezogen, daß er vollständig mit Salzlake bedeckt ist. Vor der Zubereitung muß er dann jedoch noch 3 bis 4 Tage ziehen.

Spülen Sie ihn vor dem Kochen mit kaltem Wasser, lassen Sie ihn in einem Sieb abtropfen und drücken Sie ihn dabei mit der Hand aus.

Schälen Sie nun die Zwiebel und schneiden Sie sie in dünne Ringe. Ziehen Sie dann die Knoblauchzehe ab und zerdrücken Sie sie.

Lassen Sie das Fett in einem gußeisernen Schmortopf zerlaufen, geben Sie die in Ringe geschnittene Zwiebel hinein und dünsten Sie sie auf kleiner Flamme weich. Fügen Sie den Paprika hinzu, rühren Sie gründlich mit einem Holzpfannenwender um und geben Sie das Tomatenmark, das Kümmelpulver und die Knoblauchzehe dazu.

Falls Sie keinen gemahlenen Kümmel haben, rösten Sie Kümmelsamen ohne Fett in der Pfanne an und zerstoßen sie dann im Mörser.

Geben Sie den Kohl nun in eine Schmorpfanne, vermischen Sie ihn gründlich mit den übrigen Zutaten und gießen Sie 50 ml lauwarmes Wasser an. Schließen Sie den Topf und lassen das Ganze ca. 20 Minuten auf kleiner Flamme kochen.

Rühren Sie dabei laufend um und gießen Sie immer wieder etwas Wasser nach, damit der Kohl nicht anhängt.

Nehmen Sie am Ende der Kochzeit den Deckel vom Topf und erhöhen Sie die Temperatur, damit die Kochflüssigkeit einkochen kann. Fügen Sie dann die Crème fraîche und den Joghurt hinzu. Lassen Sie das Ganze unter ständigem Rühren nochmals 3 bis 4 Minuten aufkochen. Schmecken Sie mit Salz ab und nehmen Sie vor dem Auftragen die Knoblauchzehe heraus.

Variation:

Sie können dieses Rezept auch zubereiten, ohne den Kohl vorher einzulegen. In diesem Fall waschen Sie den Kohl und schneiden den Strunk und die harten Blattrippen heraus. Geben Sie dann 3 l kaltes Wasser in einen großen Kochtopf und fügen Sie 2 Handvoll grobkörniges Salz hinzu. Bringen Sie das Wasser zum Kochen, geben Sie den Kohl hinein und lassen ihn 3 Minuten kochen. Schrecken Sie den Kohl anschließend ab, lassen ihn abtropfen und schneiden ihn in 1 cm breite Streifen. Die weitere Zubereitung erfolgt wie oben beschrieben.

GRÜNKOHL MIT CHAMPIGNONFÜLLUNG

FÜR 4 PERSONEN

Vorbereitungszeit: 40 Min.
Kochzeit: 1 Std. 30 Min. bis
2 Std.

1 mittelgroßer Grünkohl
(1,5 kg)
300 g Champignons
70 g Butter
4 EL Crème fraîche
1 große Zwiebel
60 g Halbhartkäse (Tomme
de Savoie oder Cheddar)
1 TL süßer Paprika
2 Tomaten
1 Knoblauchzehe
1/2 TL Kümmelsamen oder
gemahlener Kümmel
grobkörniges Salz
Salz
Pfeffer

Foto Seite 107

Wer von uns hat sich nicht tief im Herzen die Erinnerung an den gefüllten Kohl bewahrt, den unsere Großmütter in einem großen, schwarzen, gußeisernen Schmortopf auf dem Herd leise vor sich hinkochen ließen und dessen Duft durch das ganze Haus zog? Es gibt zahlreiche Varianten dieses Gerichts: von der einfachsten, bei der die Füllung aus Wurstbrät besteht, bis hin zu einer sehr edlen, bei der die Blätter mit einer Mischung aus Gänseleber und Trüffeln bestrichen werden. Hier nun ein raffiniertes und originelles Rezept, mit dem Sie sich an den Winter- oder den ersten Frühlingsabenden aufwärmen können. Ich empfehle Ihnen, dieses Gericht mit gedämpften neuen Kartoffeln und einem kräftigen Weißwein aus Savoyen, zum Beispiel einem Chignin, einem Roussette oder einem Seyssel, zu servieren.

Schneiden Sie die erdigen Teile der Champignonstiele ab, waschen Sie sie kurz unter fließendem Wasser und lassen Sie sie abtropfen. Zerteilen Sie die Köpfe und die Stiele anschließend in kleine Würfel.

Erhitzen Sie 20 g Butter in einem größeren Schmortopf oder einer Pfanne. Sobald die Butter sehr heiß ist, geben Sie die Champignonwürfel hinein. Salzen Sie und braten Sie die Champignons auf großer Flamme, bis sie ihre gesamte Flüssigkeit verloren haben.

Sollten Sie keinen gemahlenen Kümmel haben, zerstoßen Sie in der Zwischenzeit die Kümmelsamen, die Sie zuvor ohne Fett in der Pfanne angeröstet haben, im Mörser.

Wenn die gesamte Flüssigkeit der Champignons verdunstet ist, fügen Sie 2 EL Crème fraîche und die Hälfte des gemahlenen Kümmels hinzu. Lassen Sie das Ganze dann 1 Minute aufkochen, geben Sie anschließend den Käse dazu und rühren Sie gründlich mit einem Holzpfannenwender um.

Schmecken Sie mit Salz und Pfeffer ab, gießen Sie den Inhalt des Schmortopfs auf einen Teller und stellen Sie ihn kalt.

Entfernen Sie nun die äußeren Blätter und den Strunk des Kohls. Achten Sie dabei darauf, daß der Kohl ganz bleibt. Waschen Sie ihn in kaltem Wasser und biegen Sie dabei die Blätter etwas auseinander. Lassen Sie ihn danach gut abtropfen. Kochen Sie in einem großen Kochtopf 4 l Wasser mit 1 Handvoll grobkörnigem Salz auf. Sobald das Wasser kocht, geben Sie den Kohl hinein. Lassen Sie das Wasser nochmals 2 Minuten aufwallen. Nehmen Sie den Kohl anschließend mit einem Schaumlöffel heraus, schrecken Sie ihn ab und lassen Sie ihn aufrecht in einem Sieb abtropfen. Pressen Sie dabei das Wasser durch leichtes Drücken mit der Hand heraus. Legen Sie den Kohl dann auf ein Tuch. Ziehen Sie nun die Blätter vorsichtig auseinander und streichen Sie sie glatt.

Salzen Sie die Blattinnenflächen und verteilen Sie die vorbereiteten Rahmchampignons häufchenweise zwischen den Blättern.

Drücken Sie die Blätter danach zusammen und bringen den Kohl wieder in seine ursprüngliche Form.

Schälen Sie die Zwiebel und schneiden Sie sie in feine Ringe.

Kochen Sie 1 l Wasser auf und geben Sie die Tomaten, von denen Sie zuvor die Stielansätze entfernt haben, für 1 Minute hinein. Häuten Sie sie anschließend, halbieren Sie sie und drücken Sie die Kerne mit der Hand heraus.

Ziehen Sie nun die Knoblauchzehe ab und zerdrücken Sie sie.

Gefüllter Grünkohl mit Champignons (Foto rechts).

Lassen Sie 50 g Butter in einem gußeisernen Schmortopf, der im Durchmesser etwas breiter sein sollte als der Kohlkopf, zerlaufen. Geben Sie die geschälte und in Ringe geschnittene Zwiebel hinein. Dünsten Sie sie zugedeckt auf kleiner Flamme weich, ohne daß sie Farbe annimmt. Sollte sich Flüssigkeit gebildet haben, lassen Sie sie einkochen und fügen dann den Paprika hinzu. Rühren Sie gründlich um und geben Sie die in grobe Würfel zerteilte Tomate, das restliche Kümmelpulver, die geschälte und zerdrückte Knoblauchzehe sowie 2 EL Wasser dazu und würzen Sie mit Salz und Pfeffer.

Legen Sie den gefüllten Kohl in den Topf, schließen Sie den Deckel, lassen Sie das Ganze aufkochen und geben den Topf in den auf 150 °C vorgeheizten Ofen. Lassen Sie den Kohl 1 Stunde 30 Minuten garen. Prüfen Sie von Zeit zu Zeit, ob die Tomaten genügend Flüssigkeit abgegeben haben, und gießen Sie gegebenenfalls etwas heißes Wasser an und verringern die Temperatur.

Nehmen Sie den Kohl am Ende der Garzeit mit einem Schaumlöffel vorsichtig aus dem Topf. Legen Sie ihn auf eine Servierplatte und stellen Sie ihn warm.

Lassen Sie die im Schmortopf verbliebene Kochflüssigkeit auf mittlerer Flamme einkochen und fügen Sie die restliche Crème fraîche hinzu. Lassen Sie das Ganze nur ein bis zweimal aufkochen, damit die Crème fraîche ihren frischen Geschmack nicht verliert.

Geben Sie den Inhalt des Schmortopfs anschließend in den Mixer und verrühren Sie ihn auf höchster Stufe, bis Sie eine schöne glatte Sauce erhalten. Schmecken Sie mit Salz und Pfeffer ab. Gießen Sie das Kochwasser ab, das sich möglicherweise auf der Servierplatte abgesetzt hat, und überziehen Sie den Kohl mit der Sauce.

FÜR 4 PERSONEN

Vorbereitungszeit: 30 Min.
Kochzeit: 45 Min.

1 schöner Blumenkohl
(1 kg)
70 g Butter
1 EL Mehl
120 ml Milch
180 ml süße Sahne
2 EL Dijon-Senf
2 EL kleine Kapern
1 kleines Sträußchen
Petersilie
grobkörniges Salz
Salz

BLUMENKOHLRÖSCHEN IN SENFRAHMSAUCE

Entfernen Sie den Strunk und die grünen Blätter des Blumenkohls. Waschen Sie ihn und lassen Sie ihn in einem Sieb gut abtropfen, ohne ihn in Röschen zu zerteilen.

Bringen Sie 5 bis 6 l Wasser mit Handvoll grobkörnigem Salz zum Kochen, geben Sie den Blumenkohl hinein und lassen ihn im geöffneten Topf auf mittlerer Flamme ca. 15 Minuten garen.

Lassen Sie in der Zwischenzeit 20 g Butter in einem Schmortopf zerlaufen, fügen Sie das Mehl hinzu und verrühren Sie das Ganze gründlich mit dem Schneebesen. Gießen Sie dann die kalte Milch hinein und rühren Sie dabei laufend weiter, damit sich keine Klümpchen bilden. Bringen Sie diese weiße Sauce langsam zum Kochen und fügen Sie anschließend die Sahne hinzu. Schalten Sie den Herd ab, salzen Sie und stellen Sie die Sauce warm.

Sobald der Blumenkohl gerade weich ist, nehmen Sie ihn mit dem Schaumlöffel heraus und geben ihn in eine Schüssel mit kaltem Wasser. Nehmen Sie ihn nach einigen Minuten wieder heraus und lassen ihn abtropfen.

Zerteilen Sie ihn danach mit einem kleinen Messer in Röschen und legen Sie diese zum Trocknen auf ein Tuch.

Geben Sie nun 50 g Butter in eine Pfanne. Sobald sie eine goldgelbe Farbe annimmt, fügen Sie die Blumenkohlröschen hinzu. Salzen Sie sparsam und lassen Sie die Röschen goldgelb anbräunen. Waschen Sie die Petersilie und wiegen Sie sie fein.

Richten Sie die Blumenkohlröschen mit den Köpfen nach oben in einer tiefen Schale an. Geben Sie den Senf in die Sahnesauce und verrühren Sie das Ganze gut mit dem Schneebesen.

Gießen Sie die Sauce über die Blumenkohlröschen, streuen Sie die Kapern und die gehackte Petersilie darüber und servieren Sie.

FÜR 4 PERSONEN

Vorbereitungszeit: 25 Min.
Kochzeit: 35 Min.

1 Blumenkohl (1,5 kg)
1 große weiße Zwiebel
20 g Butter
3 EL Crème fraîche
4 Eigelb
Kerbelblättchen
1 Msp. Muskat
Salz

Foto rechts

BLUMENKOHLCREMESUPPE MIT KERBEL

Putzen und waschen Sie den Blumenkohl sorgfältig. Schälen Sie die weiße Zwiebel, schneiden Sie sie in sehr feine Ringe und geben Sie sie mit 20 g Butter und 3 EL Wasser in einen Topf. Lassen Sie die Zwiebel in geschlossenem Topf garen, ohne daß sie Farbe annimmt.

Trennen Sie zwei Röschen von dem Blumenkohl ab und legen Sie sie auf die Seite. Zerteilen Sie den restlichen Kohl in grobe Stücke und geben Sie diese zu der Zwiebel. Gießen Sie 1,5 l Wasser zu, salzen Sie und schmecken Sie mit 1 Msp. geriebener Muskatnuß ab. Lassen Sie den Kohl ca. 25 Minuten im geschlossenen Topf garen.

Kochen Sie in der Zwischenzeit 500 ml Salzwasser auf und geben Sie die beiden Blumenkohlröschen, die Sie zurückbehalten haben, zum Blanchieren hinein. Schrecken Sie sie mit kaltem Wasser ab und lassen Sie sie gut abtropfen.

Verrühren Sie die 4 Eigelb und die Crème fraîche mit dem Schneebesen in einer Schale.

Pürieren Sie den Blumenkohl mit der Kochflüssigkeit im Mixer und gießen Sie die Brühe dann wieder in den Topf zurück. Lassen Sie sie aufkochen, nehmen Sie 2 Schöpflöffel davon ab und geben sie in die Eiermasse. Verrühren Sie das Ganze und geben es dann zu dem pürierten Blumenkohl. Erhitzen Sie die Mischung, bis sie eindickt, und rühren Sie dabei mit dem Schneebesen weiter.

Schmecken Sie die Cremesuppe ab, garnieren Sie sie mit den kleinen blanchierten Blumenkohlröschen und bestreuen Sie sie mit Kerbelblättchen.

FÜR 4 PERSONEN

Vorbereitungszeit: 20 Min.
Kochzeit: 25 Min.
Ruhezeit: 15 Min.

1 kg Rotkohl
150 ml Weinessig
60 g Schweineschmalz
1 mit 2 Nelken gespickte Zwiebel
2 Lorbeerblätter
200 g Reinetten
Salz
Pfeffer

GESCHMORTER ROTKOHL

Der Rotkohl, der sich im Elsaß und in Lothringen großer Beliebtheit erfreut, wird in der Regel mit Rotwein oder Essig, Äpfeln oder Kastanien und Gewürzen wie Nelke und Zimt zubereitet. Er bekommt so einen süßsauren Geschmack und ist deshalb eine ideale Beilage zu Schweinebraten oder Wild.

Entfernen Sie die äußeren Blätter, den Strunk und die Blattrippen und schneiden Sie den gewaschenen Kohl in sehr feine Streifen. Geben Sie diese in eine Schüssel und begießen sie mit dem Essig, den Sie zuvor aufgekocht haben.

Lassen Sie das Ganze 10 Minuten ziehen, gießen Sie den Kohl dann in ein Sieb ab und drücken Sie den Essig mit der Hand möglichst vollständig heraus.

Geben Sie den Kohl, die mit Nelken gespickte Zwiebel, die Lorbeerblätter und das Schweineschmalz zusammen in einen Schmortopf und gießen Sie etwas Wasser an. Salzen Sie, schließen Sie den Topf und lassen Sie alles auf sehr kleiner Flamme etwa 20 Minuten garen.

Schälen Sie in der Zwischenzeit die Äpfel, zerteilen Sie sie in 1 cm große Würfel und geben Sie sie zu dem Kraut. Lassen Sie das Ganze noch 3 bis 4 Minuten kochen. Schalten Sie den Herd danach aus, nehmen Sie die Lorbeerblätter und die Zwiebel aus dem Topf und lassen den Rotkohl vor dem Auftragen noch etwa 15 Minuten im geschlossenen Topf ruhen.

Schmecken Sie mit Salz und Pfeffer ab und servieren Sie.

FÜR 4 PERSONEN

Vorbereitungszeit: 15 Min.
Kochzeit: 40 Min.

150 g Blumenkohl
2 Eier
150 g süße Sahne
1 gehäufter EL sehr fein
geriebener Gruyère
1 Msp. geriebene Muskat-
nuß
10 g Butter
grobkörniges Salz
Salz
Pfeffer

Foto Seite 163

BLUMENKOHLFLAN

Nehmen Sie einen schönen, weißen Blumenkohl, entfernen Sie den Strunk und die kleinen Blätter um ihn herum und zerteilen Sie ihn in sehr kleine Röschen. Waschen Sie diese sorgfältig mit kaltem Wasser.

Bringen Sie in einem großen Kochtopf 1 l Wasser mit 1 EL grobkörnigem Salz zum Kochen. Geben Sie die Blumenkohlröschen hinein und lassen Sie sie knapp 10 Minuten garen. Sie müssen noch fest sein. Holen Sie sie danach mit einem Schaumlöffel aus dem Wasser, schrecken Sie sie ab und lassen Sie sie in einem Sieb abtropfen.

Heizen Sie nun den Backofen auf 150 °C vor.

Geben Sie die Hälfte der Blumen-kohlröschen, die Sahne, die Eier, den geriebenen Käse, Salz, Pfeffer und die geriebene Muskatnuß in den Mixer und verrühren Sie alles gründlich.

Bereiten Sie nun 4 Soufflé-Förmchen mit 8 cm Durchmesser vor: Fetten Sie sie mit Butter ein, verteilen Sie die verbliebenen ganzen Blumenkohlröschen auf die einzelnen Förmchen und füllen Sie sie mit der Sahne-Käse-Masse auf.

Stellen Sie die Förmchen in eine feuerfeste Form, die als Wasserbad dient, kochen Sie das Ganze auf und geben es dann für ca. 30 Minuten in den Ofen.

Nehmen Sie die Flans anschließend heraus, lassen Sie sie etwa 10 Minuten ruhen und servieren sie dann mit einem Püree aus roten Paprikaschoten.

FÜR 4 PERSONEN

Vorbereitungszeit: 30 Min.
Kochzeit: 1 Std.

600 g Rosenkohl
200 g Eßkastanien
70 g Butter
Selleriesalz
1 TL Streuzucker
120 ml Hühnerbrühe
(aus einem Brühwürfel
hergestellt)
grobkörniges Salz
Salz
Pfeffer

Foto rechts

ROSENKOHL MIT KASTANIEN

Heizen Sie den Backofen auf höchster Stufe (Stufe 5) vor. Schneiden Sie die Kastanien auf der flachen Seite über 1 cm Länge etwa 2 mm tief ein. Legen Sie sie auf ein Backblech und schieben Sie sie für ca. 15 Minuten in den heißen Ofen.

Nehmen Sie das Backblech mit den Kastanien danach wieder heraus, tränken Sie ein dickes Tuch mit Eiswasser, wringen Sie es aus und legen es sofort auf die Kastanien. Wenn das kalte Tuch mit den heißen Kastanien in Berührung kommt, platzt die Schale und man kann die Früchte mühelos aus ihren beiden Umhüllungen schälen.

Geben Sie die Kastanien dann in einen kleinen Schmortiegel und fügen Sie 20 g Butter, 1 Prise Selleriesalz und den Zucker hinzu. Gießen Sie die Hühnerbrühe dazu, lassen Sie die Kastanien auf mittlerer Flamme im geöffneten Topf 10 Minuten garen und stellen Sie sie warm.

Entfernen Sie die gelben Blätter von den Rosenkohlröschen und schneiden Sie die Strünke, wenn sie zu groß sind, ab. Waschen Sie die Röschen in kaltem Wasser und lassen Sie sie anschließend in einem Sieb abtropfen.

Bringen Sie 3 l Wasser mit 1 Handvoll grobkörnigem Salz zum Kochen. Sobald das Wasser aufkocht, geben Sie den Rosenkohl hinein und lassen ihn im geöffneten Topf 15 Minuten auf großer Flamme garen. Prüfen Sie durch Einstechen mit einem Messer, ob die Röschen weich sind und gießen Sie sie dann in ein Sieb ab.

Lassen Sie 50 g Butter in einem mittelgroßen Schmortopf zerlaufen und geben Sie den Rosenkohl und die Kochflüssigkeit der Kastanien hinein.

Lassen Sie die Röschen auf mittlerer Flamme 10 Minuten köcheln, damit sie die Butter gut in sich aufnehmen.

Schmecken Sie anschließend mit Salz und Pfeffer ab.

Geben Sie den Rosenkohl in eine vorgewärmte tiefe Schale und verteilen Sie die Kastanien darüber.

DER CHICORÉE

Dieses knackige, saftige Wintergemüse ist bei unseren belgischen Nachbarn so beliebt, daß man dort sogar einen Verein zu Ehren des Chicorée gegründet hat, dem anzugehören sich selbst die herausragendsten Persönlichkeiten rühmen. Eine Leidenschaft, die ich verstehen kann, denn ich finde es sehr erbaulich, mitten im Winter eine knospende Pflanze essen zu können.

Am besten verarbeitet man den Chicorée solange er noch ganz frisch ist. Er hält sich aber auch bis zu 48 Stunden im Gemüsefach des Kühlschranks. Man sollte ihn dann allerdings in ein Geschirrtuch wickeln, um zu verhindern, daß die Blattspitzen durch Lichteinfall grün werden.

Beim Einkauf sollten Sie darauf achten, daß der Chicorée schön hell und fest ist und vor allem keine Flecken hat. Bevor ich ihn zubereite, entferne ich zunächst den braunen Teil des Strunks und kürze die Blattspitzen um 1 cm. Danach schichte ich die Sprossen dicht nebeneinander in einen Schmortopf, bedecke sie mit Salzwasser, füge etwas Zitronensaft und 1 Prise Zucker hinzu und begieße sie mit etwas geschmacksneutralem Öl. Zum Schluß gebe ich einen flachen Teller darauf, damit sie gut angedrückt werden. Dann schließe ich den Topf, lasse den Chicorée im Ofen etwa 15 Minuten im eigenen Saft garen und lasse ihn anschließend in der Kochflüssigkeit abkühlen.

So zubereitet, wird der Chicorée nicht zäh, was passieren kann, wenn man ihn zu lange pochiert. Und er hat keinen Grund bitter zu sein.

CHICORÉESALAT MIT WALNUSSCREME

Hier ein origineller Serviervorschlag für einen kleinen Salat, den Sie am Kamin mit Freunden genießen können, wenn draußen ein kalter Wind weht.

Waschen Sie die mittelgroßen Sprossen, schneiden Sie die Spitzen ab und vierteln Sie sie der Länge nach. Stippen Sie die Blattspitzen in Paprikapulver. Richten Sie die Chicoréeviertel dann mit den Spitzen nach außen kranzförmig auf einer runden Platte an. Nehmen Sie ein Stück Roquefort und zerdrücken Sie es in einem guten Walnußöl zu einer dicken Creme. Verteilen Sie die Creme in die Vertiefungen der Blätter, garnieren Sie mit Walnußkernen und servieren Sie das Ganze mit Graubrot.

Während der gekochte Chicorée angenehm auf der Zunge zergeht, gibt er uns roh das Gefühl knackiger Frische. Er eignet sich deshalb auch bestens für die Zubereitung schmackhafter Salate. Die Kombinationen reichen vom klassischen Chicoréesalat mit Gruyère und Walnüssen bis hin zu sehr ausgefallenen Varianten mit Kartoffeln, Früchten, Walnüssen, Mayonnaise und Paprika oder mit Comté, Walnüssen und Kümmel. Sie können die ausgetretenen Pfade aber auch verlassen, indem Sie den Chicorée mit anderen Käsesorten, besonders mit Blauschimmelkäsen (Roquefort, Bleu de Bresse, Bleu des Causses oder Fourme d'Ambert) kombinieren.

Als Ausgleich zum bitteren Geschmack des gekochten Chicorée empfehle ich Ihnen einen Minervois-Rotwein mit würziger Note. Zu den Salaten mit Walnüssen sollten Sie einen der etwas nach Walnußschale schmeckenden Côtes-du-Jura-Weißweine wählen. Zu den Salaten mit Blauschimmelkäse paßt gut ein Portwein.

Probieren Sie auch einmal dieses ungewöhnliche Rezept aus, das auf einem Grillrost im Kamin einfach zuzubereiten ist: Verwenden Sie dazu mittelgroße Sprossen, legen Sie sie auf den Rost, geben Sie einen flachen Teller darauf, damit der Chicorée gut angedrückt wird, und grillen Sie ihn von beiden Seiten jeweils etwa 5 Minuten. Servieren Sie ihn anschließend nur mit einem nicht zu fruchtigen Olivenöl beträufelt oder mit einem großen Stück frischer Butter und würzen Sie mit Salz und frisch gemahlenem Pfeffer.

Chicorée mit süßer Mandelmilch, Rezept Seite 114 (Foto rechts)

FÜR 4 PERSONEN

Vorbereitungszeit: 10 Min.
Kochzeit: 50 Min.

8 mittelgroße, schöne helle
Chicorée
20 g Butter
300 ml süße Sahne
50 g feingehackte süße
Mandeln
2 EL neutrales Pflanzenöl
(Mais-, Erdnußöl...)
1 TL Streuzucker
Saft $1/2$ Zitrone
Salz

Foto Seite 113

CHICORÉE MIT SÜSSER MANDELMILCH

Schneiden Sie die Strünke der Chicoréesprossen heraus und kürzen Sie die Spitzen mit einem scharfen Messer um $1/2$ cm. Waschen Sie sie mit kaltem Wasser und lassen sie in einem Sieb abtropfen.

Schichten Sie sie dann dicht nebeneinander in einen Schmortopf, fügen Sie das Öl, den Zucker, den Saft der halben Zitrone und 1 TL Salz hinzu und bedecken Sie sie mit kaltem Wasser.

Schließen Sie den Topf und lassen Sie das Ganze auf mittlerer Flamme etwa 30 Minuten garen. Prüfen Sie danach, ob die Sprossen weich sind: Wenn Sie den unteren Teil mit der Spitze eines Messers einstechen können, sind sie gar.

Während der Chicorée gart, kochen Sie die Sahne mit den Mandeln langsam auf und lassen sie anschließend 5 bis 10 Minuten auf sehr kleiner Flamme weiterköcheln.

Salzen Sie die Mandelsahne dann leicht und pürieren Sie sie im Mixer.

Geben Sie den Brei anschließend in ein Haarsieb und passieren Sie ihn mit einem kleinen Holzstößel oder einem Kochlöffel durch, um soviel wie möglich davon aufzufangen. Schmecken Sie mit Salz ab und stellen Sie die Sauce gut warm.

Heizen Sie nun den Backofen auf 200°C (Stufe 3) vor.

Schwitzen Sie die Butter in einer Pfanne goldgelb an, geben Sie die gut abgetropften Chicoréesprossen hinein und lassen sie von allen Seiten goldgelb anbräunen. Schichten Sie sie danach in eine Auflaufform und begießen Sie sie mit der Mandelsahne. Geben Sie die Form dann für etwa 15 Minuten in den Ofen, bis die Creme schön eingedickt ist.

FÜR 4 PERSONEN

Vorbereitungszeit: 15 Min.
Kochzeit: 5 bis 8 Min.

5 schöne Chicorée
1 EL Streuzucker
1 kleines Sträußchen
Petersilie
30 g Butter
Salz
Pfeffer

KURZGEBRATENE CHICORÉEBLÄTTER

Dieses Gericht, das in wenigen Minuten fertig ist, kann seinen vollen Geschmack nur entfalten, wenn Sie es erst unmittelbar vor dem Servieren zubereiten; denn nur dann bleibt der Chicorée frisch und knackig.

Waschen Sie die Chicoréesprossen und trocknen Sie sie mit Küchenkrepp ab. Trennen Sie die Blätter ab und bewahren Sie den kleinen Kern, zum Beispiel für einen Salat, auf.

Waschen Sie die Petersilie, lassen Sie sie abtropfen und hacken Sie sie grob. Sie benötigen 2 EL davon.

Wärmen Sie eine tiefe Schale im Backofen (bei 80°C) vor.

Erhitzen Sie 30 g Butter auf großer

Flamme in einer Pfanne. Sobald die Butter eine goldgelbe Farbe annimmt, geben Sie die Chicoréeblätter hinein. Bestreuen Sie sie mit dem Zucker, salzen Sie und würzen Sie mit Pfeffer aus der Mühle. Braten Sie die Chicoréeblätter auf großer Flamme an, so daß sie keine Flüssigkeit abgeben können. Bestreuen Sie sie anschließend mit der Petersilie und servieren Sie sie dann sofort in der vorgewärmten Schale.

SPINAT UND SAUERAMPFER

Gibt es irgendein anderes Gemüse, das eine so kräftige grüne Farbe hat wie der Spinat, dessen Kochflüssigkeit man in manchen Gegenden sogar verwendet, um die Ostereier schön hellgrün zu färben?

Weil seine knackigen, dunkelgrünen Blätter meist mit Erde beschmutzt sind, muß man sie, nachdem man die Stiele und die Blattrippen entfernt hat, mehrmals in frischem Wasser waschen. Dabei sollte man sie jedoch nicht länger im Wasser liegen lassen, denn sie neigen dazu, schnell faulig zu werden. Anschließend läßt man die Blätter abtropfen und trocknet sie in einem Tuch oder einem Stück Küchenkrepp.

In der Regel wird der Spinat gedünstet oder kurz in kochendem Salzwasser gegart. Ich ziehe es jedoch vor, ihn in einer großen Pfanne mit etwas Olivenöl oder Haselnußbutter anzubraten. So bleibt sein etwas herber Blattgeschmack erhalten. Sollte Sie der herbe Geschmack allerdings stören, geben Sie einfach eine Prise Zucker dazu und schmecken ihn, sobald die Blätter ihre gesamte Flüssigkeit verloren haben, nach Belieben ab. Kurz bevor ich die Blätter in das heiße Öl gebe, füge ich stets noch eine zerdrückte Knoblauchzehe hinzu.

Die Blätter sind um so herber, je größer und dunkler sie sind, dafür sind sie aber weniger säuerlich. Ich empfehle Ihnen deshalb, lieber den jungen, hellgrünen Spinat zu nehmen, der in der Regel auch gesünder und frischer ist.

Einen möglicherweise zu säuerlichen oder zu herben Geschmack kann man am besten durch Zugabe einer süßen Komponente (Zucker, Honig, Früchte) oder auch mit süßer Sahne, Butter oder einer Bechamelsauce mildern. Besonders gut passen hart- oder weichgekochte Eier zu Spinat.

Da der Spinat sehr wärmeempfindlich ist, findet man ihn im Sommer nicht auf den Märkten. Als Ersatz kann man dann den weniger geschmacksintensiven Neuseeländer Spinat verwenden, der genauso zubereitet wird.

Der Sauerampfer, der sehr sauer im Geschmack ist, wird selten allein zubereitet. Dazu würde man im übrigen auch eine viel zu große Menge benötigen, denn er neigt dazu, zusammenzufallen. Am besten paßt er zu Spinat, doch verträgt er sich auch gut mit Kartoffelpüree, Sahnesaucen und Eiern. Die Blattrippen sollte man stets vollständig entfernen, denn sie bleiben selbst nach dem Kochen holzig. Es bekommt dem Sauerampfer nicht, wenn man ihn in Wasser gart, denn er zerfällt dann sehr schnell und verändert seine Farbe. Ich empfehle Ihnen deshalb, ihn mit Fett in der Pfanne anzudünsten.

Ein fruchtiger weißer Chardonnay oder ein schlanker, würziger Wein, wie zum Beispiel ein Meursault, ein Chablis oder ein Pouilly-Fuissé, nimmt dem Spinat etwas von seiner Herbheit und unterstreicht gleichzeitig seinen angenehmen Geschmack.

SPINATCREMESUPPE

Cremesuppen werden zwar meist mit Kresse, Sauerampfer, ja sogar Brennnesselblättern, seltener aber mit Spinat zubereitet. Dabei ist eine Spinatcremesuppe eine Köstlichkeit, und man kann sie zusätzlich noch mit pochierten Eiern oder kleinen, in Butter gerösteten Croûtons verfeinern.

Dünsten Sie eine in feine Ringe geschnittene weiße Zwiebel auf kleiner Flamme in etwas Butter an. Sobald sie weich ist, fügen Sie 1 TL Currypulver, 1 Stück Würfelzucker, 1 Prise Salz und Hühnerbrühe hinzu. Verrühren Sie alles gut und lassen es aufkochen. Geben Sie 300 g Spinatblätter dazu und lassen Sie das Ganze nochmals aufkochen. Pürieren Sie das Gemüse anschließend im Mixer und passieren Sie es dann durch ein feines Sieb.

Erhitzen Sie die Masse danach erneut, geben Sie einen guten Löffel Crème fraîche hinein, lassen Sie die Suppe aufkochen und nehmen den Topf vom Herd. Verschlagen Sie zum Schluß zwei Eier und rühren Sie sie mit einem Kochlöffel in die Suppe.

FÜR 4 PERSONEN

Vorbereitungszeit: 40 Min.
Kochzeit: 15 Min.

400 g Spinat
150 g Sauerampfer
50 g Butter
4 EL Crème fraîche
4 Eier
1 Msp. Muskat
12 Croûtons
(aus Baguette-Brot)
grobkörniges Salz
Salz
Pfeffer

**Wie zart sie doch sind,
die jungen Spinatblätter.
Nur mit etwas Olivenöl
übergossen, ergeben sie
einen wunderbaren Salat.**

SPINAT-SAUERAMPFER-PÜREE MIT EIERSTREIFEN

Die Butter gibt diesem einfachen und leicht zuzubereitenden, aber sehr schmackhaften Püree einen zarten Nußgeschmack, und die Streifen der Eier verleihen ihm einen zusätzlichen Reiz. Und vergessen Sie nicht, das sahnige Gericht kontrastreich mit knusprigen Croûtons abzurunden.

Entstielen Sie zuerst die Spinat-, dann die Sauerampferblätter. Waschen Sie sie mehrmals in frischem Wasser und lassen Sie sie gut abtropfen. Halten Sie sie dabei aber sorgsam getrennt!

Bringen Sie 3 bis 4 l Salzwasser zum Kochen. Sobald das Wasser kocht, geben Sie den Spinat hinein. Lassen Sie das Wasser nochmals aufkochen, gießen Sie den Spinat danach ab und schrecken Sie ihn mit kaltem Wasser ab. Lassen Sie ihn anschließend abtropfen und drücken Sie mit der Hand das Wasser vollständig aus den Blättern heraus. Drehen Sie sie dann durch den Fleischwolf oder hacken Sie sie mit dem Messer fein.

Schlagen Sie nun die Eier auf und verquirlen Sie sie kräftig. Würzen Sie sie mit Salz und Pfeffer und fügen Sie 2 EL Crème fraîche hinzu. Schlagen Sie das Ganze dann nochmals auf und stellen Sie es auf die Seite.

Schwitzen Sie 50 g Butter in einem Schmortopf goldgelb an, geben Sie die Sauerampferblätter, die sehr schnell weich werden, hinein und rühren Sie mit einem Kochlöffel um.

Sobald der Sauerampfer gar ist, fügen Sie den gehackten Spinat und 1 Msp. geriebene Muskatnuß hinzu, salzen Sie und dünsten Sie das Ganze auf großer Flamme an. Rühren Sie dabei laufend mit dem Kochlöffel um.

Geben Sie nun die restliche Crème fraîche dazu und lassen Sie das Gemüse aufkochen. Das muß sehr schnell gehen, damit der Spinat nicht gelb wird.

Rühren Sie anschließend die geschlagenen Eier vorsichtig hinein, so daß sie gelbe Spuren im Spinat hinterlassen.

Servieren Sie das Püree bestreut mit Weißbrotwürfeln, die Sie zuvor mit Butter in der Pfanne goldgelb angeröstet haben.

BLATTSPINAT MIT EI

FÜR 4 PERSONEN

Vorbereitungszeit: 30 Min.
Kochzeit: 15 Min.

1,5 kg Spinat
1 Knoblauchzehe
100 g Butter
1 Msp. geriebene Muskatnuß
1/2 TL Zucker
2 Eier
1 EL Crème fraîche
ca. 20 kleine Weißbrotwürfel ohne Rinde
Salz
Pfeffer

Mit diesem einfachen Rezept können Sie das traditionelle Dreigespann Spinat, Eier und Croûtons auf originelle Weise groß herausbringen. Denn die Eier werden nicht, wie sonst üblich, hart- oder weichgekocht, sondern direkt in den Spinat geschlagen und hinterlassen dort sehr schmackhafte farbige Spuren.

Entstielen Sie die Spinatblätter, waschen Sie sie mehrmals in frischem Wasser und lassen Sie sie dann in einem Sieb abtropfen.

Lassen Sie sie danach in einem Tuch gut trocknen.

Ziehen Sie die Knoblauchzehe ab und zerdrücken Sie sie.

Schwitzen Sie in einer großen Pfanne 70 g Butter mit der zerdrückten Knoblauchzehe goldgelb an. Sobald die Butter Farbe angenommen hat, geben Sie den Spinat hinein und schalten den Herd auf große Flamme. Würzen Sie mit Salz und 1 Msp. geriebener Muskatnuß und fügen Sie den Zucker hinzu, um den herben Geschmack etwas zu mildern.

Rühren Sie gründlich mit einem Holzpfannenwender um und lassen Sie die gesamte Flüssigkeit einkochen. Verquirlen Sie in der Zwischenzeit die 2 Eier und die Crème fraîche in einer Schale und schmecken Sie mit Salz ab.

Lassen Sie nun in einer kleinen Pfanne 30 g Butter zerlaufen und rösten Sie die kleinen Weißbrotwürfel darin goldgelb an.

Stellen Sie sie dann auf die Seite.

Sobald dem Spinat die gesamte Flüssigkeit entzogen ist, verringern Sie die Temperatur und gießen die Eiermasse langsam hinein. Rühren Sie dabei vorsichtig mit dem Holzpfannenwender um. Schmecken Sie mit Salz und Pfeffer ab, nehmen Sie die Knoblauchzehe heraus und servieren Sie das Ganze, sobald die Eier gestockt sind, mit den Croûtons.

SPINAT MIT RICOTTA-BAGUETTE

FÜR 4 PERSONEN

Vorbereitungszeit: 45 Min.
Kochzeit: 30 Min.

1 kg Spinat
2 Knoblauchzehen
7 EL Olivenöl
2 Ricotta-Käse oder ein ähnlicher Ziegenkäse
12 Scheiben Baguette (5 mm dick)
1 kleines Sträußchen frisches Bohnenkraut
Salz
Pfeffer

Foto rechts

Entstielen Sie die Spinatblätter, waschen Sie sie gründlich und lassen Sie sie abtropfen.

Ziehen Sie dann die Knoblauchzehen ab.

Erhitzen Sie in einer großen Pfanne oder einem großen Kochtopf 2 große EL Olivenöl mit den Knoblauchzehen, die Sie zuvor leicht zerdrückt haben. Sobald das Öl heiß ist, geben Sie die Spinatblätter hinein, salzen Sie und lassen Sie das Ganze auf großer Flamme kochen, bis alle Blätter weich sind und ihre Flüssigkeit vollständig verdampft ist. Rühren Sie mit einem Kochlöffel um. Wenn der Spinat gar ist, schalten Sie den Herd ab und stellen das Gemüse warm.

Heizen Sie in der Zwischenzeit den Backofengrill vor, verteilen Sie die Weißbrotscheiben auf einem Backblech, beträufeln Sie sie mit Olivenöl und lassen sie unter dem Backofengrill leicht anbräunen.

Sobald sie eine goldgelbe Farbe angenommen haben, nehmen Sie sie aus dem Ofen, schalten den Grill aber nicht aus.

Zerteilen Sie jeden der beiden Ricotta-Käse in 6 dünne Scheiben. Zupfen Sie das Bohnenkraut ab und hacken Sie die Blätter fein.

Belegen Sie jede Weißbrotscheibe mit 1 Scheibe Ricotta, bestreuen Sie sie mit

etwas Bohnenkraut und würzen Sie mit Pfeffer aus der Mühle.

Nehmen Sie dann die Knoblauchzehen aus dem Spinat, schmecken Sie ihn ab und verteilen ihn anschließend auf den vorgewärmten Tellern.

Beträufeln Sie die Weißbrotscheiben nochmals mit etwas Olivenöl

und geben Sie sie erneut unter den Grill, bis der Käse geschmolzen ist.

Richten Sie je 3 Scheiben Weißbrot neben den Spinathäufchen an und servieren Sie sofort.

Dieses Gericht eignet sich hervorragend als leckere Vorspeise.

SPINATGRATIN MIT CHAMPIGNONS

FÜR 4 PERSONEN

Vorbereitungszeit: 1 Std.
Kochzeit: 20 Min.

1 kg Spinat
200 g Champignons
80 g Butter
3 EL Crème fraîche
2 Knoblauchzehen
1 Eigelb
1 Msp. geriebene Muskatnuß
Salz
Pfeffer

Entstielen Sie die Spinatblätter, waschen Sie sie mehrmals in frischem Wasser und lassen Sie sie gut abtropfen. Entfernen Sie die erdigen Teile der Champignonstiele. Waschen Sie sie kurz unter fließendem Wasser, trocknen Sie sie ab und schneiden Sie sie in dünne Scheibchen.

Ziehen Sie dann die beiden Knoblauchzehen ab.

Schwitzen Sie 50 g Butter in einer Pfanne goldgelb an. Sobald die Butter eine bräunliche Farbe annimmt, geben Sie zuerst die beiden Knoblauchzehen und danach den Spinat hinein.

Würzen Sie mit Salz und 1 Msp. geriebener Muskatnuß.

Lassen Sie das Ganze auf großer Flamme kochen, bis die Spinatflüssigkeit vollständig verdampft ist.

Geben Sie den Spinat anschließend in eine Auflaufform, nehmen Sie die beiden Knoblauchzehen heraus und stellen Sie ihn warm.

Spülen Sie die Pfanne. Schwitzen Sie nun 30 g Butter hellbraun darin an und geben Sie die in Scheiben geschnittenen Champignons hinein.

Braten Sie sie auf großer Flamme an und würzen Sie anschließend mit Salz und Pfeffer.

Nehmen Sie von der Crème fraîche 2 EL ab und geben sie in ein Schälchen.

Sobald die gesamte Flüssigkeit der Champignons verdunstet ist und sie Farbe annehmen, fügen Sie die restliche Crème fraîche hinzu.

Lassen Sie das Ganze ein oder zweimal aufkochen und schmecken Sie es dann ab. Verteilen Sie nun die Rahmchampignons gleichmäßig auf dem Spinat.

Geben Sie das Eigelb zu den 2 EL Crème fraîche, die Sie zuvor abgenommen haben. Verschlagen Sie das Ganze mit dem Schneebesen und verteilen die Masse anschließend auf den Champignons.

Schieben Sie die Form dann unter den Backofengrill, aber nicht zu dicht unter die Heizstäbe, und überwachen Sie das Gericht.

Nehmen Sie die Form aus dem Ofen, sobald das Gratin goldgelb überbacken ist.

KLEINE SPINATFLANS MIT KOKOSFLOCKEN

FÜR 4 PERSONEN

Vorbereitungszeit: 20 Min.
Kochzeit: 30 Min.

150 g Spinat
15 g Butter
135 ml süße Sahne
1 TL Kokosflocken
1 Msp. geriebene Muskat-
nuß
2 Eier
grobkörniges Salz
Salz
Pfeffer

Foto Seite 163

Entstielen Sie die Spinatblätter und waschen Sie sie mehrmals in frischem Wasser. Lassen Sie sie in einem Sieb abtropfen und trocknen Sie sie anschließend gut in einem Tuch.

Kochen Sie 1 l Wasser mit 1 EL grobkörnigem Salz auf. Sobald das Wasser kocht, geben Sie die Spinatblätter hinein und nehmen sie anschließend sofort wieder mit einem Schaumlöffel heraus. Geben Sie sie nun in eine Schüssel mit kaltem Wasser und lassen Sie sie danach in einem Sieb abtropfen.

Kochen Sie die Sahne mit den Kokosflocken und 1 Prise Salz kurz auf und lassen Sie sie anschließend 15 Minuten ziehen.

Passieren Sie sie dann mit einem Kochlöffel durch ein Haarsieb, um die Flüssigkeit möglichst vollständig aufzufangen. Messen Sie die Sahne danach im Meßbecher ab und füllen Sie gegebenenfalls auf 100 ml auf.

Dünsten Sie nun den Spinat weich: Schwitzen Sie dazu 10 g Butter in einer Pfanne goldgelb an, geben Sie den Spinat hinein und würzen Sie mit 1 Msp. geriebener Muskatnuß, Pfeffer und 1 Prise Salz. Rühren Sie gut um und stellen Sie das Ganze anschließend kalt.

Heizen Sie den Backofen auf 150 °C vor.

Fetten Sie 4 Soufflé-Förmchen mit der restlichen Butter ein.

Stellen Sie die Förmchen in eine feuerfeste Form, die als Wasserbad dient. Verquirlen Sie die Eier in einer Schüssel und geben Sie die Kokossahne und den Spinat dazu. Verrühren Sie das Ganze gründlich und schmecken Sie mit Salz ab.

Füllen Sie die Förmchen zu $^{3}/_{4}$ mit der Mischung und füllen Sie die Auflaufform, die als Wasserbad dient, bis zur halben Höhe der Förmchen mit Wasser.

Kochen Sie das Wasser auf großer Flamme auf und geben Sie die Form dann für ca. 30 Minuten in den Ofen.

Lassen Sie die Flans danach ruhen und stürzen Sie sie anschließend auf einen Teller.

Servieren Sie sie mit einem Püree aus Paprikaschoten (siehe Rezept S. 20).

FÜR 4 PERSONEN

Vorbereitungszeit: 30 Min.
Kochzeit: 20 Min.

500 g Spinat
2 Eier
50 g Blütenhonig
1 TL Zitronensaft
25 g Stärkemehl
50 g Mehl
250 ml (25 EL) Erdnuß- oder
Maisöl
grobkörniges Salz

Foto rechts

SPINATBLÄTTER MIT HONIGKRUSTE

Wie der Mangold kann auch der Spinat sehr gut als Süßspeise zubereitet werden. Machen Sie sich also gleich daran, dieses leckere, knusprige Dessert, mit dem Sie Ihre Gäste aufs Angenehmste überraschen werden, nachzukochen.

Entstielen Sie die Spinatblätter und waschen Sie sie mehrmals in frischem Wasser.

Lassen Sie sie in einem Sieb abtropfen und trocknen Sie sie in einem Tuch oder einem Stück Küchenkrepp.

Bringen Sie 4 l Wasser mit 1 Handvoll grobkörnigem Salz zum Kochen.

Bereiten Sie dann eine große Schüssel mit Eiswasser vor.

Sobald das Wasser kräftig sprudelt, geben Sie die Spinatblätter hinein. Nehmen Sie sie mit einem Schaumlöffel sofort wieder heraus und geben sie in die Schüssel mit dem Eiswasser. Gießen Sie sie anschließend gleich in ein Sieb ab. Achten Sie dabei darauf, daß sie nicht zu sehr zusammengedrückt werden. Legen Sie sie dann zum Trocknen auf ein Tuch oder ein Stück Küchenkrepp.

Verschlagen Sie die Eier gründlich.

Bereiten Sie nun eine große Pfanne vor.

Gießen Sie das Öl hinein und erhitzen Sie es auf mittlerer Flamme. Formen Sie jeweils 3 oder 4 Spinatblätter zu flachen Päckchen. Wenden Sie sie zunächst in Mehl und dann in den geschlagenen Eiern und geben Sie die Päckchen dann nach und nach in das heiße Öl.

Wenden Sie sie mit einem Schaumlöffel und achten Sie dabei darauf, daß sie nicht beschädigt werden. Nehmen Sie die Päckchen anschließend aus der Pfanne und legen Sie sie auf ein Stück Küchenkrepp.

Verrühren Sie den angewärmten Honig mit dem Zitronensaft und bepinseln Sie die Spinatpäckchen damit. Geben Sie das Stärkemehl in ein Haarsieb und bestäuben Sie die Päckchen gleich nach dem Bepinseln damit.

Es bildet sich dann sofort eine knusprige Kruste.

Servieren Sie die Spinatblätter, wenn sie gerade noch lauwarm sind.

WEISSE BOHNEN ERBSEN UND ZUCKERSCHOTEN

Ich esse diese so milden und feinen Gemüse leidenschaftlich gern. Die zarten Bohnenkerne, die nicht größer sind als der Nagel des kleinen Fingers und die noch nicht einmal eine Haut gebildet haben. Die jungen Erbsen, die sogar roh süß schmecken, die Zuckerschoten, diese zarten Köstlichkeiten der allerersten Frühlingstage.

Ihnen bekommt es vielleicht noch weniger als allen anderen Gemüsesorten, wenn man sie lange lagert Am besten sind sie jung und ganz frisch geerntet, wenn sie noch ihre kleine weiße Blüte tragen. Und sie müssen sofort zubereitet werden, nachdem man sie aus den Schoten gepellt hat, weil sie dazu neigen, zu oxydieren, wenn sie mit der Luft in Berührung kommen. Ich rate Ihnen außerdem, sie über einer Schüssel mit kaltem Wasser zu enthülsen.

Wenn man Bohnenkerne zubereiten will, wappnet man sich am besten mit Geduld. Denn um 100 g Bohnenkerne zu erhalten, muß man ungefähr 1 kg Bohnen enthülsen. Hat man sie aber erst einmal aus den Schoten gepellt und »geschält«, d. h. die dünne Haut, die die Kerne umgibt, entfernt, geht die weitere Zubereitung ganz schnell. Man gart sie einfach im eigenen Saft und wenn man sie anschließend noch mit Bohnenkraut bestreut und in frischer Butter schwenkt, schmecken sie so köstlich, daß man die Mühe nicht bereut.

Die Erbsen sollte man pflücken, bevor sie sich in den Schoten dick abzeichnen. Denn je größer sie sind, desto mehliger und desto weniger saftig sind sie. Doch man kann auch dann noch leckere Cremesuppen oder Pürees daraus herstellen, die man mit Minze oder Curry abschmeckt.

Die Zuckerschoten werden so wie sie sind gedünstet oder mit etwas Butter im eigenen Saft gegart. Verwenden Sie schöne grüne, nicht zu große Schoten, die noch keine Samen haben, und vergewissern Sie sich, daß sie nicht fasrig sind.

Inzwischen wird gelegentlich auch eine sehr süße Schotenart angeboten, ein Mittelding zwischen Erbse und Zuckerschote, in Amerika *sugar snap pea* genannt. Man muß nur die Enden der Schoten abschneiden, sie kurz in kochendes Salzwasser geben, mit Salz und Pfeffer würzen und mit frischer Butter verfeinern.

Eines sollten Sie in jedem Fall vermeiden: Erschlagen Sie die zarten jungen Erbsen nicht mit einem zu kräftigen Wein, sondern wählen Sie dazu einen leichten und lieblichen Begleiter aus. Zu Erbsen und Zuckerschoten würde ich Ihnen einen Saint-Amour, einen Bourgueil oder einen Saint-Nicolas de Bourgueil empfehlen, und, um die südländische Note der Bohnenkerne zu unterstreichen, einen roten Bellet-Wein.

e Zucker-
hote: ein
rch und
rch zartes
müse, das
r rechtzeitig
erntet wer-
n muß.

EIN GANZ FRISCHES REZEPT

Hier nun ein Rezept, das ich Ihnen nur empfehlen kann, wenn Sie einen eigenen Gemüsegarten haben, denn Sie benötigen dazu ganz frisches Gemüse.

Holen Sie aus Ihrem Garten jungen Salat, der die Köpfe noch nicht entfaltet hat. Säubern Sie die Strünke mit Wasser, trennen Sie die Blätter aber nicht ab. Lassen Sie die Salate dann mit den Köpfen nach unten auf einem Tuch abtropfen. Enthülsen Sie in der Zwischenzeit ganz junge Erbsen. Für vier Personen benötigen Sie etwa eine gehäufte Teetasse voll. Richten Sie die Salatherzen auf vier Tellern an und begießen Sie sie mit Crème fraîche. Streuen Sie die jungen Erbsen darüber und würzen Sie mit Salz aus der Mühle.

Und dazu würde ich nur ein Glas frisches Wasser trinken, um den Eigengeschmack des Gemüses nicht zu verfälschen.

WEISSE BOHNEN MIT FRISCHER BUTTER

FÜR 4 PERSONEN

Vorbereitungszeit: 1 Std.
Kochzeit: 10 Min.

2,5 kg kleine frische Puffbohnen mit Schoten
60 g Butter
225 ml Hühnerbrühe
1 Zweig Bohnenkraut
10 Stengel Petersilie
Salz
Pfeffer

Foto links

Die kleinen zarten Puffbohnen sind eine Köstlichkeit des Frühlings, auf die Sie nicht mehr verzichten werden wollen, auch wenn das Enthülsen einige Zeit in Anspruch nimmt. Doch seien Sie unbesorgt, für die Fertigstellung dieses Gerichts benötigen Sie dann nur noch eine gute Viertelstunde. Um seine Frische zu bewahren, sollten Sie es erst in letzter Minute zubereiten.

Enthülsen Sie die Bohnen und entfernen Sie das Häutchen, das jeden Bohnenkern umgibt.

Gießen Sie die Hühnerbrühe in eine flache Kasserolle. Salzen Sie nur sparsam, denn die konzentrierte Brühe ist meist schon gesalzen, und kochen Sie sie auf mittlerer Flamme auf. Sobald die Brühe aufkocht, geben Sie die Bohnenkerne sowie 20 g Butter und das Bohnenkraut hinein.

Lassen Sie sie anschließend 5 Minuten auf großer Flamme garen.

Waschen Sie in der Zwischenzeit die Petersilie, trocknen Sie sie und wiegen Sie sie fein.

Sobald die Kochflüssigkeit der Bohnen bis auf etwa 2 EL eingekocht ist, sind sie gar.

Nehmen Sie jetzt das Bohnenkraut heraus, fügen Sie die restlichen 40 g Butter und die feingehackte Petersilie hinzu und lassen Sie das Ganze so lange kochen, bis die Butter cremig wird.

Schmecken Sie mit Salz und Pfeffer ab und servieren Sie das Gericht sehr heiß.

WEISSE BOHNEN IN SAHNESAUCE

FÜR 4 PERSONEN

Vorbereitungszeit: 1 Std.
Kochzeit: 10 Min.

2,5 kg frische Puffbohnen
mit Schoten
165 ml süße Sahne
1 Zweig Bohnenkraut
10 Stengel Petersilie
Salz
Pfeffer

Pellen Sie die Bohnenkerne aus den Schoten und entfernen Sie dann die dünnen Häutchen sorgfältig von den Kernen.

Zupfen Sie die Petersilie ab, waschen und trocknen Sie sie und wiegen Sie sie fein.

Gießen Sie die Sahne in eine flache Kasserolle. Salzen Sie, fügen Sie das Bohnenkraut hinzu und bringen Sie die Sahne zum Kochen.

Geben Sie dann die Bohnenkerne hinein und lassen Sie das Ganze auf großer Flamme im geöffneten Topf 5 Minuten kochen.

Prüfen Sie anschließend, ob die Bohnen gar sind: Sie müssen weich sein, dürfen aber nicht zerfallen.

Schmecken Sie mit Salz und Pfeffer ab, geben Sie die feingehackte Petersilie dazu, entfernen Sie das Bohnenkraut und servieren Sie.

ERBSENFLANS MIT CURRY

FÜR 4 PERSONEN

Vorbereitungszeit: 30 Min.
Kochzeit: 45 Min.

250 g Erbsen
2 Eier
120 ml süße Sahne
1 TL Zucker
1 Msp. Currypulver
5 g Butter
grobkörniges Salz
Salz

Foto Seite 163

Zu diesem exquisiten kleinen Flan, den man zum Beispiel als Vorspeise zu einem Gemüse-Menü reichen kann, paßt hervorragend eine Spargelsauce.

Pellen Sie die Erbsen aus den Schoten.

Bringen Sie 1 l Wasser mit $^1/_2$ Handvoll grobkörnigem Salz zum Kochen. Geben Sie die Erbsen kurz hinein, schrecken Sie sie dann ab, lassen sie abtropfen und pürieren Sie sie anschließend im Mixer.

Heizen Sie nun den Backofen auf 150 °C vor.

Verrühren Sie alle Zutaten – die Erbsen, die Eier, die Sahne, den Curry, Zucker und Salz – mit dem Schneebesen in einer Schüssel und schmecken Sie das Ganze ab.

Fetten Sie 4 Soufflé-Förmchen mit jeweils 8 cm Durchmesser mit Butter ein und geben Sie die Erbsenmasse hinein. Stellen Sie sie in eine feuerfeste Form, die als Wasserbad dient, füllen Sie diese bis zur halben Höhe der Förmchen mit Wasser und lassen Sie das Wasser auf großer Flamme aufkochen. Geben Sie die Form danach für etwa 30 Minuten in den Ofen.

Lassen Sie die Flans anschließend ruhen, stürzen Sie sie dann auf vorgewärmte Teller und umgießen Sie sie mit einer Spargel-Butter-Sauce.

ERBSEN MIT MINZE

FÜR 4 PERSONEN

Vorbereitungszeit: 15 Min.
Kochzeit: je nach Größe der Erbsen 5 bis 10 Min.

1,2 kg frische feine Erbsen
1 TL Zucker
40 g Butter
1 EL Minzblätter
grobkörniges Salz
Salz

Foto rechts

Dies ist ein sehr einfaches Rezept, das ich vor langer Zeit aus England mitgebracht habe. Der frische Geschmack der Minze und die Süße der Erbsen gehen hier eine wunderbare Verbindung ein. Ich würde Ihnen empfehlen, dazu kleine Lammkoteletts zu servieren.

Pellen Sie die Erbsen aus den Schoten.

Bringen Sie 4 l Wasser mit 1 Handvoll grobkörnigem Salz zum Kochen. Sobald das Wasser aufkocht, geben Sie die Erbsen hinein und lassen sie im geöffneten Topf sprudelnd kochen.

Sind die Erbsen sehr fein und ganz frisch, werden sie schon in wenigen Minuten gar sein.

Lassen Sie sie dann über einem Küchensieb abtropfen, geben Sie sie mit dem Zucker, der Butter und den gehackten Minzblättern in einen Schmortopf und rühren Sie gut mit einem Holzpfannenwender um, damit die Butter das Ganze bindet.

Schmecken Sie anschließend mit Salz ab und servieren Sie.

FÜR 4 PERSONEN

Vorbereitungszeit: 20 Min.
Kochzeit: 10 Min.

1,2 kg mittelgroße Erbsen
(frisch oder tiefgefroren)
40 g Butter
1 TL Zucker
150 ml Milch
(nach Belieben)
grobkörniges Salz
Salz

ERBSENPÜREE NACH ART DES HAUSES

Enthülsen Sie die Erbsen und heben Sie die Schoten, aus denen Sie das dünne Innenhäutchen entfernen, auf.

Bringen Sie in 2 Kasserollen jeweils 2 bis 3 l Wasser mit je 1 Handvoll grobkörnigem Salz zum Kochen.

Sobald das Wasser aufkocht, geben Sie in den einen Topf die Erbsen, in den anderen die Schoten und lassen beides 10 Minuten garen.

Gießen Sie die Erbsen und die Schoten danach ab und pürieren sie anschließend sofort im Mixer oder in der Küchenmaschine.

Fügen Sie dem Püree den Zucker und die in Flöckchen zerteilte Butter bei, salzen Sie und verrühren Sie das Ganze gründlich mit einem Holzpfannenwender.

Sollte Ihnen das Püree zu konsistent erscheinen, geben Sie nach und nach kochende Milch dazu. Servieren Sie das Püree sofort, damit es seine grüne Farbe nicht verliert.

Sollten Sie das Püree warmhalten müssen, stellen Sie es in ein Wasserbad und gießen Sie etwas heiße Milch darüber, die Sie unmittelbar vor dem Servieren mit dem Holzpfannenwender unterrühren.

FÜR 4 PERSONEN

Vorbereitungszeit: 30 Min.
Kochzeit: 20 Min.

400 g Zuckerschoten
1 schöne rote Paprikaschote
2 Orangen
80 g Butter
grobkörniges Salz
Salz
Pfeffer

Foto rechts

ZUCKERSCHOTEN MIT ROTEM PAPRIKA

Der Frische und Zartheit dieser süßen, frühlingshaften Geschmacks- und Farbpalette werden Sie nicht widerstehen können.

Nehmen Sie eine schöne, feste und fleischige rote Paprikaschote und schälen Sie sie mit einem Küchenmesser. Schneiden Sie sie dann auf, entfernen Sie die Kerne und die weißen Teile, zerteilen Sie sie in kleine, 2 cm lange Stifte und stellen Sie diese auf die Seite.

Trennen Sie die Stielansätze der Zuckerschoten mit Daumen und Zeigefinger ab und fädeln Sie sie ab. Waschen Sie die Schoten anschließend in kaltem Wasser und lassen Sie sie in einem Sieb abtropfen.

Bringen Sie 5 bis 6 l Wasser mit 1 Handvoll grobkörnigem Salz zum Kochen. Lassen Sie es aufwallen und geben Sie die Zuckerschoten hinein.

Lassen Sie die Schoten 3 bis 4 Minuten kochen, nehmen Sie sie danach mit einem Schaumlöffel heraus und geben sie in eine Schüssel mit Eiswasser, damit sie nicht weitergaren.

Gießen Sie sie anschließend in ein Sieb ab. Pressen Sie die Orangen aus und behalten Sie die Schale einer Orange zurück.

Wärmen Sie nun eine tiefe Schale bei 120–130 °C im Backofen vor.

Lassen Sie den Orangensaft mit der Schale in einer Kasserolle einkochen. Sobald der Saft auf 2 EL reduziert ist, entfernen Sie die Schale und fügen die in kleine Würfel zerteilte Butter hinzu.

Verrühren Sie das Ganze kräftig mit dem Schneebesen, bis die Butter geschmolzen ist.

Geben Sie anschließend die in Stifte geschnittene Paprikaschote und die Zuckerschoten zu der Butter.

Schmecken Sie mit Salz und Pfeffer ab und rühren Sie gut um.

Decken Sie das Gericht nicht zu und servieren Sie es auf der vorgewärmten Platte.

DIE BOHNEN

Ob sie nun gelb oder grün sind, lang oder kurz, dick oder fein, flach oder rund, sie sollten in jedem Fall sehr zart und knackig, nicht fasrig und fleckig, kurz – sie sollten stets vollkommen makellos sein. Da die Bohnen, vor allem wenn sie mit Erde verschmutzt sind, sehr schnell faulen, sollten Sie sie nicht zu lange lagern, bevor Sie sie verarbeiten. Ist die Ernte allerdings sehr reichlich ausgefallen, können Sie sie in Einmachgläsern, in Salzlake oder an Schnüren aufgehängt aufbewahren (siehe dazu das Kapitel »Die Haltbarmachung von Gemüse«, S. 251). Im Winter werden Sie sich über ihren Sommergeschmack freuen.

Es gibt unzählige Bohnensorten, die man nicht alle kennen muß. Die Hauptsache ist, daß sie die Qualitätsanforderungen erfüllen, die ich genannt habe. Trotzdem unterscheidet man einige genau abgrenzbare Sorten: da ist zunächst einmal die Schnittbohne, diese lange, flache und zarte Bohne, die mit der Schere zerschnitten und für die traditionelle provenzalische Gemüsesuppe verwendet wird oder die man so wie sie ist zu einem *aïoli* ißt; dann gibt es die gelbe Wachsbohne, die auf der Zunge zergeht und die köstlich schmeckt, wenn man sie lediglich pochiert und mit Petersilienbutter verfeinert; und schließlich die lange grüne Brechbohne, die sich sehr gut für Salate eignet.

Damit sie schön grün bleiben, gare ich die Bohnen vorzugsweise in kochendem Salzwasser. Doch zunächst müssen sie erst einmal vorbereitet werden: Schneiden Sie die Enden der Bohnen ab und fädeln Sie sie ab. Waschen Sie sie anschließend gründlich mit kaltem Wasser, lassen Sie sie dann gut abtropfen und trocknen Sie sie in einem Geschirrtuch.

Bringen Sie nun einen großen Topf Wasser zum Kochen: Für 1 kg Bohnen müssen Sie 6 l Wasser und 100 g Salz rechnen. Sobald das Wasser kräftig sprudelt, geben Sie die Hälfte der Bohnen hinein und lassen sie kochen, bis sie sehr weich sind. Die Kochzeit ist je nach Menge, Sorte und Frische der Bohnen unterschiedlich. Sind die Bohnen sehr fein und frisch geerntet, reichen 4 Minuten aus. Mittelgroße Bohnen, die man auf dem Markt gekauft hat, brauchen hingegen 10 bis 15 Minuten. Sobald sie gar sind, nehmen Sie die Bohnen mit einem Schaumlöffel aus dem kochenden Wasser, geben sie, damit sie nicht weitergaren, in eine Schüssel mit Eiswasser und gießen Sie dann sofort ab.

Lassen Sie das Wasser erneut aufkochen, bevor Sie die restlichen Bohnen hineingeben, und verfahren Sie auf die gleiche Weise.

Ich rate Ihnen davon ab, dem Kochwasser doppeltkohlensaures Natron zuzufügen, damit die Bohnen schön grün bleiben. Denn es kann Verdauungsstörungen verursachen und verändert die Beschaffenheit der Bohnen, so daß sie schlaff werden.

Wenn die Bohnen abgetropft sind, können Sie sie nach Belieben, zum Beispiel mit Butter oder einer Haselnußcreme, verfeinern. Lassen Sie sie aber nicht zu lange liegen, sonst werden sie schrumplig und trocknen aus.

Mit einem leichten, süffigen Rotwein, beispielsweise einem Bergerac oder einem Saint-Émilion, können Sie dieses feine und zarte Gemüse sehr gut zur Geltung bringen.

WARMER BOHNENSALAT

Das Einfachste ist oft das Beste! Ein leckeres Beispiel dafür ist dieser Salat.

Verwenden Sie dazu ganz frische grüne Bohnen. Garen Sie sie in kochendem Salzwasser, lassen Sie sie abtropfen, ohne sie abzuschrecken und geben Sie sie noch ganz heiß in eine Salatschüssel mit einer guten Vinaigrette aus Weinessig, einem fruchtigen Olivenöl, 2 kleinen, entkernten und in feine Ringe geschnittenen grünen Paprikaschoten, feingehackter glatter Petersilie, 1 in dünne Ringe geschnittenen weißen Zwiebel, 1 Handvoll schwarzen Oliven, Salz und Pfeffer. Vermischen Sie die Zutaten gründlich und servieren Sie sofort.

BOHNENPÜREE MIT SELLERIEBLÄTTERN

FÜR 4 PERSONEN

Vorbereitungszeit: 30 Min.
Kochzeit: 1 Std.

100 g dicke Bohnen (frisch oder getrocknet)
400 g Schnittbohnen
4 Stengel Schnittsellerie oder ersatzweise Blätter von Stangensellerie
30 g Butter
grobkörniges Salz
Salz
Pfeffer

Die sehr feine, flache, hellgrüne Schnittbohne wird beim Kochen ganz zart und nimmt die Sauce, die man dazugibt, vollständig in sich auf.

Die weißen oder rot marmorierten Kerne der dicken Bohnen, die einer anderen Bohnenfamilie angehören, kann man erst aus ihrer zartgelben Schale pellen, wenn sie die richtige Größe erreicht haben. Sie sind dann sehr schnell zubereitet und können nach Belieben weichgegart werden. Ich empfehle Ihnen, sie nicht abzuschrecken und sie zu würzen, solange sie noch warm sind.

Dieses sommerliche Püree paßt wunderbar zu einem Kalbsbraten oder pochiertem Geflügel. Sollten Sie etwas davon übrigbehalten, strecken Sie es einfach mit kochender Sahne. Sie erhalten so eine ausgezeichnete Cremesuppe, die Sie mit Sellerieblättern garniert servieren können.

Enthülsen Sie die dicken Bohnen, waschen Sie sie, lassen sie abtropfen und geben sie mit dem Schnittsellerie oder den Sellerieblättern in eine Kasserolle.

Bedecken Sie sie mit kaltem Wasser, salzen Sie und lassen Sie sie auf mittlerer Flamme ca. 25 bis 30 Minuten weichgaren.

Wenn Sie getrocknete Bohnen verwenden, weichen Sie sie am Vorabend in kaltem Wasser ein und kochen sie ca. 2 Stunden in ungesalzenem Wasser.

Fädeln Sie die Schnittbohnen ab. Kochen Sie in einer Kasserolle 4 l Salzwasser auf und geben Sie die Bohnen hinein.

Lassen Sie sie kräftig aufkochen und garen Sie sie anschließend ca. 15 bis 20 Minuten in sprudelnd kochendem Wasser weiter, bis sie ganz weich sind.

Gießen Sie die dicken Bohnen und die Schnittbohnen ab, schrecken Sie sie aber nicht ab und halten Sie die Kochflüssigkeit der dicken Bohnen warm.

Pürieren Sie die Bohnen und den Sellerie kurz auf höchster Stufe im Mixer, so daß sie nicht abkühlen. Fügen Sie die in Flöckchen zerteilte Butter hinzu und rühren Sie sie mit einem Holzpfannenwender gründlich unter das Bohnenpüree. Sollte Ihnen das Püree zu fest erscheinen, geben Sie nach und nach die Kochflüssigkeit der dicken Bohnen dazu. Schmecken Sie mit Salz und Pfeffer ab und servieren Sie sofort.

Sollte sich das Püree in der Zwischenzeit zu stark abgekühlt haben, können Sie es vorsichtig im Wasserbad erwärmen.

FÜR 4 PERSONEN

Vorbereitungszeit: 15 Min.
Kochzeit: 25 Min.

800 g Brechbohnen
2 kleine Zwiebeln
60 g Butter
1 kleines Sträußchen
Petersilie
1 Zweig Rosmarin
Salz
Pfeffer

Foto rechts

GRÜNER BOHNENTOPF MIT ZWIEBELN

Trennen Sie die Enden der Bohnen mit Daumen und Zeigefinger ab und fädeln Sie sie ab. Waschen Sie sie anschließend mit kaltem Wasser und lassen sie in einem Sieb gründlich abtropfen.

Schälen Sie die Zwiebeln, schneiden Sie sie in feine Ringe und geben Sie sie mit der Butter in einen Schmortopf. Lassen Sie sie auf kleiner Flamme unter ständigem Rühren mit einem Kochlöffel goldgelb anschwitzen und fügen Sie dann die Bohnen hinzu.

Salzen Sie, geben Sie den Zweig Rosmarin dazu und gießen Sie 50 ml Wasser an.

Schließen Sie den Topf und lassen die Bohnen auf mittlerer Flamme ca. 15 Minuten weichgaren.

Nehmen Sie anschließend den Deckel vom Topf und lassen die Kochflüssigkeit vollständig einkochen.

Zupfen Sie die Petersilie ab, waschen Sie sie und hacken Sie sie grob.

Schmecken Sie das Gericht mit Salz und Pfeffer ab und bestreuen Sie es vor dem Auftragen mit der grobgehackten Petersilie.

FÜR 4 PERSONEN

Vorbereitungszeit: 25 Min.
Kochzeit: 25 Min.

800 g Wachs- oder Prinzeß-
bohnen
40 g Schalotten
180 ml süße Sahne
2 Eigelb
30 g Butter
1 Bund Schnittlauch
1 Sträußchen Petersilie
Kerbelblättchen
1 Msp. geriebene Muskat-
nuß
grobkörniges Salz
Salz
Pfeffer

WACHSBOHNEN MIT SCHNITTLAUCHCREME

Brechen Sie die Enden der Bohnen mit Daumen und Zeigefinger ab und fädeln Sie sie ab. Waschen Sie sie mit kaltem Wasser und lassen sie in einem Sieb abtropfen.

Kochen Sie 4 l Wasser mit 1 kleinen Handvoll grobkörnigem Salz auf.

Geben Sie die Bohnen hinein und lassen Sie sie höchstens 10 bis 15 Minuten garen. Sie sollten noch etwas Biß haben. Gießen Sie sie dann in ein Sieb ab, schrecken Sie sie aber nicht ab.

Schälen Sie die Schalotten und hacken Sie sie fein. Waschen Sie den Schnittlauch und die Petersilie und wiegen Sie sie. Behalten Sie von beidem jeweils 2 EL zurück.

Dünsten Sie die feingehackten Schalotten mit 30 g Butter in einer Kasserolle an. Verquirlen Sie die 2 Eigelb und 4 EL Sahne mit dem Schneebesen in einer Schüssel und stellen Sie sie auf die Seite. Gießen Sie die restliche Sahne zu den Schalotten in den Topf. Salzen Sie und schmecken Sie mit 1 Msp. geriebener Muskatnuß ab. Lassen Sie das Ganze aufkochen und geben Sie die Bohnen hinein.

Lassen Sie alles zusammen 2 Minuten kochen, ohne es einkochen zu lassen.

Nehmen Sie die Kasserolle anschließend vom Herd und rühren Sie mit einem Kochlöffel zunächst die Eiersahne und dann die gehackte Petersilie und den Schnittlauch unter die Bohnen.

Achten Sie beim Rühren darauf, daß Sie die Bohnen nicht zerdrücken.

Schmecken Sie mit Salz ab und würzen Sie kräftig mit Pfeffer.

Servieren Sie das Ganze auf einer vorgewärmten Platte und bestreuen Sie es mit Kerbelblättchen.

FÜR 4 PERSONEN

Vorbereitungszeit: 30 Min.
Kochzeit: 15 Min.

500 g feine Brechbohnen
60 g Haselnüsse
3 EL Crème fraîche
2 EL Haselnußöl
1 Sträußchen Kerbel
grobkörniges Salz
Salz
Pfeffer

Foto rechts

FEINE BRECHBOHNEN IN HASELNUSSCREME

Wenn Sie sorgfältig auf die Qualität der Zutaten achten, wird Ihnen ein überaus köstliches Gericht gelingen. Verwenden Sie nur sehr feine, frisch geerntete Bohnen, eine besonders gehaltvolle, nicht pasteurisierte Crème fraîche und ein Haselnußöl, das aus gerösteten Nüssen hergestellt und nicht mit einem neutralen Öl versetzt wurde.

Brechen Sie die Enden der Bohnen mit Daumen und Zeigefinger ab und fädeln Sie sie ab.

Waschen Sie sie mit kaltem Wasser und lassen Sie sie in einem Sieb abtropfen.

Weichen Sie die Haselnüsse 15 Minuten in lauwarmem Wasser ein, trocknen und schälen Sie sie und schneiden Sie sie anschließend in feine Scheibchen. Geben Sie diese zum Anbräunen kurz unter den Backofengrill und stellen Sie sie dann auf die Seite.

Kochen Sie nun 4 l Wasser mit 1 Handvoll grobkörnigem Salz auf. Sobald das Wasser zu kochen beginnt, geben Sie die Bohnen nacheinander in kleinen Portionen hinein und lassen sie 10 bis 15 Minuten sprudelnd im geöffneten Topf kochen. Schließen Sie keinesfalls den Deckel.

Sobald die Bohnen weich sind, nehmen Sie sie heraus und geben sie sofort in eine Schüssel mit Eiswasser. Lassen Sie sie höchstens 5 Minuten in dem kalten Wasser liegen, sonst verlieren sie ihren Geschmack.

Gießen Sie sie anschließend in ein Sieb ab und trocknen Sie sie in einem Tuch.

Verrühren Sie in einer Schüssel die Sahne und das Haselnußöl mit Salz und Pfeffer. Schlagen Sie das Ganze dann kurz auf, damit sich alle Zutaten gut vermischen.

Fügen Sie die gut getrockneten Bohnen hinzu und rühren Sie um. Richten Sie die Bohnen anschließend pyramidenförmig auf 4 Tellern an und streuen Sie die angerösteten Nüsse und die abgezupften Kerbelblättchen darüber.

Servieren Sie das Gericht kalt, aber nicht eisgekühlt.

KOPFSALAT UND RADICCHIO

Grüner Salat und roter Radicchio: Das sind raschelnde Blätter, die den Tau und das Sonnenlicht in sich aufgesogen haben. Diese herrlichen Salate sind am besten, wenn sie direkt aus dem Garten kommen. Man muß nur den Strunk säubern, die Blätter etwas mit kaltem Wasser besprengen und sie dann mit dem Kopf nach unten abtropfen lassen.

In der Regel werden sie mit einer Vinaigrette zubereitet, und man vergißt dabei ganz, daß sie auch köstlich schmecken, wenn man sie auf kleiner Flamme anschmort.

Aus Radicchio kann man auch Beignets zubereiten (siehe dazu das Kapitel »Die richtige Zubereitung, Gemüse fritieren«, S. 247).

Ich schätze beide Salate wegen ihres leicht bitteren Geschmacks und ihrer Zartheit. Doch ich verzichte auf ihren Genuß, wenn sie nicht direkt aus dem Garten kommen und bereits erste welke Stellen haben.

Elegante Roséweine, wie zum Beispiel die Cabernet-Weine aus Anjou und Saumur, mildern den bitteren Geschmack dieser Salatsorten.

Geschmorter Radicchio mit Sardellenfilets und schwarzen Oliven, Rezept Seite 140 (Foto rechts).

FÜR 4 PERSONEN

Vorbereitungszeit: 15 Min.
Kochzeit: 45 bis 50 Min.

4 nicht zu große Kopf-
salate
30 g Butter
150 ml Hühnerbrühe
(aus einem Brühwürfel
hergestellt)
1 Sträußchen Bohnenkraut
1 TL Zucker
grobkörniges Salz
Salz
Pfeffer

GESCHMORTER KOPFSALAT MIT BOHNENKRAUT

Entfernen Sie zunächst die fleckigen oder welken Blätter der Salatköpfe.

Säubern Sie die Strünke, waschen Sie die Salate drei bis viermal in frischem Wasser und schütteln sie dann vorsichtig aus, damit sie gut abtropfen.

Kochen Sie 4 bis 5 l Wasser mit 1 reichlichen Handvoll grobkörnigem Salz auf. Sobald das Wasser zum Kochen kommt, geben Sie die Salatköpfe hinein und lassen das Wasser noch einmal aufwallen. Nehmen Sie die Köpfe anschließend mit einem Schaumlöffel heraus und legen Sie sie in eine Salatschüssel mit kaltem Wasser. Drücken Sie dann mit der Hand das Wasser vollständig aus ihnen heraus.

Halbieren Sie die Salatköpfe und legen Sie jede Hälfte auf ein Schneidbrettchen.

Biegen Sie die Blätter nach unten, so daß jede Salathälfte ein Dreieck bildet.

Nehmen Sie nun einen Schmortopf und fetten Sie den Boden mit der Butter ein. Schichten Sie die Salathälften dicht nebeneinander hinein, gießen Sie die Hühnerbrühe darüber und fügen Sie das Bohnenkraut und den Zucker hinzu. Salzen Sie nicht, denn die Hühnerbrühe hinterläßt beim Einkochen einen salzigen Geschmack.

Lassen Sie das Ganze im geschlossenen Topf auf mittlerer Flamme ca. 30 Minuten garen.

Nehmen Sie am Ende der Kochzeit den Deckel vom Topf, damit die gesamte Flüssigkeit verdampfen kann. Am Schluß sollte nur noch ein zähflüssiger Saft übrig sein.

Würzen Sie mit Pfeffer und schmekken Sie gegebenenfalls mit Salz ab.

Entfernen Sie das Bohnenkraut und servieren Sie.

FÜR 4 PERSONEN

Vorbereitungszeit: 10 Min.
Kochzeit: 30 Min.

8 Radicchios
6 EL Olivenöl
2 Zweige Bohnenkraut
8 in Öl eingelegte Sardellenfilets
50 g entsteinte schwarze Oliven
Salz
Pfeffer

Foto Seite 139

GESCHMORTER RADICCHIO MIT SARDELLENFILETS UND SCHWARZEN OLIVEN

Dieses Gericht, das farblich zwar etwas trist aussieht, dafür aber die schönsten Wohlgerüche verströmt, kann warm oder kalt, sollte jedoch nicht eisgekühlt gegessen werden. Dazu reicht man geröstetes, mit Knoblauch eingeriebenes und mit Olivenöl beträufeltes Landbrot.

Waschen Sie die Radicchios gründlich, wenn sie verschmutzt sind, und halbieren Sie sie anschließend.

Schichten Sie sie dicht nebeneinander in einen gußeisernen Schmortopf und fügen Sie das Bohnenkraut, etwas Salz und das Olivenöl hinzu.

Bedecken Sie sie mit Wasser und lassen sie dann auf kleiner Flamme 30 Minuten im geschlossenen Topf garen.

Sie können sie, nachdem Sie sie haben aufkochen lassen, auch etwa 30 Minuten im 150 °C heißen Backofen garen.

Nehmen Sie anschließend den Deckel vom Topf, belegen Sie die Radicciohälften mit Sardellenfilets, streuen Sie die entsteinten Oliven darüber, lassen Sie die Flüssigkeit vollständig einkochen und würzen Sie kräftig mit Pfeffer.

DER LAUCH

Man nennt ihn auch den »Spargel der Armen«, ein, wie ich finde, etwas vorschnelles Urteil, denn er hat, abgesehen von der weißen und grünen Farbe und einer gewissen Feinheit in Beschaffenheit und Geschmack, nicht allzuviel mit dem Spargel gemein... Geschmacklich ähnelt der Lauch eher seiner Verwandten, der Zwiebel.

Als das Wintergemüse schlechthin ist der Lauch, wenn bereits alles abgeerntet ist, noch als einziger im Garten anzutreffen. Und die blaugrünen Blattbüschel, die aus der Erde aufragen, entbehren nicht einer gewissen Schönheit. Sobald jedoch der erste Bodenfrost kommt, kann man ihn, sofern man sich nicht die Mühe macht, die Erde um ihn herum mit lauwarmem Wasser zu begießen, nicht mehr herausziehen, und er bricht auf Bodenhöhe ab. Der Umfang der Stangen ist je nach Sorte unterschiedlich und kann bei Arten, die sich ohne jede Bescheidenheit »Herbstriese« oder »Elefant« nennen, beeindruckende Ausmaße annehmen.

EINE GUTE WINTERSUPPE

Diese sehr einfache Suppe ist eines der besten Mittel, um sich an kalten Winterabenden aufzuwärmen ...

Nachdem Sie die Wurzeln der Lauchstangen entfernt und sie gründlich gewaschen haben, schneiden Sie sie bis zum Grünansatz in dünne Ringe. Schwitzen Sie diese in einer Kasserolle mit etwas Butter an. Lassen Sie sie dann auf sehr kleiner Flamme weichgaren, ohne daß sie Farbe annehmen. Schälen Sie in der Zwischenzeit ein paar Kartoffeln und schneiden Sie sie in kleine Würfel. Sobald der Lauch schön weich ist, gießen Sie etwas kaltes Wasser an und geben die gut getrockneten Kartoffeln dazu. Salzen Sie und lassen Sie das Ganze auf mittlerer Flamme 20 Minuten garen. Schalten Sie dann auf höchste Temperatur und lassen das Gemüse 5 Minuten sprudelnd kochen. Zerdrücken Sie anschließend die Kartoffeln bis auf einige Stückchen mit einem Schneebesen. Servieren Sie die Suppe heiß und stellen Sie einen Topf Crème fraîche dazu, aus dem sich jeder selbst bedienen kann. Und während der Saison sollten Sie die Teller großzügig mit geriebenen Trüffeln bestreuen. Eine köstliche Einleitung zu einem großen Abendessen.

Die kleinen Lauchsorten gart man ganz langsam mit Butter im eigenen Saft und übergießt sie mit einer leichten Sahnesauce oder beträufelt sie mit Haselnußöl und bestreut sie anschließend mit gerösteten, gehackten Haselnüssen.

Die kräftigeren Stangen werden in der Regel in kochendem Wasser gegart oder gedünstet, und man ißt sie mit einer Vinaigrette oder einer Bechamelsauce.

Wie immer Sie den Lauch zubereiten, vergessen Sie nie, nachdem Sie die Wurzel abgeschnitten haben, ein bis zwei der äußeren Blätter zu entfernen und die Stangen gründlich in lauwarmem Wasser zu waschen, um alle Schädlinge (insbesondere die Lauchmotte) und die etwas fette und klebrige Erde, in der der Lauch am besten gedeiht, zu entfernen.

Ein eleganter Weißwein, wie zum Beispiel ein Pouilly-Fuissé, oder ein leichter Rotwein, beispielsweise ein Beaujolais, harmonieren gut mit dem feinen, aber doch kräftigen Geschmack und der Saftigkeit des Lauchs.

LAUCHGRATIN MIT BEAUFORT

FÜR 4 PERSONEN

Vorbereitungszeit: 30 Min.
Kochzeit: 45 Min.

1,2 kg Lauch
30 g Butter
1,5 EL Crème fraîche oder
50 ml Sahne und 50 g
Mascarpone
100 g geriebener Beaufort
1 EL Mehl
2,5 g süßer Paprika
1 Msp. geriebene Muskat-
nuß
grobkörniges Salz
Salz

Entfernen Sie die grünen Blätter und die Wurzeln des Lauchs und schneiden Sie die Stangen dann von oben nach unten bis auf eine Länge von 7 oder 8 cm kreuzweise ein.

Waschen Sie sie gründlich mit warmem Wasser und binden Sie sie anschließend mit einem Bindfaden zu einem Bündel zusammen.

Kochen Sie in einem großen Kochtopf 500 ml Wasser mit $^1/_2$ Handvoll grobkörnigem Salz auf, geben Sie das Lauchbündel hinein und lassen es ca. 30 Minuten garen.

Nehmen Sie den Lauch danach aus dem Topf und drücken das Wasser gut heraus.

Vermischen Sie nun das Mehl und den Paprika und wälzen Sie die Lauchstangen darin.

Lassen Sie die Butter in einer Pfanne zerlaufen. Sobald sie eine goldgelbe Farbe annimmt, geben Sie den in Mehl und Paprika gewendeten Lauch hinein und lassen ihn von allen Seiten goldgelb anbräunen.

Erhitzen Sie nun die Crème fraîche oder die Sahne und den Mascarpone und fügen Sie den Beaufort und die geriebene Muskatnuß hinzu. Verrühren Sie das Ganze gründlich mit dem Schneebesen und schmecken Sie es ab.

Schichten Sie den Lauch in eine Auflaufform und schalten Sie den Backofengrill ein.

Überziehen Sie den Lauch mit der Käsesauce und geben Sie ihn unter den Grill. Stellen Sie die Form aber nicht zu dicht unter die Heizstäbe.

Sobald das Gratin eine schöne goldgelbe Farbe hat, nehmen Sie es aus dem Ofen und servieren es.

GESCHMORTER LAUCH MIT VERSCHIEDENEN GEWÜRZEN

FÜR 4 PERSONEN

Vorbereitungszeit: 15 Min.
Kochzeit: 30 Min.

8 mittelgroße Stangen
Lauch
500 ml Hühnerbrühe
(aus 2 in 500 ml warmem
Wasser aufgelösten
Brühwürfeln)
1 TL Kümmelsamen
1 TL Korianderkörner
1 TL schwarze Pfefferkörner
1 Lorbeerblatt
2 Knoblauchzehen
1 Zweig Thymian
5 EL Olivenöl
Saft 1 Zitrone

Foto rechts

Ziehen Sie die Knoblauchzehen ab und zerdrücken Sie sie.

Rösten Sie die Kümmelsamen und die Korianderkörner kurz in einer Pfanne an, zerstoßen Sie sie dann mit dem Pfeffer im Mörser und streichen Sie das Pulver durch ein Sieb.

Lassen Sie die Hühnerbrühe aufkochen. Sobald sie kocht, geben Sie die Gewürze und die Kräuter sowie die zerdrückten Knoblauchzehen hinein.

Nehmen Sie das Ganze vom Herd und lassen es im geschlossenen Topf 10 Minuten ziehen.

Gießen Sie die gewürzte Brühe anschließend über die Lauchstangen, die Sie nebeneinander in einen Schmortopf geschichtet haben. Fügen Sie das Olivenöl und den Zitronensaft hinzu, salzen Sie sparsam und lassen Sie das Ganze auf kleiner Flamme ca. 30 Minuten garen.

Lassen Sie den Lauch danach abtropfen, richten Sie ihn auf einer Servierplatte an und stellen Sie ihn warm.

Lassen Sie nun die Kochflüssigkeit zu einem dickflüssigen Sirup einkochen und übergießen Sie den Lauch damit.

Kleine Bünde wilden Spargels. Am zartesten ist er, wenn man ih erntet, sobal er sich zeigt (folgende Doppelseite)

DIE ERDGEMÜSE

DER KNOBLAUCH

Dieses Lebenselixier, an dem sich schon unsere Vorfahren die Gallier delektierten und das der Riese Pantagruel mit Begeisterung in sich hineinstopfte, gilt im Ausland vielfach als das Charakteristikum der französischen Küche schlechthin. Tatsächlich ist er in zahlreichen traditionellen Rezepten zu finden und verleiht vor allem vielen provenzalischen Gerichten, wie zum Beispiel dem *aïoli* oder der scharfen Knoblauchmayonnaise, die man zu einer Bouillabaisse reicht, seine Note. Doch auch in allen anderen Provinzen Frankreichs macht man reichlich von ihm Gebrauch. In der Auvergne verschmilzt er mit frischem Tomme (französischer Halbhartkäse) und Kartoffeln in dem köstlichen und sättigenden *aligot* (dicker Brei aus Kartoffeln, Käse und Knoblauch). In Burgund verbindet er sich mit Petersilie zu der Knoblauchbutter, mit der sich die Schnecken in ihrem Gehäuse vollsaugen. In Aquitanien verleiht er dem *cassoulet* (deftiger Eintopf) seine pikante Note. Im Elsaß und in Lothringen rundet er frischen Käse und manche Wurstsorten würzig ab ... Wieviel Gebrauch man von ihm macht, hängt davon ab, wie gut man seine Schärfe verträgt. In diesem Zusammenhang sollten Sie wissen, daß die Knollen um so milder sind, je größer sie sind. Das gilt vor allem für die Sorte Elephant Garlic. Außerdem ist frischer Knoblauch weniger scharf als der getrocknete, der bis zu vierzig Monate

haltbar ist. Ich persönlich bevorzuge den sehr aromatischen, kleinen roten Knoblauch, den man zu ganz dünnen Zöpfen bindet.

Achten Sie beim Einkauf darauf, daß die Knollen schön fest sind. Das ist ein Zeichen dafür, daß sie frisch und saftig sind und nicht keimen. Wenn Sie selbst Knoblauch anbauen, können Sie im Frühjahr und zu Beginn des Sommers die Stengel abschneiden und sie roh essen oder sie feingeschnitten in einen Salat geben, einen Quark damit würzen oder Rahmkartoffeln damit bestreuen.

Wenn man ihn nur in kleinen Mengen verwendet, sollte man den Knoblauch am besten mit einer Knoblauchpresse roh zerdrücken. Sollten Sie ihn hingegen in größeren Mengen verarbeiten müssen, können Sie ihn getrost in der elektrischen Küchenmaschine hacken.

Der Knoblauch wird nicht nur als Gemüse gegessen, sondern man kann ihn auch für die Zubereitung von Saucen verwenden, indem man ihn beispielsweise in einer Bratenflüssigkeit zerdrückt. Je nach regionalem Brauch wurde der Knoblauch dabei entweder allein oder zusammen mit Mandeln, Haselnüssen, Petersilie oder Sauerampfer in der Sauce zerdrückt und zu Fisch oder gebratenem Fleisch gereicht.

Dem Eigengeschmack des Knoblauchs hält nur ein kräftiger Wein stand, wie der Saint-Joseph, der Cournas oder der Côte-Rôtie.

GEKOCHTER KNOBLAUCH

Gekocht hat der Knoblauch einen weniger scharfen Geschmack und eine weiche Beschaffenheit, die ich sehr angenehm finde. Er wird so zu einem eigenständigen, vollwertigen Gemüse, das sich hervorragend als Beilage zu gebratener Hammel- oder Kalbskeule oder zu geschmorten Lammkoteletts mit Rosmarin eignet. Um seinen für manche zu kräftigen und zu scharfen Geschmack zu mildern, muß man ihn nur 3 oder 4mal kochen. Dabei gibt man ihn jedesmal in frisches kaltes Salzwasser und läßt ihn nach dem Aufkochen noch 3 Minuten weiterkochen.

Bei getrocknetem Knoblauch muß man 4 bis 5 Kochgänge rechnen, bei frischem Knoblauch reichen hingegen 3 Kochgänge aus. Man muß dann jedoch den Anteil der frischen Knoblauchzehen verdoppeln, denn sie sind schwerer als die getrockneten.

Vor dem Blanchieren schält man die Zehen. Wenn ich sie allerdings als Beilage oder zum Garnieren einer Hammelkeule verwende, blanchiere ich sie ungeschält und gebe sie dann halbgar zu dem Gericht, damit sie nicht austrocknen oder verbrennen.

FRITIERTE KNOBLAUCHZEHEN

Ziehen Sie die Knoblauchzehen ab und geben Sie sie mit 2 l Wasser und 3 EL Milch in eine Kasserolle. Lassen Sie sie aufkochen und garen Sie sie anschließend 3 Minuten weiter. Gießen Sie sie dann in ein Sieb ab und schütten Sie die Kochflüssigkeit weg. Wiederholen Sie diesen Vorgang 3mal. Beim letzten Kochgang salzen Sie das Wasser mit 1 TL grobkörnigem Salz und prüfen vor dem Abgießen, ob der Knoblauch schön weich ist.

Mahlen Sie das frische Weißbrot fein oder streichen Sie es durch ein Sieb.

Geben Sie das Mehl auf einen flachen Teller und das frische, gemahlene Weißbrot auf eine große Platte. Schlagen Sie die Eier über einem Suppenteller auf und fügen Sie die restliche Milch und das Olivenöl hinzu.

Würzen Sie die Eier mit Salz und Pfeffer und verschlagen Sie sie kräftig mit einer Gabel.

Stellen Sie nun die abgetropften Knoblauchzehen, das Mehl, die Eier und das Weißbrot auf den Tisch.

Wälzen Sie die Knoblauchzehen zunächst gründlich in dem Mehl und legen Sie sie dann in ein feines Sieb, um das überschüssige Mehl zu entfernen. Ziehen Sie sie dann durch die geschlagenen Eier. Wenn sie gut damit umhüllt sind, nehmen Sie sie mit einer Gabel heraus und wenden sie in dem gemahlenen Weißbrot. Legen Sie sie anschließend auf einen feinen Rost oder in ein Sieb und lassen Sie sie an einem kühlen, trockenen Ort, jedoch nicht im Kühlschrank, etwa 1 Stunde ruhen.

Erhitzen Sie danach die Friteuse auf 180 °C und geben Sie die Knoblauchzehen nach und nach hinein. Lassen Sie sie rundherum goldgelb anbräunen und legen Sie sie dann zum Abtropfen auf Küchenkrepp.

FÜR 4 PERSONEN

Vorbereitungszeit: 30 Min.
Ruhezeit: 1 Std.
Kochzeit: 30 Min.

350 g Knoblauch (etwa 7 bis 8 Knollen)
200 g weiches Weißbrot ohne Rinde
180 ml Milch
2 Eier
1 EL Olivenöl
4 EL Mehl
3 l Öl zum Fritieren
grobkörniges Salz
Salz
Pfeffer

Foto Seite 149 links

MILDE KNOBLAUCHPFANNE MIT ANIS

Ziehen Sie die Knoblauchzehen ab. (Sie benötigen 500 g geschälte Knoblauchzehen.) Geben Sie sie in eine Kasserolle mit 3 l Wasser. Lassen Sie sie aufkochen und kochen Sie sie anschließend 3 Minuten weiter. Gießen Sie sie dann in ein Sieb ab und wiederholen Sie den Vorgang 4mal mit frischem Kochwasser. Salzen Sie das Wasser beim letzten Kochgang mit grobkörnigem Salz.

Lassen Sie die Butter auf mittlerer Flamme in einer Pfanne zerlaufen. Sobald sie eine goldgelbe Farbe annimmt, geben Sie die gut abgetropften Knoblauchzehen hinein und lassen sie schön goldgelb anbräunen. Zupfen Sie in der Zwischenzeit die Estragonblätter ab, waschen sie und wiegen sie fein. Sobald die Knoblauchzehen eine schöne goldgelbe Farbe angenommen haben, salzen Sie sie leicht. Beträufeln Sie sie anschließend mit dem Pastis, fügen Sie den gehackten Estragon hinzu und würzen Sie mit Pfeffer. Nehmen Sie die Knoblauchzehen anschließend aus der Pfanne, stellen sie warm und lassen die Kochflüssigkeit einkochen.

Überziehen Sie die Zehen mit der Sauce, bestreuen Sie sie mit einigen Fenchelstengeln und servieren Sie sie.

FÜR 4 PERSONEN

Vorbereitungszeit: 1 Std.
Kochzeit: 45 Min.

800 g Knoblauch
50 g Butter
2 EL Pastis
einige Stengel Estragon
einige Stengel wilder Fenchel
grobkörniges Salz
Salz
Pfeffer

Foto Seite 149 oben

FÜR 4 PERSONEN

Vorbereitungszeit: 40 Min.
Kochzeit: 30 Min.

350 g mittelgroße
Knoblauchzehen
(7 bis 8 Knollen)
250 ml Milch
40 g Butter
grobkörniges Salz
Salz
Pfeffer

Foto rechts unten

MILDE, GOLDGELBE KNOBLAUCHZEHEN

Hat man den Eigengeschmack des Knoblauchs etwas gemildert, erhält man ein sehr zartes, fein schmeckendes Gemüse, das man allein oder als Beilage zu gebratenem oder gegrilltem Fleisch, zum Beispiel zu einer Lammkeule, genießen kann.

Ziehen Sie die Knoblauchzehen ab und geben Sie sie mit 2 l Wasser und 3 EL Milch in eine Kasserolle. Lassen Sie sie aufkochen und kochen Sie sie anschließend 3 Minuten weiter.

Gießen Sie die Knoblauchzehen dann ab, schütten Sie das Kochwasser weg und wiederholen Sie diesen Vorgang noch weitere 4mal. Salzen Sie das Wasser beim letzten Kochgang und prüfen Sie, bevor Sie die Knoblauch-zehen abgießen, ob sie schön weich sind.

Lassen Sie die Butter in einer Kasserolle hellbraun anschwitzen, geben Sie die Knoblauchzehen hinein und lassen sie von allen Seiten goldgelb anbräunen. Achten Sie dabei darauf, daß sie nicht zerbrechen.

Gießen Sie sie anschließend ab, würzen Sie mit Salz und Pfeffer und servieren Sie sie heiß.

FÜR 4 PERSONEN

Vorbereitungszeit: 30 Min.
Kochzeit: 15 Min.

300 g Knoblauch
1 l Hühnerbrühe
1 Sträußchen Bohnenkraut
4 EL Crème fraîche
4 Eigelb
50 g Butter
Baguette-Brot
Pfeffer

KNOBLAUCHSUPPE NACH ART DES HAUSES

Dies ist meine Version der *aigo boulido*, der provenzalischen Knoblauchsuppe, die man früher Sterbenden verordnete, um ihnen neue Lebenskraft zu geben... Doch sie gibt auch denen neuen Schwung, die sich guter Gesundheit erfreuen!

Ziehen Sie die Knoblauchzehen ab und blanchieren Sie sie 4mal in frischem Wasser. Schrecken Sie sie dann mit kaltem Wasser ab und lassen sie abtropfen. Kochen Sie in der Zwischenzeit die Hühnerbrühe, die Sie aus einem Brühwürfel und 1 l Wasser hergestellt haben, auf.

Geben Sie anschließend die Knoblauchzehen zusammen mit einem schönen Sträußchen Bohnenkraut hinein und lassen Sie das Ganze auf kleiner Flamme im geschlossenen Topf ca. 15 Minuten garen.

Verrühren Sie die Crème fraîche und die 4 Eigelb in einer Schale und würzen Sie kräftig mit frischgemahlenem Pfeffer.

Verteilen Sie auf einem Backblech ca. 20 etwa $1/2$ cm dicke Baguette-Scheiben, beträufeln Sie sie mit geschmolzener Butter, rösten Sie sie unter dem Backofengrill goldgelb an und legen Sie sie anschließend auf einen Teller.

Pürieren Sie die Knoblauchzehen im Mixer, nachdem Sie das Bohnenkraut entfernt haben, und geben Sie das Püree zu der Eiermasse. Erhitzen Sie das Ganze unter ständigem Rühren auf kleiner Flamme. Kurz bevor die Suppe zum Kochen kommt, schmecken Sie mit Salz ab, passieren sie dann durch ein feines Sieb in eine vorgewärmte Suppenterrine und servieren sie mit den gerösteten Weißbrotscheiben, die Sie getrennt dazu reichen.

Knoblauchpfanne mit Anis, fritierte Knoblauchzehen und milde, goldgelbe Knoblauchzehen (Foto rechts).

DER SPARGEL

Ob weißer, grüner, violetter oder wilder Spargel – ich bin von jedem begeistert. Und ich finde, es gibt nichts Bewegenderes im Garten, als diese Triebe, die so zart und blaß wie junge Mädchen sind, aus der Erde auftauchen zu sehen. Ich bevorzuge vor allem den violetten, provenzalischen Spargel, der in der Gegend um Avignon angebaut wird und den die Gemüsebauern ab Mai auf dem herrlichen Markt in Isle-sur-la-Sorgue zuhauf anbieten. Ich finde er ist einfach aromatischer als die anderen Sorten. Doch ich beiße auch gern in das knackige weiße Fleisch des dicken elsässischen Spargels, dem zu Ehren alljährlich in dem Dorf Hoerdt opulente Spargelessen veranstaltet werden. Sehr gern mag ich aber auch den sehr zarten blaßroten Spargel aus dem Loiretal (Orléanais, Sologne, Angoumois) oder den Spargel aus Argenteuil, der auf dem Sandboden der Ile-de-France gedeiht und der früher bei Hofe gegessen wurde.

Die hellen Sorten vertragen sich schlecht mit einer Vinaigrette, sie gewinnen vielmehr, wenn sie mit einer holländischen Sauce, geschmolzener Butter oder Olivenöl übergossen werden.

Und zu Weihnachten gönne ich mir den Spargel aus Lauris im Vaucluse, diesen wundervollen Frühlingsboten. Die dicken, grünen, durch und durch saftigen Stangen werden mit äußerster Sorgfalt bis tief in den Winter hinein von meinem Freund Raymond Blanc angebaut.

Das Schälen des Spargels erfordert Fingerspitzengefühl und Vorsicht. Man sollte die Stangen erst kurz vor der Zubereitung, niemals aber länger als 2 Stunden vorher schälen, weil sie sonst gelb werden können und sich mit einem fasrigen Häutchen überziehen.

Damit man die Spargelstangen nicht zerdrückt oder abbricht, ist es wichtig, dazu ein gutes Haushaltsmesser zu verwenden. Ich nehme immer eines der alten Metallmesser mit beweglicher Klinge.

Der Ansatzpunkt muß sorgfältig ermittelt werden, damit die Stangen nicht brechen. Um den richtigen Ansatzpunkt zu finden, empfehle ich Ihnen, eine Stielpfanne auf dem Tisch zu drehen. Anhand der Richtung, in die der Stiel der Kasserolle anschließend zeigt, können Sie den richtigen Winkel ermitteln, um den Spargel mühelos schälen zu können.

DER WILDE SPARGEL

Wilder Spargel, in der Provence auch »Besenreiser« genannt, wächst auf Heideboden oder in Weinbergen, vorwiegend im Frühjahr oder nach Waldbränden.

Die Stangen sind sehr dünn, etwa so dick wie die Zinken einer Gabel, und haben eine dunkelgrüne Farbe. Man verwendet ausschließlich die elastischen Köpfe. Sie werden 1 bis 2 Minuten in kochendem Wasser gegart, dann schreckt man sie ab und läßt sie abtropfen. Man kann daraus einen ausgezeichneten Salat zubereiten, den man zum Beispiel mit einem Salat aus Hummer- oder Taubenfleisch mischen kann.

Da der wilde Spargel einen relativ bitteren Eigengeschmack hat, sollten Sie pro Person nur eine kleine Menge (15 bis 20 Stangen) rechnen. Begießen Sie ihn mit einem Löffel dieser Sauce: 1 EL Weinessig, etwas scharfer Senf, 5 EL Olivenöl, je 1 Prise Salz und Pfeffer.

Setzen Sie beim Schälen immer unterhalb der Köpfe an, dort, wo die Stangen weiß werden, und fahren Sie mit dem Messer – ohne zu sehr aufzudrücken! – den Stiel bis knapp über den Wurzelansatz entlang. Schneiden Sie die Wurzelansätze dann ab, waschen Sie den geschälten Spargel anschließend in kaltem Wasser, lassen Sie ihn abtropfen, bündeln ihn und richten die unteren Teile der Stangen aus. Wickeln Sie sie danach in ein feuchtes Tuch und bewahren Sie sie bis zur Zubereitung an einem kühlen Ort auf.

Gegart wird der Spargel meist, indem man ihn in stark gesalzenem, kochendem Wasser pochiert. In der Regel ist er bereits in wenigen Minuten gar, doch das hängt auch von der Frische und der Größe der Stangen ab. Bei dem sehr dünnen wilden Spargel beträgt die Kochzeit beispielsweise nur 1 Minute. Meines Erachtens ist es nicht erforderlich, die Stangen aufrecht zu kochen, so daß die Spitzen aus dem Wasser ragen. Man kann allerdings einen hohen oder länglichen Spargeltopf mit einem Korb für die Stangen verwenden. Der Korb verhindert, daß die Köpfe beim Herausnehmen abbrechen.

Um zu prüfen, ob der Spargel gar ist, stechen Sie eine Stange unten mit dem Messer ein. Die Messerspitze muß dann mühelos in das Fleisch eindringen.

Manche empfehlen, den Spargel in einem Couscous-Topf zuzubereiten. Darin kann ich aber kaum Vorteile sehen.

Sie können die Köpfe getrost auch in der Mitte aufspießen und sie roh grillen. Und sie können auch im Backofen gegart werden, ohne etwas von ihrem leicht bitteren Geschmack einzubüßen.

Der Spargel entfaltet seinen Geschmack besser, wenn man ihn heiß oder lauwarm serviert. Man richtet ihn dann hübsch auf einem Gitter oder einer Spargelplatte aus weißem Porzellan an. Für die farbigen Sorten kann man auch eine Platte aus Silber, für weißen Spargel eine Keramikplatte verwenden. Anschließend deckt man ihn mit einer weißen, leicht angefeuchteten Serviette zu. Wenn Sie ihn kalt essen wollen, müssen Sie ihn in Eiswasser abschrecken. Doch dadurch büßt er meines Erachtens etwas von seinem Geschmack ein. Wie immer Sie ihn servieren, ich rate Ihnen, die Stangen vor allem nicht länger im Wasser liegen zu lassen. Denn dadurch verändern sie sowohl ihre Beschaffenheit als auch ihren Geschmack. Zum Vorlegen sollten Sie außerdem eine Spargelzange verwenden, denn mit der Gabel könnten Sie die Stangen beschädigen. Die Zangen eignen sich im übrigen auch sehr gut zum Servieren der anderen länglichen Gemüsesorten (Möhren, Palmherzen).

Ein gut gekühlter Tavel oder ein Palette rosé passen sehr gut zu dem violetten provenzalischen Spargel und geben ihm eine feine, säuerliche Note. Das zarte Fleisch des dicken weißen Spargels aus dem Loiretal und dem Elsaß verlangt nach einem weichen Wein, wie zum Beispiel einem Meursault oder einem Sancerre.

BUNTER SPARGEL MIT EI

FÜR 4 PERSONEN

Vorbereitungszeit: 40 Min.
Kochzeit: 20 Min.

1,5 kg mittelgroße Spargelstangen
6 Eier
50 g Butter
1 schöne fleischige rote
Paprikaschote
1 Bund Schnittlauch
grobkörniges Salz
Salz
Pfeffer

Foto links

Schälen Sie den Spargel mit einem Haushaltsmesser und waschen Sie ihn mit kaltem Wasser. Binden Sie die Stangen zu 4 Bündeln zusammen und bringen Sie sie gegebenenfalls alle auf eine Länge.

Lassen Sie 5 bis 6 l Wasser mit 1 großen Handvoll grobkörnigem Salz aufkochen, geben Sie den Spargel hinein und lassen ihn 10 bis 15 Minuten garen.

Während der Spargel gart, kochen Sie die Eier weich. Bringen Sie dazu 1,5 l Wasser zum Kochen, geben Sie die Eier in das kochende Wasser und lassen sie 5 Minuten kochen.

Lassen Sie die Butter in einer kleinen Stielpfanne cremigweich werden. Schälen Sie die Eier vorsichtig unter fließendem kaltem Wasser, denn weichgekocht gehen sie sehr leicht kaputt.

Zerdrücken Sie sie anschließend in einer Suppenschüssel mit einer Küchengabel in grobe Stücke.

Würzen Sie mit Salz und Pfeffer, fügen Sie die weiche Butter hinzu und halten Sie das Ganze auf dem Herd, in einem Wasserbad oder bei schwacher Hitze im Backofen warm.

Schälen Sie die Paprikaschote mit einem Haushaltsmesser, schneiden Sie sie dann auf, entfernen Sie die Kerne, die weißen Teile und den Stielansatz und zerteilen Sie das Fleisch anschließend in kleine Würfel.

Schneiden Sie den gewaschenen und abgetropften Schnittlauch in feine Röllchen.

Wärmen Sie die Teller im schwach vorgeheizten Backofen vor.

Nehmen Sie den Spargel aus dem Kochwasser und trocknen Sie ihn auf einem Tuch. Entfernen Sie die Bindfäden und richten Sie die Bündel fächerförmig auf den vorgewärmten Tellern an.

Begießen Sie die Spargelspitzen mit der Eiersauce, bestreuen Sie jeden Fächer mit Paprikawürfeln und Schnittlauchröllchen und servieren Sie sofort.

KNUSPRIGE SPARGELKÖPFE

FÜR 2 PERSONEN

Vorbereitungszeit: 30 Min.
Kochzeit: 5 Min.

16 mittelgroße Spargel-
stangen
3 EL Mehl
4 EL eisgekühltes helles Bier
1 l Öl zum Fritieren
Salz

Bereiten Sie zunächst einen Fritierteig zu: Verrühren Sie dazu die 3 EL Mehl mit dem Bier. Sie erhalten so einen Teig von der Konsistenz eines Crêpe-Teigs.

Schälen Sie dann den Spargel und waschen Sie ihn.

Lassen Sie ihn gut abtropfen und schneiden Sie die Spitzen etwa 10 cm lang ab. Heben Sie die Stangen für eine Samtsuppe (siehe S. 156) auf.

Erhitzen Sie die Friteuse auf 180°C.

Tauchen Sie die Spargelköpfe in den Fritierteig. Wenn sie den Teig gut angenommen haben, geben Sie sie sofort in das heiße Öl.

Fritieren Sie sie 3 bis 4 Minuten und wenden Sie sie dabei laufend. Sobald sie schön goldgelb sind, legen Sie sie zum Abtropfen auf Küchenkrepp.

Salzen Sie sie anschließend und servieren Sie sie sofort.

SPARGEL FLÄMISCHE ART

FÜR 4 PERSONEN

Vorbereitungszeit: 35 Min.
Kochzeit: 25 Min.

1,5 kg Spargel
1 Sträußchen Petersilie
80 g Butter
Salz
Pfeffer

Schälen Sie den Spargel mit einem Küchenmesser, waschen Sie ihn in kaltem Wasser und trocknen ihn in Küchenkrepp oder in einem Tuch.

Zerteilen Sie die Stangen in je 3 gleich große Stücke und stellen Sie die Köpfe zur Seite.

Zupfen Sie die Petersilie ab, waschen Sie sie und wiegen Sie sie fein. Sie benötigen 2 gehäufte EL.

Lassen Sie 30 g Butter in einer Kasserolle zerlaufen und geben Sie die Spargelstücke hinein.

Salzen Sie, fügen Sie 5 EL lauwarmes Wasser hinzu und lassen Sie den Spargel dann auf großer Flamme im geschlossenen Topf garen.

Geben Sie nach 5 Minuten die Spargelspitzen dazu und lassen Sie das Ganze ca. 10 Minuten im geschlossenen Topf weiterkochen. Lassen Sie danach die Kochflüssigkeit auf größter Flamme auf 3 bis 4 EL einkochen.

Fügen Sie die restliche, in Flöckchen zerteilte Butter und die 2 EL gehackte Petersilie hinzu und würzen Sie mit Pfeffer aus der Mühle.

Servieren Sie das Gericht sehr heiß.

GEGRILLTE SPARGELSPITZEN

FÜR 4 PERSONEN

Vorbereitungszeit: 30 Min.
Kochzeit: 6 Min.

40 Spargelstangen
8 EL Olivenöl
einige Stengel frisches Bohnenkraut
Salz
Pfeffer

Foto links

Gegrillte Spargelspitzen habe ich zum erstenmal in Japan gegessen. Ich finde, daß diese Art der Zubereitung den etwas bitteren Geschmack des Spargels hervorhebt. Das Olivenöl verhindert, daß er dabei austrocknet. Und durch das Bohnenkraut bekommt er eine sommerliche Note.

Schälen Sie den Spargel, waschen Sie ihn und trocknen ihn anschließend gut. Schneiden Sie dann die Spitzen ab. Sie müssen etwa 10 cm lang sein. Heben Sie die Stangen auf. Sie können daraus eine Cremesuppe oder ein Püree zubereiten.

Legen Sie die Spargelspitzen auf eine Platte, salzen Sie sie, damit sie weicher werden und nicht so leicht zerbrechen. Spießen Sie sie dann in der Mitte auf einen langen Holzspieß auf und begießen Sie sie mit etwas Olivenöl.

Legen Sie die Spieße auf einen Rost und geben Sie sie bei mittlerer Hitze (160 °C) unter den Backofengrill.

Drehen Sie die Spieße nach 2 bis 3 Minuten um und grillen Sie sie weitere 2 bis 3 Minuten von der anderen Seite.

Gießen Sie das restliche Olivenöl in eine flache Schüssel, die groß genug ist, um die Spieße aufzunehmen, und erwärmen Sie es zusammen mit dem Bohnenkraut. Nehmen Sie die Spieße dann aus dem Ofen, wenden Sie sie in dem Olivenöl und würzen Sie sie mit Pfeffer aus der Mühle.

Beträufeln Sie jeden Spieß mit einem aromatisierten Olivenöl und servieren Sie sie, garniert mit einem Zweig Bohnenkraut, auf einer vorgewärmten Platte.

FÜR 4 PERSONEN

Vorbereitungszeit: 20 Min.
Kochzeit: 35 Min.

400 g Spargelstangen
ohne Köpfe
1 l Hühnerbrühe
200 g Lauch (nur die
weißen Teile)
30 g Butter
25 g Reismehl
2 EL Crème fraîche
1 Sträußchen Kerbel
Salz

SPARGELSAMTSUPPE

Für diese köstliche Cremesuppe können Sie die Spargelstangen verwenden, die übrigbleiben, wenn Sie ein Rezept zubereiten, bei dem Sie nur die Köpfe benötigen.

Schälen Sie die Spargelstangen, waschen Sie sie und lassen Sie sie abtropfen. Zerteilen Sie sie dann in 3 bis 4 Stücke.

Säubern Sie den Lauch und schneiden Sie ihn in dünne Ringe.

Lassen Sie die Butter in einer hohen Kasserolle zerlaufen, geben Sie den Lauch hinein und dünsten ihn zugedeckt auf sehr kleiner Flamme, ohne daß er Farbe annimmt. Fügen Sie dann die Spargelstücke hinzu und schließen Sie den Topf wieder. Lassen Sie den Lauch und den Spargel weitergaren, bis sie ihre gesamte Flüssigkeit abgegeben haben.

Gießen Sie nun die Hühnerbrühe dazu, lassen sie aufwallen und lassen das Ganze weitere 15 Minuten kochen.

Geben Sie das Reismehl in eine Schale, lösen Sie es mit etwas kaltem Wasser auf und rühren Sie es anschließend in die Suppe. Lassen Sie die Suppe danach 2- bis 3mal aufwallen, pürieren Sie sie dann zunächst im Mixer oder in der Küchenmaschine und streichen sie danach nochmals durch ein Sieb, um alle Fasern auszusondern.

Lassen Sie sie danach erneut aufkochen, fügen Sie die Crème fraîche hinzu und schalten Sie den Herd anschließend sofort aus.

Schmecken Sie mit Salz ab und servieren Sie die Suppe mit Kerbelblättchen garniert sehr heiß in einer Terrine oder in Suppentassen.

FÜR 4 PERSONEN

Vorbereitungszeit: 20 Min.
Ruhezeit: 1 Std. 30 Min.
Backzeit: 40 Min.

16 mittelgroße Spargelstangen
240 ml süße Sahne
2 Eier
einige Stengel Schnittlauch
grobkörniges Salz
Salz
Pfeffer

Für den Mürbteig:
250 g Mehl
125 g Butter
1 Ei
Salz

Foto rechts

SPARGEL-QUICHE

Schälen Sie den Spargel mit einem Küchenmesser und schneiden Sie ihn in etwa 1 cm große Stücke.

Blanchieren Sie diese in kochendem Salzwasser, schrecken Sie sie anschließend mit kaltem Wasser ab und lassen sie abtropfen.

Schneiden Sie den Schnittlauch in feine Röllchen.

Verrühren Sie die Eier in einer Schale mit der Sahne. Würzen Sie mit Salz und Pfeffer und fügen Sie 1 EL Schnittlauchröllchen hinzu.

Stellen Sie nun einen Mürbteig her: Vermengen Sie dazu die in Flöckchen zerteilte Butter, das Mehl, das Ei und das Salz rasch miteinander.

Formen Sie den Teig zu einer Kugel, schlagen Sie ihn in ein Tuch ein und lassen ihn mindestens 1 Stunde an einem kühlen Ort ruhen.

Rollen Sie den Teig anschließend mit einem Nudelholz aus und kleiden eine Tortenform mit 18 bis 20 cm Durchmesser damit aus. Ziehen Sie den Teig sorgfältig an den Rändern hoch und schneiden Sie den überstehenden Teig ab. Stechen Sie den Boden mit einer Gabel ein und lassen Sie den Teig dann nochmals 30 Minuten ruhen.

Bedecken Sie anschließend den Teigboden mit den Spargelspitzen, gießen Sie die Eiermasse darüber und geben die Form für 35 bis 40 Minuten in den auf 180 °C (Stufe 1) vorgeheizten Backofen.

Lassen Sie die fertige Quiche etwas ruhen und stürzen Sie sie dann auf eine hübsche Servierplatte. Auch kalt, etwa bei einem Picknick, schmeckt sie sehr lecker.

SPARGEL-TRÜFFEL-RÜHREI MIT KNUSPRIGER KRUSTE

FÜR 4 PERSONEN

Vorbereitungszeit: 1 Std.
Kochzeit: 20 bis 25 Min.
Ruhezeit: 6 Std.

24 mittelgroße Spargel-
stangen (nach Möglichkeit
violetter Spargel)
10 Eier
100 g Butter
30 g schwarze Trüffel (frisch
oder aus der Dose)
2 *Filo*- oder *Brick*-Blätter
(wie für *pastilla*)
einige Stengel Kerbel
grobkörniges Salz
Salz
Pfeffer

Schälen Sie den Spargel und waschen Sie ihn.

Schneiden Sie dann die Köpfe etwa 4 cm lang ab.

Zerteilen Sie die Stangen ebenfalls in etwa 4 cm lange Stücke und schneiden Sie diese anschließend in Stifte (von der Größe eines dicken Streichholzes).

Schlagen Sie die Eier über einer Schüssel auf, reiben Sie die Trüffel, bestreuen Sie die Eier damit und würzen Sie mit Salz und Pfeffer.

Verquirlen Sie die Eier mit einer Gabel und decken Sie sie anschließend mit einem Teller zu. Lassen Sie sie dann etwa 6 Stunden bei Zimmertemperatur ruhen, damit sie das Trüffelaroma gut annehmen.

Tauchen Sie die *Filo*- oder die *Brick*-Blätter in 40 g geschmolzene Butter und kleiden Sie eine Savarin-Form mit 18 cm Durchmesser damit aus. Die Teigblätter müssen dabei zerknüllt werden wie ein Stück Papier.

Heizen Sie nun den Backofen auf 210 °C (Stufe 3–4) vor.

Bringen Sie in der Zwischenzeit 2 l Wasser mit 1 kleinen Handvoll grobkörnigem Salz in einer hohen Kasserolle zum Kochen.

Lassen Sie gleichzeitig 20 g Butter in einer Pfanne zerlaufen und geben Sie die Spargelstifte hinein.

Würzen Sie mit Salz und schmoren Sie den Spargel unter ständigem Rühren auf höchster Flamme an, bis die gesamte Flüssigkeit verdunstet ist.

Sobald das Wasser in der Kasserolle zu kochen beginnt, geben Sie die Spargelspitzen hinein und lassen sie auf mittlerer Flamme 5 bis 10 Minuten garen.

Sie müssen anschließend noch etwas fest sein.

Lassen Sie 20 g Butter auf mittlerer Flamme in einem Stieltopf zerlaufen und geben Sie die Eier-Trüffel-Mischung hinein. Lassen Sie sie unter ständigem Rühren mit einem Schneebesen stocken, bis sie eine cremige Konsistenz hat.

Nehmen Sie sie dann vom Herd und fügen Sie unter ständigem Rühren 20 g kalte, in Flöckchen zerteilte Butter hinzu.

Halten Sie das Ganze danach zugedeckt im Wasserbad warm.

Geben Sie nun die mit den *Filo*-Blättern ausgekleidete Savarin-Form für ca. 2 Minuten in den Backofen, bis sie knusprig sind. Achten Sie jedoch darauf, daß sie nicht zuviel Farbe bekommen.

Gießen Sie nun die Spargelspitzen ab.

Nehmen Sie jetzt eine flache, runde Platte und stürzen Sie die Savarin-Form darauf. Sie erhalten so eine schöne, knusprige, goldgelbe Krone. Geben Sie die Spargelspitzen in die Mitte der Krone, würzen Sie mit etwas Pfeffer und richten Sie das Rührei, das Sie zuvor mit Salz und Pfeffer abgeschmeckt haben, pyramidenförmig darauf an.

Umlegen Sie das Ganze mit den Spargelspitzen und garnieren Sie es mit Kerbelblättchen.

ROTE BETE

Diese derbe, bäuerliche Frucht, die meist völlig verschmutzt ist, birgt in ihrem Innern süße Schätze. Manchmal hat sie eine abgeplattete, in wenigen Fällen eine längliche Form und nur ganz selten hat sie eine orange Farbe. In der Regel ist sie rund, und ihr Fleisch nimmt beim Kochen ein schönes Granatrot an. Meist wird die Rote Bete in gekochter Form angeboten, denn bis sie weich ist, muß man sie 2 bis 3 Stunden in kochendem Salzwasser garen. Danach ist sie allerdings sehr empfindlich, verdirbt sehr leicht und wird anfällig für Schimmelbefall, der sie ungenießbar macht. Außerdem nimmt ihr das Garen mit Wasser etwas von ihrem Eigengeschmack.

Ich kaufe sie am liebsten roh, denn so kann ich sie im Backofen oder in der heißen Asche des Kamins garen. Gewiß, man muß sich dabei mit Geduld wappnen und man darf, wenn man sie im Backofen gart, nicht auf die Kosten achten. Nachdem man die Rü-

ben gewaschen und sie ohne Zugabe von Fett in eine Form gegeben hat, schiebt man sie je nach Größe für 1 bis 2 Stunden in den auf mittlere Hitze (150 °C) vorgeheizten Ofen. Beim Garen konzentriert sie ihren Saft und wird so zu einer zuckrigen Kugel, fast zu einer Frucht. Und sie kann dann sehr gut mit Honig, Zucker, Mandeln und Früchten, wie Johannisbeeren und Orangen, kombiniert werden.

Die rote Rübe wird nicht roh gegessen, aber man kann das Fruchtfleisch, wenn man es herausgeschabt hat, ausdrücken und den Saft in eine Gemüsesuppe oder, wie beim russischen Borschtsch, zu einer Geflügelbrühe geben. Neben einer schönen Farbe verleiht der Saft dem Gericht auch eine sehr angenehme süßliche Note.

Der süße, fruchtige Geschmack der Roten Bete verlangt nach einem leichten Rotwein, wie zum Beispiel einem Beaujolais-Village, einem Bourgueil oder einem Chinon.

LECKERE SALATE

Neben dem Chicoréesalat ist der Rote-Bete-Salat der zweite klassische Wintersalat. Warum sollte man ihn nicht einmal etwas abwandeln und Feldsalat, geraspelten Knollensellerie und in feine Scheiben geschnittene Rote Bete zu gleichen Teilen miteinander mischen. Abgeschmeckt mit einer einfachen Vinaigrette ergibt das eine geglückte Mischung, einen nicht sehr aufwendigen, aber köstlichen Salat.

Als Beilage zu einer Ente oder einem Schweinebraten möchte ich Ihnen einen Salat mit *Marie-Brizard* (Likör mit Anis, Fenchel und anderen Aromen) empfehlen, der sehr einfach herzustellen ist und eine schöne, zarte Farbe hat.

Verwenden Sie dazu am besten im Ofen gegarte rote Rüben. Zerteilen Sie sie nach dem Schälen in grobe Würfel, beträufeln Sie diese mit Weinessig und würzen Sie sie mit Salz. Lassen Sie sie so 2 Stunden bei Zimmertemperatur ziehen.

Unmittelbar vor dem Servieren gießen Sie die Würfel in ein Sieb ab und lassen Sie abtropfen. Verschlagen Sie 1 EL einer guten Crème fraîche mit 1 Mokkalöffel *Marie-Brizard*. Sobald die Crème fraîche dicklich wird, geben Sie die Rote Bete und einen Spritzer Tabasco dazu. Richten Sie diesen schön rosafarbenen Salat auf hellgrünen Salatblättern an, bestreuen ihn mit etwas Dill und servieren ihn sofort.

FÜR 4 PERSONEN

Vorbereitungszeit: 10 Min.
Kochzeit: 10 Min.

600 g gekochte Rote Bete
1 EL Roh- oder Puder-
zucker
100 g Johannisbeeren
Saft 1 Orange
30 g Butter
einige Tropfen Pastis
einige Stengel Dill
Salz
Pfeffer

Foto rechts

ROTE BETE MIT JOHANNISBEEREN

Schälen Sie die gekochten roten Rüben und schneiden Sie sie in 3 cm lange Stifte.

Erhitzen Sie den Zucker auf mittlerer Flamme in einer flachen Kasserolle oder einer Pfanne und lassen Sie ihn leicht karamelisieren. Fügen Sie dann den Orangensaft und die Butter hinzu. Lassen Sie das Ganze weiterköcheln, bis Sie einen zähflüssigen Sirup erhalten.

Zupfen Sie die Johannisbeeren ab und behalten Sie 4 Trauben zurück. Geben Sie die in Stifte geschnittene Rote Bete in den Topf zu dem Zucker, dem Orangensaft und der Butter und verrühren Sie alles gut. Fügen Sie nun unter ständigem Rühren mit einem Kochlöffel die Johannisbeeren hinzu und lassen Sie sie eine Minute auf mittlerer Flamme mitkochen. Schmekken Sie dann mit Pastis, Salz und Pfeffer ab.

Verteilen Sie den Inhalt des Topfes anschließend auf 4 kleine Teller und garnieren Sie jeden Teller mit einer Traube Johannisbeeren und einem Stengel Dill.

FÜR 4 PERSONEN

Vorbereitungszeit: 15 Min.
Kochzeit: 30 Min.

500 g gekochte Rote Bete
3 Orangen
abgeriebene Schale
einer halben Orange
60 g Butter
50 g feingeschnittene,
geröstete Mandeln
$1/2$ Orange
1 Sträußchen Kerbel
Salz
Pfeffer

ROTE BETE MIT ORANGEN UND MANDELN

Zerteilen Sie die gekochte Rote Bete in kleine, 1 cm große Würfel.

Schälen Sie die Orangen und pressen Sie sie aus.

Geben Sie den Orangensaft, die abgeriebene Orangenschale und die Butter in eine flache Kasserolle. Salzen Sie, fügen Sie die in Würfel geschnittene Rote Bete hinzu und kochen Sie das Ganze auf mittlerer Flamme. Rühren Sie dabei gelegentlich um, damit die roten Rüben den Saft gut in sich aufnehmen. Nach 15 Minuten erhöhen Sie die Temperatur und lassen den Saft vollständig einkochen. Die gewürfelten Rote Bete müssen danach rundherum glaciert sein.

Schmecken Sie nun mit Salz ab und würzen Sie kräftig mit Pfeffer.

Geben Sie die roten Rüben anschließend in eine vorgewärmte Gemüseschüssel und streuen Sie die feingeschnittenen, gerösteten Mandeln darüber. Garnieren Sie das Ganze mit Orangenspalten oder -scheiben, bestreuen Sie es mit Kerbelblättchen und servieren Sie.

DIE MÖHREN

Das Vergnügen beginnt bereits, wenn die Beete gelichtet werden müssen und man die zarten und süßen »Baby-Möhren« an den feingefiederten Krautbüscheln herauszieht, um sie anschließend in wenigen Minuten im eigenen Saft zu garen und ein Frühlingsgemüsegericht daraus zuzubereiten. Später wird das Kraut dann größer und kräftiger und wenn man mit dem Fingernagel an den Wurzeln kratzt, kann man das Wachstum der Möhren verfolgen.

An der Möhre kann einem eigentlich alles gefallen: das dekorative und aromatische Kraut, die lebhafte Farbe, der süßliche Geschmack. Roh sind sie saftig und knackig, gekocht sind sie zart und lassen sich mit fast allem kombinieren. Sie verlangen geradezu danach, mit Kräutern (Petersilie, Kerbel, Schnittlauch, Zwiebel) zubereitet zu werden und vertragen sich ebensogut mit Salz wie mit Zucker, Honig, Vanille und Zimt.

Ob klein und rund, länglich, eher spitz oder abgerundet, blasser oder kräftiger in der Farbe – manchmal sogar weiß, am besten sind sie frisch geerntet. Aber sie können ohne weiteres auch den Winter über an einem licht- und frostgeschützten Platz in einem Eimer mit Sand gelagert werden.

Wenn Sie sie auf dem Markt holen, sollten Sie gebündelte junge Möhren mit Kraut kaufen. Wenn Sie sie nicht gleich zubereiten wollen, bewahren Sie sie so wie sie sind an einem kühlen Ort auf. Die jungen Möhren müssen nicht geschält werden. Es genügt, sie zu schaben und den Grünansatz abzuschneiden. Kaufen Sie im Winter keine in Plastikbeutel abgepackten Möhren. Sie sind voll mit Konservierungsmitteln, derb, oft holzig und haben keinen besonderen Geschmack. Ich rate Ihnen vielmehr, die schönen Möhren im Sommer und im Herbst zu kaufen und sie in Sand oder in Einmachgläsern zu lagern.

Solange sie jung und zart sind, gart man die Möhren am besten in einem Schmortopf im eigenen Saft. So bewahren sie ihr volles Aroma. Die großen Möhren kocht man hingegen im Ganzen oder in Stücke oder Scheibchen geschnitten in kochendem Salzwasser. Dann kann man daraus leckere Pürees und Cremesuppen, köstliche Flans und sogar Kuchen zubereiten, die man mit Vanille oder Zimt aromatisiert und mit Schlagsahne verziert.

Um ihre besondere Zartheit nicht zu beeinträchtigen, sollten Sie dazu einen Côtes-de-Provence-Roséwein oder einen leichten Weißwein aus Anjou auswählen. Es spricht aber auch nichts gegen einen jungen roten Côtes-de-Beaune-Burgunder.

MÖHRENFLANS

Möhren eignen sich sehr gut für die Zubereitung leckerer und hübsch anzusehender Flans, die man als Vorspeise genießen kann. Die Flans können im voraus zubereitet und kurz vor dem Auftragen im Wasserbad oder in der Mikrowelle aufgewärmt werden.

Die Möhren müssen lediglich zu einem Püree verarbeitet werden, das Sie anschließend mit Eiern, Milch oder süßer Sahne verfeinern. Schmekken Sie das Ganze dann nach Belieben ab und aromatisieren Sie es mit Gewürzen und anderen Aromastoffen Ihrer Wahl. Gegart werden die Flans etwa 30 Minuten in einem Wasserbad im heißen Ofen.

Von oben nach unten: Erbsenflan mit Curry (Rezept Seite 128), Blumenkohlflan (Rezept Seite 11[...]), kleine Spinatflans mit Kokosflocken (Rezept Seite 121), Möhrenflan mit Zimt (Rezept Seite 165).

RAHMMÖHREN MIT SCHNITTLAUCH

FÜR 4 bis 6 PERSONEN

Vorbereitungszeit: 30 Min.
Kochzeit: 25 Min.

800 g Möhren
30 g Butter
1 TL Zucker
1 Bund Schnittlauch
1 EL Zitronensaft
500 ml Wasser
1,5 EL Crème fraîche
1 Msp. geriebene Muskat-
nuß
Salz

Foto links

Schälen Sie die Möhren und schneiden Sie sie in 3 cm lange und 5 mm breite Stifte.

Waschen Sie diese in kaltem Wasser, lassen sie abtropfen und trocknen sie anschließend mit Küchenkrepp.

Geben Sie die Stifte dann mit der Butter, dem Zucker, dem Salz und der Muskatnuß in eine Kasserolle. Gießen Sie ca. 500 ml Wasser an, schließen Sie den Topf und lassen das Ganze etwa 20 Minuten auf mittlerer Flamme garen.

Öffnen Sie den Topf anschließend und lassen die Kochflüssigkeit auf großer Flamme vollständig einkochen.

Fügen Sie den Zitronensaft hinzu und kochen die Möhren kurz auf. Geben Sie dann die Crème fraîche dazu und lassen das Ganze nochmals 1 bis 2 Minuten aufwallen.

Schmecken Sie mit Salz ab und bestreuen Sie das Gemüse unmittelbar vor dem Servieren mit Schnittlauchröllchen.

Servieren Sie das Gericht in einer Gemüseschüssel.

MÖHRENFLANS MIT ZIMT

FÜR 4 PERSONEN

Vorbereitungszeit: 20 Min.
Ruhezeit: 30 Min.
Kochzeit: 45 Min.

200 g Möhren
15 g Butter
5 g Zucker
1 Msp. gemahlener Zimt
abgeriebene Schale
1 Orange
180 ml süße Sahne
1 Ei und 1 Eigelb
Salz
Pfeffer

Foto Seite 163

Hier ein Rezept für eine Süßspeise, die Sie zum Beispiel als Dessert mit einem guten Muscat de Beaumes-de-Venise genießen können. Ich empfehle Ihnen, die Flans mit einer süßen Zwiebelcreme zu umgießen, die ihre Zartheit auf wohlschmeckende Weise unterstreicht.

Waschen und schälen Sie die Möhren. Schneiden Sie sie dann in sehr feine Scheibchen und geben sie mit 10 g Butter, dem Zucker, dem Zimt und der abgeriebenen Orangenschale in eine Kasserolle. Bedecken Sie alles mit Wasser und lassen es zugedeckt auf kleiner Flamme aufkochen. Öffnen Sie nach 5 Minuten den Topf und lassen die Möhren so lange weiterkochen, bis die gesamte Flüssigkeit verdunstet ist. Die Möhren müssen weich und leicht karamelisiert sein.

Heizen Sie nun den Backofen auf 150°C vor. Lassen Sie die mit etwas Salz und Pfeffer gewürzte Sahne aufkochen und gießen Sie sie anschließend zusammen mit den Möhren in den Mixer. Verrühren Sie das Ganze gründlich, bis Sie eine dicke cremige Masse erhalten.

Fügen Sie das ganze Ei und das Eigelb hinzu und verrühren die Masse erneut.

Fetten Sie 4 Soufflé-Förmchen mit 8 cm Durchmesser mit Butter ein und füllen Sie sie mit der Möhrencreme. Stellen Sie die Förmchen in eine feuerfeste Form, die als Wasserbad dient, und füllen Sie diese bis zur halben Höhe der Soufflé-Förmchen mit Wasser.

Kochen Sie das Wasser auf dem Herd auf und geben Sie die Form danach für ca. 40 Minuten in den Ofen. Lassen Sie die Flans vor dem Stürzen 15 Minuten ruhen.

FÜR 4 BIS 6 PERSONEN

Vorbereitungszeit: 30 Min.
Kochzeit: 20 Min.

800 g Möhren
1 schöne fleischige grüne
Paprikaschote
Saft $^1/_2$ Orange
Schale 1 Orange
1 Msp. Zimt
50 g Butter
1 großen TL Honig
einige frische Koriander-
blättchen
Salz
Pfeffer

MÖHREN MIT GRÜNEN PAPRIKASCHOTEN

Schälen Sie die Möhren, waschen Sie sie und schneiden sie in dünne Scheibchen.

Schälen Sie die grüne Paprikaschote, entfernen Sie die Kerne, die weißen Teile und den Stielansatz und schneiden Sie das Fleisch in feine Streifen.

Schneiden Sie die Hälfte der Orangenschale in Streifen.

Blanchieren Sie die Orangenschale kurz in kochendem Wasser, schrecken Sie sie dann ab und lassen sie abtropfen.

Geben Sie die Möhren mit Salz, Pfeffer, dem Zimt, dem Honig, der Butter, dem Orangensaft und 150 ml Wasser in eine Kasserolle.

Kochen Sie das Ganze je nach Frische und Zartheit der Möhren ca. 10 bis 15 Minuten zugedeckt auf großer Flamme. Nehmen Sie dann den Deckel vom Topf, lassen die Kochflüssigkeit vollständig einkochen und die Möhren goldgelb anbräunen.

Fügen Sie anschließend die Paprikastreifen und die Orangenschale hinzu.

Servieren Sie die Möhren bestreut mit Korianderblättchen in einer Gemüseschüssel.

FÜR 4 PERSONEN

Vorbereitungszeit: 10 Min.
Backzeit: 45 Min.

100 g Möhren
50 g getrocknete
Aprikosen
100 g Mehl
100 g Zucker
1 Päckchen Backpulver
oder
1 Msp. kohlensaures
Natron
4 Eier
50 ml Mais- oder Erdnußöl
1 TL Vanillezucker
1 Msp. geriebene Muskatnuß
1 Prise Salz

Foto rechts

MÖHRENKUCHEN MIT APRIKOSEN

Schälen Sie die Möhren mit einem Küchenmesser und waschen Sie sie mit kaltem Wasser. Zerteilen Sie sie anschließend in Stücke und geben Sie sie zum Kochen in kaltes Wasser. Gießen Sie sie danach ab und pürieren sie im Mixer.

Schneiden Sie die getrockneten Aprikosen in kleine Würfel und weichen Sie diese 20 Minuten in lauwarmem Wasser ein.

Geben Sie das Mehl, den Zucker, das Backpulver, den Vanillezucker, die Eier, das Öl, die pürierten Möhren, die Muskatnuß und das Salz in eine Schüssel.

Verrühren Sie alle Zutaten gründlich mit dem Schneebesen, bis Sie einen glatten Teig erhalten.

Heizen Sie nun den Backofen auf 180°C (Stufe 1) vor und fetten Sie eine Springform mit 20 cm Durchmesser mit Öl ein.

Lassen Sie die Aprikosenwürfel in einem Sieb abtropfen und rühren Sie sie in den Teig. Füllen Sie diesen dann in die Form und geben sie für ca. 35 Minuten in den 180° C heißen Ofen.

Nehmen Sie den Kuchen anschließend heraus, lassen ihn 5 Minuten ruhen und stürzen ihn dann auf ein Gitter. Warten Sie, bis der Kuchen lauwarm ist und servieren Sie ihn dann mit einem Aprikosenpüree und mit Schlagsahne.

SCHWARZWURZELN HAFERWURZELN UND KNOLLENZIEST

Hafer- und Schwarzwurzel sind zwei verwandte Wurzelgemüse, die nur auf sandigem Boden gedeihen. Erstere sind weiß, letztere sind schwarz und seltener auf den Märkten anzutreffen. Bevor man diese zarten, lieblich schmeckenden Gemüse genießen kann, muß man allerdings erst einmal eine mühselige Schälprozedur auf sich nehmen, bei der man mit dem Haushaltsmesser ständig an kleinen fasrigen Knötchen hängenbleibt und bei der einem der Saft, den die Wurzeln absondern, an den Fingern klebt und sie sehr schnell schwarz färbt. Ich empfehle Ihnen, die Wurzeln unmittelbar nach dem Schälen in eine Schüssel mit kaltem Wasser zu legen, dem Sie etwas Branntweinessig oder Zitronensaft beigegeben haben. Um Ihre Hände zu reinigen, tauchen Sie ein Stück Zitrone in feines Salz, reiben Ihre gut abgetrockneten Hände damit ab und waschen sie anschließend mit kaltem Wasser. Sie können sie aber auch mit weißem Branntweinessig säubern.

Gießen Sie die Hafer- und die Schwarzwurzeln, die nicht zu lange im Wasser liegen sollten, dann ab, lassen sie abtropfen und zerteilen sie anschließend in 5 bis 6 cm lange Stücke. Danach garen Sie sie zunächst in einem Mehlwasser vor und lassen sie dann, beispielsweise in Bratensaft vom Kalb, langsam in einem Schmortopf fertiggaren. Man kann sie aber auch, nachdem man sie in Mehlwasser vorgegart hat, in einen Fritierteig tauchen und daraus ausgezeichnete Beignets zubereiten.

Der Knollenziest stammt eigentlich aus Japan, wird aber schon seit langem auch in Frankreich angebaut. Er sieht aus wie eine kleine gedrechselte, perlmuttartig schimmernde Wurzel.

Er muß nicht geschält werden, was im übrigen auch fast unmöglich wäre. Sie müssen ihn lediglich waschen und ihn unter fließendem Wasser etwas abbürsten. Wie frisch er ist, kann man an der Farbe erkennen: Sie darf nicht bräunlich sein. Und die Wurzeln müssen fest sein. Nachdem er gewaschen und abgetropft ist, gart man den Knollenziest in kochendem Salzwasser. Etwa 15 Minuten Kochzeit reichen aus. Dieses Gemüse, das einen genauso feinen Geschmack hat wie die Haferwurzel, kommt am besten mit gehaltvollen, pikant abgeschmeckten Saucen (Kräutermischungen, Sahne) zur Geltung. Er eignet sich hervorragend als Beilage zu gebratenem weißem Fleisch (Kalb, Schwein), und man kann daraus schmackhafte Gratins und feine Beignets herstellen, die sehr originell aussehen.

SALAT AUS HAFERWURZEL-TRIEBEN

Im Winter kann man die Hafer- und Schwarzwurzeln sehr gut lagern, wenn man sie in Sand eingräbt. Schneiden Sie dazu die langen grünen Blätter unmittelbar über der Wurzel ab und graben Sie die Wurzeln 10 cm tief in Sand ein. Nach einer Woche zeigen sich dann kleine weiße Triebe. Diese zarten, leicht bitteren Triebe schmecken köstlich, wenn man daraus mit einer Vinaigrette mit Walnuß- oder Haselnußöl einen Salat zubereitet.

Knollenziest
in Mehlwasse
gekocht mit
Petersilie, Re
zept Seite 17

KARAMELISIERTE SCHWARZWURZELN

FÜR 4 PERSONEN

Vorbereitungszeit: 30 Min.
Ruhezeit: 20 Min.
Kochzeit: 15 Min.

800 g Schwarzwurzeln
2 EL Mehl
4 EL weißer Branntwein-
essig
40 g Butter
8 EL Orangensaft
1 TL Puderzucker
Schale $1/2$ Orange
einige Kerbelblättchen
grobkörniges Salz
Salz
Pfeffer

Schälen Sie die Schwarzwurzeln mit einem Haushaltsmesser und schneiden Sie die Enden ab. Geben Sie sie anschließend sofort in eine Schüssel mit kaltem Wasser, dem Sie den Branntweinessig zugegeben haben.

Schneiden Sie sie dann in 6 cm lange Stifte und halbieren Sie die dickeren Stücke nochmals der Länge nach.

Stellen Sie nun ein Mehlwasser her: Geben Sie dazu die 2 EL Mehl in ein Sieb und lassen Sie einen Strahl kaltes Wasser darüberlaufen. Geben Sie die Schwarzwurzeln in das Mehlwasser, salzen Sie und kochen Sie das Ganze auf. Lassen Sie es etwa 5 Minuten sprudelnd kochen, schalten Sie den Herd dann aus, decken den Topf zu und lassen die Wurzeln ca. 20 Minuten abkühlen.

Schälen Sie die Orange mit einem Haushaltsmesser zur Hälfte ab und schneiden Sie die Schale in feine Streifen. Geben Sie diese anschließend zum Blanchieren kurz in kochendes Wasser. Bevor das Wasser erneut zum Kochen kommt, gießen Sie sie ab und schrecken sie mit kaltem Wasser ab. Stellen Sie sie dann auf die Seite.

Lassen Sie die Schwarzwurzeln in einem Sieb abtropfen, spülen Sie sie anschließend gut mit lauwarmem Wasser ab und trocknen Sie sie in einem Tuch.

Schwitzen Sie die Butter in einer Pfanne goldgelb an, geben Sie die Schwarzwurzeln hinein und lassen sie goldgelb anbräunen. Bestreuen Sie sie nun mit Zucker, lassen Sie sie karamelisieren und beträufeln sie mit Orangensaft. Lassen Sie anschließend die Flüssigkeit zu einem zähflüssigen Sirup einkochen.

Schmecken Sie mit Salz und Pfeffer ab, fügen Sie die Orangenschale und die Kerbelblättchen hinzu und servieren Sie das Gericht heiß.

HAFERWURZELN MIT BRATENSAFT

FÜR 4 PERSONEN

Vorbereitungszeit: 30 Min.
Ruhezeit: 20 Min.
Kochzeit: 25 Min.

800 g Haferwurzeln (oder
Schwarzwurzeln)
30 g Butter
120 ml Hühnerbrühe oder
Bratensaft vom Schwein
oder Kalb
30 g glatte Petersilie
4 EL weißer Branntwein-
essig
2 EL Mehl
grobkörniges Salz
Salz
Pfeffer

Foto links

Schälen Sie die Haferwurzeln mit einem Haushaltsmesser, schneiden Sie die Enden ab und legen Sie sie in eine Schüssel mit kaltem Wasser, dem Sie den Branntweinessig zugegeben haben. Gießen Sie sie anschließend ab und spülen Sie sie ab.

Zerteilen Sie die Wurzeln in 5 bis 6 cm lange Stifte.

Stellen Sie dann ein Mehlwasser her: Geben Sie dazu das Mehl in ein Sieb, das Sie über einen großen Kochtopf halten und lassen Sie etwas kaltes Wasser darüberlaufen. Rühren Sie mit einem Kochlöffel um, damit sich das Mehl gut im Wasser auflöst.

Fügen Sie 1 EL grobkörniges Salz hinzu und geben Sie die Haferwurzeln in das Mehlwasser.

Kochen Sie das Ganze auf und lassen es dann weitere 5 Minuten kochen. Schalten Sie den Herd danach aus und lassen die Wurzeln 20 Minuten ruhen.

Zupfen Sie die Petersilie ab, waschen Sie sie und wiegen Sie sie fein.

Schwitzen Sie die Butter in einer Pfanne goldgelb an, geben Sie die Haferwurzeln hinein und lassen Sie sie goldgelb anbräunen.

Gießen Sie dann die heiße Hühnerbrühe oder den Bratensaft dazu und lassen ihn zu einer dickflüssigen Sauce einkochen.

Schmecken Sie mit Salz und Pfeffer ab und servieren Sie das Gericht mit der gehackten Petersilie bestreut in einer vorgewärmten Schüssel.

FÜR 4 PERSONEN

Vorbereitungszeit: 20 Min.
Ruhezeit: 15 Min.
Kochzeit: 20 Min.

400 g Knollenziest
135 ml eisgekühltes Bier
100 g Mehl
3 l geschmacksneutrales
Fritieröl (Mais- oder
Erdnußöl)
2 bis 3 Zitronen
8 EL Branntweinessig
Salz

FRITIERTER KNOLLENZIEST

Nachdem Sie den Knollenziest sorgfältig unter fließendem Wasser abgebürstet haben, legen Sie ihn kurz in Essigwasser, lassen ihn dann abtropfen und stellen ihn anschließend ca. 15 Minuten in den Kühlschrank.

Verrühren Sie in der Zwischenzeit das Mehl und das eisgekühlte Bier in einer Salatschüssel zu einem Teig, der die Konsistenz eines etwas dickeren Crêpe-Teigs haben sollte. Geben Sie den gut gekühlten Knollenziest in den Teig und vermengen Sie das Ganze.

Erhitzen Sie nun die Friteuse auf 180 °C.

Nehmen Sie den Knollenziest mit einem Löffel aus dem Teig und geben Sie die Wurzeln in das Fritierfett. Bereiten Sie nie mehr als 8 Beignets gleichzeitig zu, damit die einzelnen Beignets nicht zusammenkleben und das Öl nicht zu schnell abkühlt.

Zerteilen Sie die Zitronen in 8 Viertel.

Wenden Sie die Beignets mit einem Schaumlöffel und lassen Sie sie nach etwa 5 Minuten, sobald sie rundherum eine goldgelbe Farbe angenommen haben, auf Küchenkrepp oder auf einem Tuch abtropfen.

Schmecken Sie anschließend mit Salz ab und servieren Sie die Beignets mit den Zitronenvierteln.

FÜR 4 PERSONEN

Vorbereitungszeit: 30 Min.
Ruhezeit: 1 Std.
Kochzeit: 20 Min.

500 g Knollenziest
2 EL Mehl
1 Zweig Bohnenkraut
80 g Butter
40 g Schalotten
1 Knoblauchzehe
40 g Petersilie
8 EL Branntweinessig
Salz
Pfeffer

KNOLLENZIEST MIT PETERSILIE

Waschen Sie den Knollenziest mehrmals in frischen Wasser, um die Erde vollständig zu entfernen, und bürsten Sie die Wurzeln gegebenenfalls ab.

Gießen Sie ca. 4 l Wasser und den Branntweinessig in eine Suppenschüssel und legen Sie den Knollenziest für etwa 1 Std. hinein. Lassen Sie ihn dann gut abtropfen und spülen Sie ihn unter fließendem Wasser ab.

Geben Sie die Wurzeln anschließend in eine große Kasserolle. Nehmen Sie ein Haarsieb oder ein trichterförmiges Sieb und schütten Sie das Mehl hinein. Halten Sie das Sieb über den Topf mit dem Knollenziest und lassen Sie etwas Wasser über das Mehl laufen (so stellt man ein Mehlwasser her).

Füllen Sie die Kasserolle mit ca. 3 l kaltem Wasser auf, salzen Sie und fügen Sie den Zweig Bohnenkraut zu.

Kochen Sie das Wasser auf, lassen es anschließend 5 Minuten sprudelnd kochen und lassen den Knollenziest danach in der Kochflüssigkeit abkühlen. Gießen Sie ihn ab, sobald er lauwarm ist. Hacken Sie in der Zwischenzeit getrennt die Schalotte, den Knoblauch und die Petersilie. Wenn der Knollenziest abgetropft ist, schwitzen Sie die Butter in einer Pfanne goldgelb an, geben die Wurzeln hinein und braten Sie goldgelb an. Fügen Sie dann die Schalotte hinzu und braten Sie das Ganze weitere 3 bis 4 Minuten.

Geben Sie danach den Knoblauch und die Petersilie dazu, schmecken Sie mit Salz und Pfeffer ab und servieren Sie.

Variation:
Sie können die Petersilie auch durch 4 EL Crème fraîche ersetzen.

WEISSE RÜBCHEN PASTINAKEN UND STECKRÜBEN

Die Rüben werden gelegentlich mit Geringschätzung behandelt. Zu Unrecht, wie ich meine, denn wenn man sie sorgfältig auswählt, ergeben sie ein zartes Gemüse mit einem köstlich süßlichen Geschmack. Rüben treten in sehr unterschiedlichen Erscheinungsformen auf: weiß und länglich oder rund mit malvenfarbener Maserung (in manchen Gegenden heißen sie dann Speiserüben), manchmal sind sie orange-gelb oder länglich und schwarz.

Ihr Geschmack ist je nach Sorte verschieden. Ich esse am liebsten die weißen Rübchen, vor allem, wenn sie noch jung und zart und nicht dicker als ein Finger sind, in Butter geschwenkt und leicht gezuckert. Aus Speiserüben, die kräftiger im Geschmack sind, kann man mit Kartoffeln und Rahm oder indem man sie ganz einfach in Butter und Zucker glaciert, vorzügliche Gerichte zubereiten. Einer Brühe verleihen sie ihren unverkennbaren Eigengeschmack, und ich behaupte, daß ein Eintopf erst dann richtig gut schmeckt, wenn man einige Speiserüben darin mitgekocht hat.

Welche Rübe Sie auch immer verwenden, Sie sollten stets kleine, schöne feste Exemplare mit einer dünnen, glatten Schale aussuchen. Größere Rüben können hohl und wurmig sein.

Pastinaken werden fast nur noch im Westen Frankreichs und auf den Kanalinseln angebaut. Das ist sehr bedauerlich, denn dieses Gemüse, das an große weiße Möhren erinnert, hat einen intensiven Eigengeschmack und ergibt gute Eintopfgerichte oder Gratins. Dem kräftigen Charakter der Pastinaken sollte man cremige, süßliche Saucen entgegensetzen, und auch mit Kartoffeln kann er auf wohlschmeckende Weise gemildert werden. Zubereitet werden die Pastinaken wie Möhren.

Die Steckrübe, diese gedrungene Knolle, die aussieht wie ein grüner oder gelber Kreisel, weckt noch immer schlechte Erinnerungen bei uns. In kleinen Mengen in einem Eintopf mitgekocht, verleiht sie diesem einen angenehmen Geschmack. Doch sie kann durchaus auch als eigenständiges Gericht gegessen werden. Gut zubereitet, mit einer pikant abgeschmeckten Sahnesauce gereicht, wird Sie die Steckrübe mit einem feinen Geschmack und einer zarten Beschaffenheit überraschen.

CREMESUPPE AUS WEISSEN RÜBCHEN UND KARTOFFELN

Hier nun nochmals eine der herzhaften, wärmenden und einfachen Cremesuppen, die zu meinem Leidwesen allzusehr in Vergessenheit geraten sind.

Dünsten Sie den in dünne Ringe geschnittenen weißen Teil einer Lauchstange in etwas Butter auf sehr kleiner Flamme an, fügen Sie 120 g geschälte und in feine Scheibchen geschnittene, längliche oder runde weiße Rübchen und eine geschälte, weichgekochte, in grobe Würfel zerteilte Kartoffel hinzu. Rühren Sie mit einem Holzpfannenwender um und geben Sie etwas Wasser oder kalte Hühnerbrühe zu. Salzen Sie und lassen Sie das Ganze aufkochen. Lassen Sie es anschließend so lange weiterkochen, bis die Kartoffelwürfel zerfallen. Pürieren Sie das Gemüse dann im Mixer.

Fügen Sie kochende Milch, in der Sie ein großes Stück Butter geschmolzen haben, hinzu. Lassen Sie das Ganze erneut aufkochen, schalten Sie den Herd dann aus, schmecken Sie die Suppe mit 1 Msp. geriebener Muskatnuß ab und servieren Sie.

WEISSE RÜBCHEN MIT JOHANNISBEEREN

FÜR 4 PERSONEN

Vorbereitungszeit: 30 Min.
Kochzeit: 15 Min.

400 g kleine weiße
Rübchen ohne Kraut
100 g Johannisbeeren
(möglichst mit ein paar
Blättern)
120 ml Hühnerbrühe
30 g Butter
1 EL Streuzucker
Salz
Pfeffer

Foto links

In diesem Gericht gehen die süßlichen weißen Rübchen und die säuerlichen Johannisbeeren eine geglückte Verbindung ein. Ihre Gäste werden zwar vielleicht angesichts der fruchtigen Farbe Ihres Gemüses etwas erstaunt sein, aber seien Sie versichert, sie werden es sich schmecken lassen. Wenn Sie die Rübchen zu einer gebratenen Ente servieren, können Sie außerdem die traditionelle Ente mit Rübchen auf köstliche und ungewöhnliche Weise wiederaufleben lassen.

Legen Sie vier schöne Johannisbeertrauben zur Seite. Zupfen Sie die restlichen Beeren über einer kleinen Stielpfanne ab und fügen Sie 4 EL Wasser hinzu. Lassen Sie die Beeren aufkochen und schalten Sie den Herd dann aus.

Geben Sie die Beeren mit dem Saft in ein feines Sieb, zerdrücken Sie sie über einer Schüssel mit einem Kochlöffel und pressen so den Saft vollständig heraus. Stellen Sie den Saft anschließend auf die Seite.

Schälen Sie nun die Rübchen mit einem Haushaltsmesser. Wenn sie unregelmäßig geformt sind, versuchen Sie, sie alle auf eine Größe zurechtzuschneiden. Geben Sie sie dann in eine Kasserolle mit leichtgesalzenem Wasser und lassen sie kurz aufkochen. Gießen Sie sie anschließend in ein Sieb ab.

Geben Sie den Johannisbeersaft und die Hühnerbrühe in einen mittelgroßen Schmortopf und fügen Sie die Hälfte der Butter, die Rübchen und den Zucker hinzu. Salzen Sie leicht und berücksichtigen Sie dabei, daß die Hühnerbrühe bereits gesalzen ist.

Decken Sie den Schmortopf zu und lassen Sie das Ganze ca. 5 Minuten auf mittlerer Flamme kochen. Nehmen Sie dann den Deckel ab und schalten Sie den Herd auf große Flamme. Lassen Sie die Flüssigkeit vollständig einkochen und wenden Sie die Rübchen dabei laufend um, bis sie glaciert sind. Geben Sie anschließend die restliche Butter dazu und würzen Sie mit Pfeffer aus der Mühle.

Richten Sie die gut in der Butter geschwenkten Rübchen auf vorgewärmten Tellern oder einer vorgewärmten Platte an.

Garnieren Sie sie mit den Johannisbeertrauben und, wenn möglich, mit einigen Johannisbeerblättchen.

RÜBEN-KARTOFFEL-GRATIN NACH ART MEINER MUTTER

Hier nun ein feines, leckeres und sättigendes Gericht, dem – dessen bin ich ganz sicher – selbst diejenigen nicht widerstehen werden können, die die Rübe zu Unrecht als Gemüse der Armen ansehen! Jedenfalls war es eines der Lieblingsgerichte, die ich mir von meiner Mutter zubereiten ließ.

FÜR 6 PERSONEN

Vorbereitungszeit: 15 Min.
Kochzeit: 45 bis 50 Min.

500 g längliche oder
runde weiße Rübchen
500 g Kartoffeln (Bintje)
300 ml süße Sahne
50 bis 80 g geriebener
Gruyère
40 g frische Butter
1 Msp. geriebene Muskat-
nuß
grobkörniges Salz
Salz
Pfeffer

Geben Sie die gut gewaschenen Kartoffeln mit der Schale in kaltes Salzwasser und kochen oder dünsten Sie sie 20 Minuten.

Schälen Sie die weißen Rübchen und geben Sie sie ebenfalls zum Kochen oder Dünsten 15 Minuten in kaltes Salzwasser. Sie müssen anschließend weich sein, aber noch etwas Biß haben.

Schrecken Sie die Kartoffeln kurz ab, damit Sie sich beim Schälen nicht verbrennen, und schneiden Sie sie dann in Scheiben.

Machen Sie dasselbe mit den Rüben.

Heizen Sie Ihren Backofen auf 160–180 °C (Stufe 1) vor.

Gießen Sie die Sahne in eine flache Kasserolle, fügen Sie Salz, Pfeffer und die geriebene Muskatnuß hinzu und

lassen Sie sie langsam aufkochen. Geben Sie dann das in Scheiben geschnittene Gemüse hinein. Rühren Sie gut um, aber achten Sie darauf, daß das Gemüse nicht zerdrückt wird.

Geben Sie das Ganze anschließend in eine mit Butter gefettete Auflaufform.

Streuen Sie den geriebenen Käse und Butterflöckchen darüber und geben Sie das Gericht für 20 bis 30 Minuten in den Ofen.

Wenn Sie wollen, können Sie das das Gemüse ganz zum Schluß noch gratinieren. Geben Sie die Form dazu auf die oberste Schiene des Backofens und schalten Sie den Thermostat auf 250 °C (Stufe 5). Überwachen Sie das Gericht dabei sorgsam.

FÜR 4 PERSONEN

Vorbereitungszeit: 15 Min.
Kochzeit: 20 Min.

250 g schön regelmäßig
geformte weiße Rübchen
50 g Butter
1 EL Stärkemehl
1 TL Puderzucker
1/2 TL gemahlener Karda-
mom
Salz

Foto rechts

RÜBENKÜCHLEIN MIT KARDAMOM

Klären Sie die Butter in einer Stielpfanne, indem Sie sie langsam zerlaufen lassen und anschließend die Molke abschöpfen.

Nehmen Sie nun 4 kleine Crêpe- (oder Blini-) Pfannen mit 10 cm Durchmesser und geben Sie in jede der Pfannen 1 großen EL geklärte Butter.

Mischen Sie in einer Schüssel das Stärkemehl, den Puderzucker und das Kardamompulver. Geben Sie ca. 2 EL kaltes Wasser dazu und verrühren Sie das Ganze mit dem Schneebesen.

Nachdem Sie die Rüben geschält und die Enden abgeschnitten haben, schneiden Sie sie mit einem Küchenmesser oder einem Gemüseschneider

in sehr feine Scheiben. Ziehen Sie jede der Scheiben durch die Mischung aus Wasser, Stärkemehl, Zucker und Kardamom und geben Sie sie dann in die Pfannen. Richten Sie die Rübenscheiben so aus, daß eine Rosette entsteht. Die Scheibchen sollten sich dabei um etwa 1 cm überlappen.

Erhitzen Sie die Pfannen auf mittlerer Flamme, lassen Sie die Rosetten zunächst von einer Seite goldgelb anbräunen, wenden Sie sie dann, damit sie nicht zerbrechen, mit einem großen Pfannenwender und lassen sie auf der anderen Seite goldgelb werden.

Verteilen Sie die Küchlein auf 4 Teller und salzen Sie sie unmittelbar vor dem Auftragen.

PASTINAKEN-KARTOFFEL-GRATIN

FÜR 4 PERSONEN

Vorbereitungszeit: 10 Min.
Kochzeit: 50 Min.

400 g Pastinaken
400 g Kartoffeln
300 ml süße Sahne
1 Msp. geriebene Muskatnuß
60 g geriebener Gruyère
grobkörniges Salz
Salz
Pfeffer

Schälen Sie die Pastinaken und schneiden Sie sie in 4 mm dicke Scheiben.

Geben Sie die ungeschälten Kartoffeln zum Kochen in kaltes Salzwasser.

Kochen Sie die in Scheiben geschnittenen Pastinaken in 4 l Salzwasser etwa 20 Minuten weich und gießen Sie sie dann sofort ab.

Schälen Sie die Kartoffeln und schneiden Sie sie ebenfalls in 4 mm dicke Scheiben.

Gießen Sie die Sahne in eine Kasserolle und fügen Sie die geriebene Muskatnuß hinzu. Salzen Sie und würzen Sie mit Pfeffer aus der Mühle.

Lassen Sie die Sahne aufkochen, geben Sie die Pastinaken und die Kartoffeln hinein und lassen das Ganze 10 Minuten kochen.

Füllen Sie das Gemüse anschließend in eine Auflaufform, verstreichen Sie es gleichmäßig und bestreuen Sie es mit dem geriebenen Gruyère. Schieben Sie das Gratin dann für 20 Minuten in den auf 210°C vorgeheizten Ofen, bis es eine schöne goldgelbe Farbe hat.

STECKRÜBEN MIT PETERSILIE IN CREMIGER SAUCE

FÜR 4 PERSONEN

Vorbereitungszeit: 25 Min.
Kochzeit: 30 bis 35 Min.

1 kg Steckrüben
3 gehäufte EL Crème fraîche
100 g Kartoffeln
20 g Petersilie
10 g Schnittlauch
1/2 Knoblauchzehe
1 Msp. geriebene Muskatnuß
grobkörniges Salz
Salz
Pfeffer

Hier nun ein Rezept, das Sie vielleicht mit der Kohlrübe versöhnen wird, falls sie noch immer traurige Erinnerungen bei Ihnen wecken sollte. Dazu können Sie zum Beispiel einen Côte-de-Chanturgues-Rotwein trinken.

Schälen Sie die Steckrüben, zerteilen Sie sie in grobe Würfel und waschen sie gründlich mit kaltem Wasser. Schälen Sie dann die Kartoffeln und schneiden Sie sie in kleine Würfel. Waschen Sie sie und trocknen sie sorgfältig ab.

Kochen Sie 1 l Wasser mit 1 kleinen Handvoll grobkörnigem Salz auf. Sobald das Wasser kocht, geben Sie die gut getrockneten Kartoffeln hinein, lassen sie etwa 7 Minuten auf kleiner Flamme garen und gießen sie dann ab.

Geben Sie gleichzeitig die Rüben in kaltes Salzwasser und lassen sie nach dem Aufkochen 20 Minuten garen.

Gießen Sie sie anschließend in ein Sieb ab.

Waschen Sie die Kräuter und wiegen Sie sie fein. Ziehen Sie die Knoblauchzehe ab und hacken Sie die Hälfte der Zehe sehr fein.

Geben Sie die Crème fraîche in eine flache Kasserolle, salzen Sie sie und lassen sie aufkochen. Sobald sie kocht, geben Sie die noch warmen Kartoffeln hinein und lassen sie auf kleiner Flamme köcheln, bis sie zu zerfallen beginnen.

Fügen Sie nun die Rüben, die geriebene Muskatnuß, den gehackten Knoblauch, die Petersilie und den Schnittlauch hinzu.

Schmecken Sie mit Salz und Pfeffer ab und servieren Sie.

ZWIEBELN SCHNITTLAUCH UND SCHALOTTEN

Was wäre ein Sud, eine Marinade, ein Salat, eine Cremesuppe, ein Braten, ein Eintopf, ein Frikassee, ein Fischragout oder eine Sauce ohne die Zwiebel? Kurz, was wäre unsere gesamte Küche ohne sie? Überall bringt sie ihre kleine würzige und doch süßliche Note, ihre leichte, angenehme Klebrigkeit ein. Sie ist das kleine »Tüpfelchen auf dem i«, ohne das ein Gericht unfertig erscheint. Aber warum sollte man die Zwiebel, die stets einen wertvollen Beitrag zum Gelingen der besten Gerichte leistet, nicht auch als eigenständiges Gemüse zubereiten können?

Im Frühjahr kommen die Bündel mit den jungen, weißen, perlmuttartig schimmernden Zwiebeln auf die Märkte, in die man mit großem Appetit hineinbeißen oder die man in feine Ringe geschnitten in einem Salat genießen kann.

Sie sind sehr schnell zubereitet, werden ganz zart und können in Zucker glaciert zu gebratenem Fleisch, vor allem

KÖSTLICHES ZWIEBEL-REIS-PÜREE

Hier nun ein Gericht, das Ihnen aus wenigstens drei Gründen in Erinnerung bleiben wird: Es wird sie viel Zeit und viele Tränen kosten und es wird ein großer Genuß sein!

Nehmen Sie eine flache, hermetisch verschließbare Kasserolle, kleiden Sie den Boden und die Wände mit dünnen Speckscheiben aus und schneiden Sie dann, direkt in der Kasserolle, mindestens 1 kg weiße Zwiebeln oder gelbe Gemüsezwiebeln in sehr feine Ringe. Fügen Sie 1 Handvoll grobkörniges Salz hinzu und mischen Sie es unter die Zwiebeln. Bedecken Sie die Zwiebeln dann mit Räucherspeckscheiben, schließen Sie den Topf und geben ihn für mindestens 2 Stunden in den auf 130°C vorgeheizten Backofen.

Bringen Sie in der Zwischenzeit 1 guten Liter Salzwasser zum Kochen und geben Sie 250 g Rundkornreis (bzw. $1/4$ der Menge der Zwiebeln) hinein. Lassen Sie den Reis 7 bis 8 Minuten garen und gießen ihn dann in ein Sieb ab.

Sobald die Zwiebeln weich sind, nehmen Sie den Räucherspeck aus dem Topf und streuen den Reis über die Zwiebeln. Legen Sie die Speckscheiben anschließend wieder darauf, schließen den Topf wieder und geben ihn nochmals für 40 Minuten in den Ofen. Entfernen Sie danach den Speck und pürieren den Reis mit den Zwiebeln im Mixer. Fügen Sie ein etwa eigroßes Stück Butter hinzu und verrühren das Ganze gründlich mit einem Kochlöffel. Servieren Sie das Püree heiß zu gebratenem Fleisch.

vom Schwein oder Kalb, gereicht werden. Die Stengel können, wenn sie zart sind, ebenfalls gegessen werden. Man kann sie roh fein hacken und einen Salat oder Käse damit würzen, oder man kann sie kochen und daraus ein feines Püree zubereiten, das man zum Beispiel zu Kalbskoteletts oder -nieren servieren kann.

Die dicke gelbe Gemüse- oder Winterzwiebel verleiht einem Saucenfond, einem Fleisch- oder Fischsud oder einer Suppe ihren kräftigen Eigengeschmack. Man entfernt ihre schöne Schale, die sich zum Färben eignet (in der Küche wird sie verwendet, um klare Brühen oder die Schalen hartgekochter Eier zu färben), und schneidet sie in Scheiben, die man in Öl fritieren oder als Beignets zubereiten kann.

Die rote Zwiebel, die eine runde oder längliche Form haben kann und im Sommer auf den Märkten zu breiten Zöpfen gebunden angeboten wird, hat einen sehr feinen, etwas süßlichen

Geschmack. Man ißt sie vorwiegend roh, in Ringe geschnitten, in einem Salat, mit etwas Olivenöl und Weinessig beträufelt, oder man taucht sie ganz einfach in grobkörniges Salz.

Auf Hawaii soll es eine rote Zwiebelsorte geben, die man wie Äpfel ißt. Doch ich muß gestehen, daß ich sie nicht kenne ...

Welche Zwiebelsorte Sie auch immer verwenden, achten Sie stets darauf, daß die Zwiebeln fest sind, keine Triebe haben und nicht schimmlig sind. Wenn Sie sie nicht gleich verbrauchen können, lagern Sie sie an einem trockenen, luftigen und lichtgeschützten Platz. Und denken Sie, wenn der Augenblick des Schälens gekommen ist und Sie Ihre Tränen nicht mehr zurückhalten können, daran, daß Sie die Reizung Ihrer Schleimhäute höchstens dadurch lindern können, daß Sie in der Küche für frische Luft sorgen. Die Methode, die Zwiebeln unter fließendem Wasser zu schälen, ist zwar wirksam, doch geht dabei ein Teil des Zwiebelsaftes und somit auch ein Teil ihres Geschmacks verloren. Finden Sie sich einfach damit ab! Manchmal muß man eben leiden, bevor man seinen Appetit stillen kann.

Die Frühlingszwiebel, eine nahe Verwandte der weißen Zwiebel, ist ein Mittelding zwischen weißer Zwiebel, Schalotte und Schnittlauch und sieht aus wie kleiner, gebündelter Lauch. Da sie auf den Märkten nur kurze Zeit im Jahr, etwa von Mitte des Frühjahrs bis zum Sommeranfang, angeboten wird, entgeht sie einem oft und ist – bedauerlicherweise – immer seltener anzutreffen. Wenn Sie sie einmal auf einem Markt sehen oder sie selbst anbauen können, sollten Sie keinesfalls darauf verzichten. Man muß sie kaum schälen und wenn man sie dann im Schmortopf mit etwas Butter und einem Stück Kalbfleisch im eigenen Saft gart, wird sie vollkommen zart, und das Fleisch nimmt ihr Aroma in sich auf. Einfach köstlich!

Ob sie nun klein und grau oder rund und rosig ist, die Schalotte ähnelt, zumindest was ihren süßlichen, pikanten Geschmack betrifft, der Zwiebel. Der Geschmack erinnert mich etwas an den Geschmack von Fleisch. Das erklärt vielleicht, weshalb sie so gut zu dunklem Fleisch paßt. Die graue Schalotte, die sehr intensiv im Geschmack ist, wird eigentlich kaum als Gemüse gegessen. Sie wird vielmehr für die Zubereitung von Saucen verwendet.

Zu den Zwiebeln, die durch das Garen sehr mild werden, paßt ebensogut ein weißer Hermitage oder ein Pouilly-Fuissé wie auch ein junger Rotwein, beispielsweise ein Juliénas oder ein Coteaux-d'Aix- oder ein Côte-de-Provence-Wein.

Kleine glacie Zwiebeln mit Korinthen, Rezept Seite (Foto rechts)

GEBRATENE WEISSE ZWIEBELN

FÜR 4 PERSONEN

Vorbereitungszeit: 15 Min.
Kochzeit: 1 Std.

12 weiße Zwiebeln à 40 bis
50 g
200 grobkörniges Salz
60 g Butter (nach
Belieben)
mit etwas Butter ange-
reicherter Bratensaft (nach
Belieben)

Die in grobkörnigem Salz gebratenen weißen Zwiebeln sind eine Köstlichkeit, die Sie entweder einfach so oder als Beilage zu einem Kalbsbraten genießen können. Ein ähnliches Resultat erzielen Sie, wenn Sie die Zwiebeln in Alufolie in der Kaminglut garen.

Befreien Sie die Zwiebeln von Erdresten, schälen Sie sie aber keinesfalls.

Heizen Sie den Backofen auf 150°C vor. Schichten Sie die Zwiebeln mit den Wurzeln nach unten in eine feuerfeste Form, die Sie mit dem grobkörnigen Salz ausgestreut haben, und geben Sie sie dann für 40 Minuten in den Ofen. Prüfen Sie anschließend durch Einstechen mit einem kleinen Messer, ob die Zwiebeln gar sind. Die Messerspitze muß mühelos in das Fleisch eindringen.

Sollten Sie noch nicht weich genug sein, geben Sie sie nochmals in den Ofen und überwachen sie dabei sorgsam.

Sobald die Zwiebeln gar sind, schneiden Sie den Wurzelansatz ab und entfernen die beiden äußeren Häute.

Sie können sie jetzt entweder so wie sie sind mit grobkörnigem Salz servieren oder sie zuvor noch in zerlaufener Butter oder auch in mit Butter angereichertem Bratensaft wenden.

Servieren Sie sie Zwiebeln heiß.

KLEINE GLACIERTE ZWIEBELN MIT KORINTHEN

FÜR 4 PERSONEN

Vorbereitungszeit: 25 Min.
Kochzeit: 30 Min.

600 g kleine Zwiebeln
(nach Möglichkeit frische
weiße Zwiebeln)
3 EL Korinthen
60 g Butter
1 EL Zucker
120 ml Hühnerbrühe
1 Lorbeerblatt
Salz
Pfeffer

Foto Seite 181

Dieses Gericht wird noch besser im Geschmack, wenn Sie es mit kleinen, frischen Zwiebeln zubereiten. Es kann als leckere Vorspeise gereicht werden. Ich kann Ihnen auch empfehlen, es als Beilage zu Schweine- oder Kalbsbraten, gekochtem Schinken, gegrillter Jungschweinekeule... zu servieren.

Schälen Sie die kleinen Zwiebeln. Achten Sie dabei darauf, daß Sie nur die äußerste Schale entfernen.

Weichen Sie die Korinthen in einer Schüssel mit lauwarmem Wasser ein und gießen Sie sie nach 10 Minuten ab.

Geben Sie die Butter, die kleinen Zwiebeln, den Zucker, die Hühnerbrühe und das Lorbeerblatt in einen Schmortopf.

Lassen Sie das Ganze je nach Größe der Zwiebeln ca. 15 bis 20 Minuten auf mittlerer Flamme garen. Prüfen Sie anschließend durch Einstechen mit einem kleinen Messer, ob die Zwiebeln gar sind, und fügen Sie, wenn die Zwiebeln weich sind, die Korinthen hinzu.

Lassen Sie dann die Kochflüssigkeit auf großer Flamme vollständig einkochen und lassen Sie die Zwiebeln karamelisieren. Schmecken Sie mit Salz und Pfeffer ab, entfernen Sie das Lorbeerblatt und servieren Sie.

**Eine der zah
reichen Sch
tenarten
(Foto rechts**

182

SHERRY-ZWIEBELN

FÜR 4 PERSONEN

Vorbereitungszeit: 15 Min.
Kochzeit: 2 Std.

8 mittelgroße weiße oder
gelbe Zwiebeln
30 g Butter
1 EL Puderzucker
8 EL trockener Sherry
1 TL Tomatenmark
120 ml Hühnerbrühe
2 Lorbeerblätter
2 EL Sojasauce
1 TL Kartoffel- oder
Maismehl
Salz
Pfeffer

Schälen und waschen Sie die Zwiebeln und trocknen Sie sie mit Küchenkrepp.

Zerlassen Sie die Butter in einem Schmortopf und schichten Sie die geschälten Zwiebeln hinein. Fügen Sie den Puderzucker und den Sherry hinzu, bringen Sie das Ganze zum Kochen und lassen anschließend die Flüssigkeit um die Hälfte einkochen. Verrühren Sie die Hühnerbrühe in einer Schüssel mit dem Tomatenmark, gießen Sie sie über die Zwiebeln und salzen Sie leicht. Berücksichtigen Sie dabei, daß die Hühnerbrühe bereits Salz enthält.

Geben Sie die 2 Lorbeerblätter dazu, lassen Sie das Ganze aufkochen und decken es zu. Lassen Sie es auf sehr kleiner Flamme oder noch besser im auf 130 °C vorgeheizten Ofen ca. 2 Stunden garen und überwachen

Sie es dabei. Am Ende der Kochzeit müssen Sie mühelos mit der Messerspitze in die Zwiebeln einstechen können.

Wenn die Zwiebeln gar sind, geben Sie sie in eine tiefe Schale.

Lassen Sie dann die Kochflüssigkeit auf mittlerer Flamme bis auf 3 EL einkochen.

Verrühren Sie das Stärkemehl, die Sojasauce und 2 EL Wasser mit dem Schneebesen in einer Schüssel und rühren Sie die Mischung anschließend in die Kochflüssigkeit ein. Sollte die Sauce zu dick sein, verdünnen Sie sie mit etwas Wasser.

Schmecken Sie mit Salz und Pfeffer ab, nehmen Sie die Lorbeerblätter heraus, gießen Sie die Sauce über die Zwiebeln und servieren Sie.

PÜREE AUS WEISSEN ZWIEBELN

FÜR 4 PERSONEN

Vorbereitungszeit: 15 Min.
Kochzeit: 50 Min.

1 kg weiße Zwiebeln
80 g Butter
50 g Rundkornreis
1 Lorbeerblatt
1 Würfel konzentrierte
Hühnerbrühe
grobkörniges Salz
Salz
Pfeffer

Schälen Sie die Zwiebeln und schneiden Sie sie in dünne Ringe. Geben Sie diese mit der Hälfte der Butter, 2 EL Wasser, dem Lorbeerblatt und 1 Prise Salz in einen Schmortopf. Schließen Sie den Deckel und lassen Sie das Ganze auf sehr kleiner Flamme oder im auf 110 °C vorgeheizten Backofen 40 bis 45 Minuten garen.

Die Zwiebeln müssen ganz hell bleiben. Überwachen Sie sie deshalb laufend, wenden Sie sie von Zeit zu Zeit mit einem Kochlöffel und fügen Sie etwas Wasser hinzu, wenn die Kochflüssigkeit zu stark einkocht.

Geben Sie in der Zwischenzeit den Reis in kochendes Salzwasser und garen Sie ihn 20 Minuten auf kleiner Flamme. Nach diesen 20 Minuten müssen auch die Zwiebeln weich sein.

Geben Sie nun den Hühnerbrühwürfel zu den Zwiebeln.

Wärmen Sie 4 kleine, ofenfeste Schüsselchen bei schwacher Hitze im Backofen vor.

Gießen Sie den Reis ab und geben ihn dann zu den Zwiebeln. Schließen Sie den Schmortopf wieder und lassen das Ganze weitere 5 Minuten auf kleiner Flamme kochen, bis die Flüssigkeit vollständig eingekocht ist.

Nehmen Sie anschließend das Lorbeerblatt heraus und passieren den Reis und die Zwiebeln durch ein feines Sieb oder im Mixer.

Fügen Sie dann die restliche Butter hinzu.

Schmecken Sie mit Salz und Pfeffer ab und servieren Sie das Püree in den vorgewärmten Schüsselchen.

FRÜHLINGSZWIEBELN »SAINT-JEAN«

FÜR 4 PERSONEN

Vorbereitungszeit: 15 Min.
Kochzeit: 30 Min.

1 kg Frühlingszwiebeln
40 g Butter
Salz
Pfeffer

Dieses herrliche Gemüse findet man leider nur selten auf den Märkten. Die Frühlingszwiebeln werden im Juni, um den Johannistag (*Saint-Jean*) herum, reif. Daher auch der Name des Gerichts.

Meine Mutter bedeckte Kalbsnieren, die sie im Schmortopf zubereitete, mit Frühlingszwiebeln und ließ sie so fertiggaren. Wie das schmeckte...

Wenn Sie keine Frühlingszwiebeln bekommen, können Sie stattdessen auch Lauchzwiebeln verwenden. Lassen Sie aber nicht zuviel Grün daran.

Schälen und waschen Sie die Zwiebeln. Zerlassen Sie die Butter in einem Schmortopf und geben Sie die Zwiebeln hinein. Salzen sie, schließen Sie den Topf und lassen die Zwiebeln auf mittlerer Flamme ca. 20 Minuten garen.

Nehmen Sie anschließend den Deckel vom Topf und lassen die Kochflüssigkeit zu einem dickflüssigen Saft einkochen.

Servieren Sie die Zwiebeln im Kochgeschirr.

Sie können die Zwiebeln auch in dünne Ringe schneiden und sie knapp 1 Minute in der Pfanne in Butter schwenken.

Wenn Sie sie dann mit verquirlten Eiern vermischen, ist das ein wahres Gedicht. Doch aufgepaßt: Sie benötigen dazu fast ebensoviele Eier wie Zwiebeln.

GEBRATENE ROTE SCHALOTTEN

FÜR 4 PERSONEN

Vorbereitungszeit: 10 Min.
Kochzeit: ca. 45 Min.

500 g mittelgroße rote Schalotten
30 g gesalzene Butter (nach Belieben)

Hier nun ein herzhaftes Gericht, das Sie beispielsweise zu einem rustikalen Essen im Freundeskreis servieren können. Ich würde Ihnen die gebratenen Schalotten als Beilage zu Rindfleisch empfehlen, das über einem Holzfeuer gegrillt wurde und zu dem Sie das Knochenmark und grobkörniges Salz reichen.

Heizen Sie den Backofen auf 140 °C vor. Waschen Sie in der Zwischenzeit die ungeschälten Zwiebeln mit lauwarmem Wasser, schneiden Sie die Enden ab und schichten Sie sie in eine feuerfeste Form.

Geben Sie sie dann für etwa 35 bis 40 Minuten in den Ofen.

Servieren Sie die Schalotten mit der Schale. Sie können das Fruchtfleisch aber auch mit Daumen und Zeigefinger aus der Schale drücken und es dann in 30 g geschmolzener, gesalzener Butter schwenken.

SCHALOTTEN IN ROTWEIN

FÜR 4 PERSONEN

Vorbereitungszeit: 15 Min.
Kochzeit: 20 bis 30 Min.

400 g schöne, gleich
große Schalotten
80 g Butter
180 ml Hühnerbrühe
(hergestellt aus 1 Brüh-
würfel und 1 l Wasser)
1 TL Streuzucker
1 Zweig Thymian
225 ml Rotwein
Salz
Pfeffer

Foto links

Sie müssen wegen des kräftigen Geschmacks der Schalotten keine Bedenken haben. Durch das Garen werden sie milder und so weich wie Samt. Für die Sauce sollten Sie aber trotzdem einen vollmundigen Wein, beispielsweise einen Côte-du-Rhône, verwenden und dazu ein gebratenes Rinderfilet oder geschmorte Rippenstücke vom Rind servieren.

Schälen Sie die Schalotten und schneiden Sie die Enden ab. Erhitzen Sie die Hälfte der Butter in einem Schmortopf oder einer Kasserolle mit dickem Boden, geben Sie die Schalotten hinein und lassen sie etwas Farbe annehmen. Wenden Sie sie dabei laufend mit einem Holzpfannenwender.

Sobald sie goldgelb sind, fügen Sie die Hühnerbrühe, den Zucker und den Zweig Thymian hinzu.

Lassen Sie das Ganze anschließend auf großer Flamme kochen, bis die Flüssigkeit vollständig verdampft ist.

Gießen Sie dann den Rotwein an und lassen ihn bis auf 1 oder 2 EL einkochen. Die Schalotten müssen danach sehr weich sein.

Nehmen Sie den Topf vom Herd, fügen Sie 40 g Butter hinzu, lassen Sie sie schmelzen darin und wenden Sie die Schalotten darin.

Schmecken Sie mit Salz und Pfeffer ab und servieren Sie.

OMELETTE MIT ROTEN SCHALOTTEN

FÜR 4 PERSONEN

Vorbereitungszeit: 10 Min.
Kochzeit: 8 Min.

100 g schöne rote
Schalotten
8 Eier
30 g Butter
1 kleines Sträußchen glatte
Petersilie
Salz
Pfeffer

Hier nun ein Rezept für ein einfaches aber köstliches Omelette. Sie sollten dazu allerdings nur rote Schalotten verwenden, denn diese werden beim Kochen ganz zart und bekommen einen süßlichen Geschmack. Graue Schalotten würden dem Gericht einen unangenehm bitteren Geschmack geben. Zwar ist dieses Omelette eigentlich nur eine kleine Zwischenmahlzeit, doch wenn Sie es mit einem gut gekühlten weißen Sancerre genießen, hält es bis zum Mittagessen vor.

Schälen Sie die Schalotten und schneiden Sie sie in feine Ringe.

Waschen Sie die Petersilie, hacken Sie sie grob und nehmen Sie 1 EL davon ab.

Verquirlen Sie die Eier in einer Schüssel mit Salz, Pfeffer und dem EL gehackter Petersilie.

Dünsten Sie die in Ringe geschnittenen Schalotten 1 bis 2 Minuten in einer Pfanne in der Butter weich, ohne daß sie Farbe annehmen.

Gießen Sie dann die Eiermasse zu den Schalotten in die Pfanne. Rühren Sie gut um, damit die Eier stocken, und schalten Sie den Herd anschließend etwas herunter, damit das Omelette nicht anbrennt. Wenn es leicht durchgebacken ist, wenden Sie es und stürzen es dann auf einen Teller.

DIE KARTOFFELN

Jeder Kartoffelzüchter hat etwas von einem Schatzsucher. Es ist nämlich ein wahres Vergnügen, wenn man am Ende des Sommers den Spaten in die Erde sticht, um diese großen »Perlen«, die sich dort unten in einem Gewirr von Wurzeln angesammelt haben, herauszuholen. Nachdem man sie einige Tage in der Sonne hat trocknen lassen, verstaut man sie in Kartoffelkisten an einem kühlen, trocknen und lichtgeschützten Ort, damit sie nicht keimen und vor Frost geschützt sind. Man könnte der Kartoffel allein ein ganzes Buch widmen, so zahlreich und verschieden sind die Sorten und so unterschiedlich ist ihre Zubereitung. Die Wahl der Kartoffelsorte hängt im übrigen davon ab, für welches Gericht man sie verwenden will.

Wenn Sie eine Cremesuppe, ein Kartoffelgulasch oder ein Püree zubereiten wollen, sollten Sie eine mehlige Sorte (Bintje, Ostara), aber keinesfalls neue Kartoffeln nehmen. Zum Schmoren, Braten oder Fritieren eignen sich am besten die eher festkochenden Sorten (Belle de Fonteney, BF 15, Charlotte). Und für einen Salat sollten Sie neue Kartoffeln mit feinem Fruchtfleisch (Roseval, Ratte, Charlotte) wählen. Wenn Sie sie mit der Schale essen wollen, nehmen Sie am besten leicht mehlige Kartoffeln mit kräftigem Eigengeschmack. Es ist wichtig, auf diese Unterschiede zu achten, denn wenn Sie ein Püree aus Kartoffeln zubereiten, die sich eigentlich nur zum Braten eignen, wird das Ergebnis eine gelbliche, zähflüssige Masse ohne Konsistenz sein, während ein gutes Püree schön sämig und hell sein sollte. Und ein Löffel, den man hineinsteckt, muß aufrecht darin stehen bleiben! Wenn Sie hingegen im anderen Fall Kartoffeln, die für ein Püree geeignet sind, zum Braten oder für einen Salat verwenden, werden sie bei der Zubereitung zerfallen.

Leidenschaftliche Kartoffelesser bevorzugen von allen Kartoffelsorten am meisten die Sorte »Ratte«, eine länglich geformte Kartoffel, an der, wie ein »Rattenschwänzchen«, noch ein kleines Stück der Wurzel hängt. Daher auch der Name. Sie schmeckt einfach köstlich, und man sollte sie ohne weitere Beilagen genießen, lediglich gedämpft, gesalzen und in frischer Butter geschwenkt, oder sie, wenn sie sehr klein ist, in einem Schmortopf braten. Sie ist dann in wenigen Minuten gar.

Da die Zahl der Rezepte mit Kartoffeln als Grundlage immens groß ist, kann ich nicht auf alle eingehen. Ich möchte Ihnen hier aber trotzdem einige Ratschläge geben und Ihnen einige Tricks verraten, mit denen Ihnen die Zubereitung gelingen wird. Ob Sie sie nun zuerst schälen oder nicht, wenn Sie die Kartoffeln in Wasser garen, sollten Sie sie stets in kaltes Wasser geben, denn das Fleisch wird hart, wenn man sie in kochendes Wasser legt. Und vergessen Sie nicht, das Wasser mit grobkörnigem Salz (eine gute Handvoll auf 1 kg Kartoffeln und 2 l Wasser) zu salzen. Wenn Sie anschließend beispiels-

ZERDRÜCKTE KARTOFFELN MIT SCHWARZEN OLIVEN

Dieses einfach zuzubereitende Gericht ist eine wunderbare Beilage zu gebratenem Schweine- oder Rindfleisch, Geflügel und vor allem Lamm.

Kochen Sie 500 g Kartoffeln in Salzwasser oder dämpfen Sie sie. Schälen Sie sie anschließend, ohne sie vorher abzuschrecken. Damit Sie sich nicht verbrennen, tun Sie dies am besten unter fließendem kaltem Wasser. Zerdrücken Sie die noch warmen Kartoffeln dann grob mit einer Gabel und rühren Sie (weiterhin mit der Gabel) 100 ml eines guten fruchtigen Olivenöls, das Sie zuvor leicht angewärmt haben, darunter. Nach Möglichkeit sollten noch einige Kartoffelstückchen erhalten bleiben. Geben Sie zum Schluß eine Kaffeetasse entsteinte Oliven dazu. Prüfen Sie dann, ob das Gericht noch mit Salz abgeschmeckt werden muß, denn durch die Oliven könnte es bereits salzig genug sein. Servieren Sie die zerdrückten Kartoffeln bestreut mit grobgehackter glatter Petersilie in einer Gemüseschüssel.

weise ein Püree daraus zubereiten wollen, sollten Sie außerdem ein Stückchen Lorbeerblatt, 1 oder 2 Zweige Thymian, 1 Knoblauchzehe oder 1 kleine Zwiebel ins Wasser geben. Nach dem Aufkochen benötigen 1 kg mittelgroße Kartoffeln etwa 20 Minuten, bis sie gar sind. Sie sollten sie aber stets mit einem kleinen Messer einstechen, um zu prüfen, ob sie weich sind. Das Messer dringt dann mühelos in das Fleisch ein. Und denken Sie immer daran, daß man die Kartoffeln lieber etwas zu lange als zu kurz garen sollte. Wenn Sie sie dämpfen, können Sie das Wasser, zum Beispiel mit Lorbeer, aromatisieren.

Ob Sie sie nun in Schweineschmalz, mit frischem oder geräuchertem Speck, mit Margarine oder Öl braten, verwenden Sie nach Möglichkeit immer einen gußeisernen Schmortopf und eine ausreichende Menge Fett, damit die Kartoffeln nicht am Boden und an den Wänden anhängen. Sie sollten außerdem ganz trocken sein, wenn Sie sie in das siedendheiße Fett geben. Deshalb würde ich Ihnen auch empfehlen, sie, wenn sie nicht schmutzig sind, nach dem Schälen nur mit einem Geschirrtuch abzureiben anstatt sie zu waschen.

Wenn Sie diese Vorsichtsmaßnahme nicht beachten, laufen Sie einerseits Gefahr, mit dem heißen Fett bespritzt zu werden. Andererseits könnten Sie am Schluß nicht genügend Kartoffeln haben, weil sie zusammenkleben. Braten Sie die Kartoffeln stets auf großer Flamme im geöffneten Topf an und trennen Sie sie von Zeit zu Zeit mit einem Pfannenwender. Sobald sie rundherum goldgelb angebräunt sind, verringern Sie die Temperatur und lassen sie zugedeckt auf kleiner Flamme weiterbraten. Wenn die Kartoffeln auf den Punkt gar, d.h. wenn sie innen weich sind, würzen Sie sie erst unmittelbar vor dem Servieren mit Salz und Pfeffer, denn Salz weicht gebratene oder fritierte Speisen auf.

Schließlich sollten Sie noch wissen, daß Bratkartoffeln, je nachdem wie Sie sie schneiden, einen etwas anderen Geschmack und eine etwas andere Beschaffenheit annehmen. Manche braten sie lieber in Würfel geschnitten, andere in Form langer Stifte (dazu werden die Kartoffeln zunächst geviertelt und dann in dünne Stifte geschnitten) und wieder andere bevorzugen mehr oder weniger dicke Scheiben. Ich gebe dazu lieber kein Urteil ab, um die Diskussion nicht wieder anzuheizen. Ich kann Ihnen nur raten, alle Möglichkeiten einmal auszuprobieren und sich dann für diejenige zu entscheiden, die Ihnen am meisten zusagt!

Eine Menge gäbe es auch zum Thema Pommes frites zu sagen, die als typisch amerikanisches Gericht gelten und die die Belgier zu ihrem Nationalgericht erklärt haben. Kinder lieben sie, egal wie sie zubereitet wurden, aber man sollte darauf hinweisen, daß das Ergebnis häufig katastrophal ist, wenn bestimmte Regeln mißachtet wurden.

Zunächst einmal sollten Sie eine festkochende Kartoffelsorte verwenden. Und ich bitte Sie eindringlich: Greifen Sie nicht auf die vorgeschnittenen, tiefgefrorenen Kartoffeln zurück, denn sie haben keinen Geschmack und stecken voller Konservierungsmittel. Man braucht etwas Geduld, bis man die Kartoffeln mit dem Haushaltsmesser geschält und sie dann einzeln abgetrocknet hat. Doch zum Schneiden gibt es inzwischen praktische kleine Geräte, die nicht teuer sind. Im übrigen sind auch die elektrischen Küchenmaschinen inzwischen mit einem Pommes-frites-Schneider ausgerüstet.

Ob Sie nun eine elektrische Friteuse oder den althergebrachten Fritiertopf verwenden, statten Sie das Gerät oder den Topf in jedem Fall mit einem Korb mit Griffen aus, damit Sie die Kartoffeln während des Fritierens immer wieder abtropfen lassen können. Verwenden Sie ein geschmacksneutrales Pflanzenfett (Erdnuß-, Sonnenblumen-, Mais- oder Rapsöl ...), das sich schnell auf eine hohe Temperatur erhitzen läßt, damit das Fritieren sehr schnell geht. Vergewissern Sie sich, ob das Öl sauber ist und ob nicht schon andere Lebensmittel darin fritiert wurden, vor allem kein Fisch, denn das Öl nimmt seinen Geschmack sehr stark an. Das Fritierfett sollte sauber und klar sein und nicht häufiger als viermal verwendet werden.

Erhitzen Sie das Fett auf 180 °C (siehe dazu das Kapitel »Die richtige Zubereitung«, S. 247), hängen Sie dann den Korb mit den Kartoffeln hinein und fritieren Sie sie etwa 5 Minuten. Nehmen Sie den Korb anschließend heraus und lassen die Kartoffeln über der Friteuse oder dem Fritiertopf abtropfen. Sobald sie gut abgetropft sind, geben Sie sie nochmals in das Öl und verfahren genauso wie beim ersten Mal. Wiederholen Sie den Vorgang noch ein oder zweimal, bis die Kartoffeln schön goldgelb, aber nicht braun sind. Lassen Sie sie danach abtropfen und servieren Sie sie dann sofort. Es bekommt den Pommes frites nämlich nicht, wenn sie lange liegen. Und salzen Sie vor allem erst ganz zum Schluß.

Man kann die Kartoffeln auch roh oder vorgekocht in heißem Öl in der Pfanne braten. Im ersten Fall bleiben sie fester, im zweiten werden sie innen weicher. Auch das ist Geschmackssache, hängt aber außerdem von der Qualität und der Größe der Kartoffeln ab: Je dicker und fester die Kartoffeln sind, desto mehr empfiehlt es sich sie vorzukochen.

Auch im Backofen kann man hervorragende Resultate erzielen, wenn man die geschälten und in Scheiben geschnittenen Kartoffeln mit Sahne und Gewürzen in eine Auflaufform schichtet, sie im Ganzen in einen gefetteten Schmortopf gibt oder sie in Alufolie verpackt direkt auf den Rost oder das Backblech legt. Letzteres kann man auch gut in der heißen Asche oder der Glut des Kamins durchführen. Bei Essen im Familienkreis oder mit engen Freunden sollten Sie die Kartoffeln dann ruhig verpackt servieren. Es wird Ihren Gästen ein Vergnügen sein, die Päckchen selbst zu öffnen, die Schale der Kartoffeln aufzuschlitzen und frische Butter, Sahne oder einen pikant abgeschmeckten Quark hineinzufüllen.

Schließlich gibt es noch eine weitere Art, Kartoffeln schmackhaft zuzubereiten. Dabei werden die rohen oder kurz vorgekochten, geschälten Kartoffeln geraspelt und dann mit der Hand oder auf einem Teller zu Küchlein geformt. Je nach regionalem Brauch und Rezept können die geraspelten Kartoffeln auch noch mit Eiern gebunden und mit Zwiebeln, Kräutern, Salz und Pfeffer abgeschmeckt werden. Anschließend werden die Küchlein in einer Pfanne in heißem Öl oder Margarine auf beiden Seiten goldgelb angebraten, wobei man sie nach der Hälfte der Backzeit mit Hilfe eines Tellers wendet. Diese kleinen, strohigen, goldgelben Küchlein, die in Zentralfrankreich und in der Dauphiné *criquettes*, in Lothringen *rapées* und in der Schweiz *Rösti* heißen, sind eine ungewöhnliche, aber stets willkommene Vorspeise oder können als Beilage zu gegrilltem oder gebratenem dunklem Fleisch gereicht werden.

Kartoffeln harmonieren gleichermaßen gut mit Rot- und mit Weißweinen. Die Wahl des Weines hängt ganz von der Art der Zubereitung und den Gewürzen ab, die das Gericht enthält. Zu einer Basilikum-Mousseline würde ich Ihnen einen blumigen weißen Cassis empfehlen. Lorbeer-Kartoffeln verlangen dagegen nach einem rustikalen Rotwein, beispielsweise einem Saint-Pourçain, einem Gaillac oder einem Saint-Chinian. Doch welchen Wein soll man zu Pommes frites oder Bratkartoffeln servieren? Die Frage muß offen bleiben; es gibt keine eindeutige Antwort darauf. Ich rate Ihnen deshalb, den Wein auf das Fleisch abzustimmen, zu dem die Kartoffeln gereicht werden.

BASILIKUM-MOUSSELINE

FÜR 4 PERSONEN

Vorbereitungszeit: 15 Min.
Kochzeit: 30 Min.

1 kg Kartoffeln (Belle de
Fontenay)
10 EL Olivenöl
2 Knoblauchzehen
etwa 30 frische Basilikumblätter
Salz
180 ml gekochte Milch
(nach Belieben)

Dieses schöne, pistaziengrüne Püree mit seinem herrlich sommerlichen Geschmack darf weder lange stehen noch aufgewärmt werden. Ich rate Ihnen deshalb, es erst im letzten Moment zuzubereiten und es zum Beispiel zu einem mit Provencekräutern abgeschmeckten Kaninchenbraten oder zu einer mit mildem Knoblauch gespickten Lammkeule zu servieren.

Schälen Sie die Kartoffeln und schneiden Sie sie in etwa 2 cm dicke Scheiben. Waschen Sie diese in kaltem Wasser und geben Sie sie dann in eine Kasserolle. Salzen Sie sie, bedecken Sie sie mit kaltem Wasser und bringen sie auf mittlerer Flamme zum Kochen. Sobald sie aufkochen, schäumen Sie sie ab.

Während die Kartoffeln garen, waschen Sie die Basilikumblätter, lassen sie abtropfen, geben sie anschließend mit 2 EL Olivenöl und 1 Msp. feinkörnigem Salz in den Mixer und pürieren sie sehr fein.

Ziehen Sie dann die Knoblauchzehen ab, zerdrücken Sie sie und geben sie in das restliche Olivenöl. Lassen Sie das Öl mit den zerdrückten Knoblauchzehen auf sehr kleiner Flamme warm werden.

Wenn die Kartoffeln nach etwa 30 Minuten gar sind, gießen Sie sie ab und drücken sie dann durch die Gemüsepresse. Fügen Sie anschließend das Olivenöl, aus dem Sie zuvor den Knoblauch entfernt haben, hinzu und verrühren Sie das Ganze kräftig mit einem Holzpfannenwender. Rühren Sie so lange, bis Sie eine sehr feine, glatte Masse erhalten.

Rühren Sie zum Schluß die pürierten Basilikumblätter darunter. Und sollte Ihnen das Püree zu trocken sein, fügen Sie etwas heiße Milch hinzu.

KARTOFFELPÜREE

FÜR 4 PERSONEN

Vorbereitungszeit: 20 Min.
Kochzeit: 40 Min.

1 kg Kartoffeln (Belle de
Fontenay)
1 l Vollmilch
80 g Butter
grobkörniges Salz
Salz

Schälen Sie die Kartoffeln und schneiden Sie sie in 2 cm dicke Scheiben. Waschen Sie sie und geben sie dann in eine Kasserolle. Bedecken Sie sie mit kaltem Wasser, salzen Sie und bringen Sie die Kartoffeln zum Kochen. Schäumen Sie sie nach dem Aufkochen ab und lassen sie anschließend etwa 20 Minuten garen.

Erhitzen Sie die Milch auf kleiner Flamme und halten Sie sie danach warm. Zerteilen Sie die Butter in grobe Würfel. Wenn die Kartoffeln fast gar sind (Sie müssen beim Einstechen mit dem Messer spüren, daß sie noch fest sind), gießen Sie sie in ein Sieb ab.

Geben Sie sie anschließend sofort wieder in die Kasserolle, bedecken sie mit der heißen Milch und lassen sie auf kleiner Flamme weitergaren, bis sie vollkommen weich sind und die Milch vollständig in sich aufgenommen haben.

Drücken Sie sie dann über der Kasserolle durch die Gemüsepresse.

Verteilen Sie die Butter mit einem Holzpfannenwender auf den durchgedrückten Kartoffeln und verrühren Sie das Ganze kräftig, bis Sie eine ganz glatte Masse erhalten. Sollte Ihnen das Püree zu fest erscheinen, fügen Sie etwas kochende Milch hinzu. Wenn Sie es noch nachsalzen wollen, lösen Sie das Salz in etwas kochender Milch auf und gießen sie in das Püree.

Ich empfehle Ihnen, das Püree sofort zu servieren oder es, falls nötig, im Wasserbad warmzuhalten.

KARTOFFELPASTETE NACH ART MEINER MUTTER

FÜR 4 PERSONEN

Vorbereitungszeit: 20 Min.
Ruhezeit: 1 Std.
Kochzeit: 50 Min.

500 g mehlige Winterkartoffeln
2 EL Crème fraîche
1 Ei
einige Stengel Schnittlauch
grobkörniges Salz
Salz
Pfeffer

Für den Mürbteig:
250 g Mehl
1 Ei
125 g Margarine oder
Schweineschmalz
1 EL Wasser
Salz

Die Bewohner der mittelfranzösischen Regionen (Berry, Bourbonnais), die ebenso gern Pasteten wie Kartoffeln essen, sind auf die gute Idee gekommen, beides in dieser Kartoffelpastete zu kombinieren. Für mich ist sie überdies ein Symbol mütterlicher Wärme.

Geben Sie die Kartoffeln in kaltes Salzwasser, bringen Sie sie zum Kochen und lassen sie 10 bis 15 Minuten garen.

Bereiten Sie in der Zwischenzeit den Mürbteig zu: Vermengen Sie dazu das Mehl, das Ei, das Salz, das Wasser und das Schweineschmalz rasch miteinander. Formen Sie den Teig zu einer Kugel, schlagen ihn in ein Tuch ein und lassen ihn mindestens 1 Stunde an einem kühlen Ort ruhen.

Schälen Sie dann die Kartoffeln und schneiden sie in dicke Scheiben.

Heizen Sie nun den Backofen auf 200 °C (Stufe 3) vor.

Rollen Sie den Teig nach 1 Stunde auf der gemehlten Tischplatte mit dem Nudelholz zu einem relativ dicken (¹/₂ cm) runden Boden aus, legen Sie ihn auf ein Backblech und schichten

Sie die Kartoffelscheiben schuppenförmig darauf.

Schlagen Sie den Teig über den Kartoffelscheiben zusammen, so daß Sie eine Art Tasche erhalten. Bepinseln Sie die Oberfläche mit dem verquirlten Ei und geben Sie das Blech für ca. 30 Minuten in den Ofen.

Nehmen Sie die Pastete anschließend heraus.

Schneiden Sie aus der Teigdecke einen kleinen Kreis heraus und gießen Sie die Crème fraîche hinein.

Würzen Sie mit Salz, Pfeffer und dem feingeschnittenen Schnittlauch und servieren Sie die Pastete heiß.

Sie können dieses Rezept in einer verfeinerten Form abwandeln, indem Sie einen guten Blätterteig verwenden und einen Trüffel in die Crème fraîche reiben.

LORBEER-KARTOFFELN

FÜR 4 PERSONEN

Vorbereitungszeit: 15 Min.
Kochzeit: 40 bis 50 Min.

8 mittelgroße Kartoffeln
(Bintje)
12 schöne Lorbeerblätter
180 ml Hühnerbrühe
8 EL Olivenöl
Salz

Foto rechts

Schälen Sie die Kartoffeln mit einem Haushaltsmesser, waschen und trocknen Sie sie. Schneiden Sie sie dann in Abständen von 1 cm vorsichtig so weit ein, daß sie gerade eben noch zusammenhalten.

Zerteilen Sie die Lorbeerblätter in 1 cm breite Streifen.

Heizen Sie nun den Backofen auf 210 °C (Stufe 3–4) vor.

Fetten Sie den Boden einer Bratenform mit Öl ein und schichten Sie die Kartoffeln dicht nebeneinander hinein.

Stecken Sie in jeden der Einschnitte einen Lorbeerstreifen. Würzen Sie mit Salz und denken Sie dabei daran, daß auch die Hühnerbrühe gesalzen ist. Gießen Sie die Hühnerbrühe zu den Kartoffeln, beträufeln Sie sie mit Olivenöl und geben sie anschließend für ca. 40 Minuten in den Ofen, bis sie weich und schön goldgelb sind und die Kochflüssigkeit vollständig verdunstet ist.

Servieren Sie die Kartoffeln dann im Kochgeschirr.

DER RETTICH

Noch ein Gemüse, das man sofort verzehren muß, denn es verliert schnell seine Frische und trocknet aus. Und seine pfeffrige Note verliert dann völlig ihren Reiz. Man ißt den Rettich in der Regel, nachdem man ihn kurz gewaschen hat, roh, nur mit etwas Salz. Die Blätter, aus denen man feine Mousses oder leckere Cremesuppen zubereiten kann, werden allerdings nur allzu häufig weggeworfen.

An den Blättern kann man im übrigen am besten erkennen, ob der Rettich frisch ist, und ich rate Ihnen dringend davon ab, Rettiche zu kaufen, deren Blätter zerfranst und gelb sind oder die, was noch schlechter ist, gar keine Blätter mehr haben. Kaufen Sie die Rettiche möglichst klein, denn wenn sie größer sind, können sie sehr scharf sein. Nehmen Sie aber keinesfalls Exemplare, die nicht fest sind, denn sie können hohl sein. Es gibt verschiedene Arten von Rettichen: runde oder längliche, rosafarbene oder rote, einfarbige oder solche mit weißen Spitzen. Probieren Sie sie einmal. Im Geschmack und in der Beschaffenheit sind sie etwas unterschiedlich. Ich bevorzuge die Radieschen, diese kleinen roten Rettiche, die, wie ich finde, am frischesten und am knackigsten sind. Der lange schwarze Rettich, den man im Osten Frankreichs besonders schätzt, zeigt nach dem Schälen ein weißes, perlmuttartig glänzendes Fleisch, das sehr scharf schmeckt. Man ißt ihn wie Möhren geraspelt als Salat.

Dieses pikante kleine Gemüse verlangt als Begleiter nur einen gut gekühlten Roséwein aus der Provence.

RADIESCHENSALAT

Nehmen Sie 1 Bund Radieschen und entfernen Sie die kleinen Wurzeln und die Blätter. Wenn die Blätter schön sind, können Sie sie für eine Cremesuppe aufbewahren. Waschen Sie die Radieschen mit kaltem Wasser, trocknen Sie sie mit Küchenkrepp und schneiden Sie sie in dünne Scheibchen. Bestreuen Sie diese mit grobkörnigem Salz und gießen Sie nur etwas Olivenöl darüber. Sie können die Radieschenscheiben auch auf einem frischen, gesalzenen Ziegenkäse verteilen und das Ganze in kleinen rustikalen Schälchen zusammen mit geröstetem und mit Olivenöl beträufeltem Brot als Vorspeise servieren.

RADIESCHEN IN BLATT-MOUSSELINE

FÜR 4 PERSONEN

Vorbereitungszeit: 30 Min.
Kochzeit: 10 Min.

100 bis 120 Radieschen mit Blättern
25 g Butter
Salz
Pfeffer

Das Radieschen, das sehr gut schmeckt, wenn man es roh, nur in Salz getaucht oder in dünnen Scheiben in einem Salat ißt, verliert seine leicht pfeffrige Note, wenn man es kocht. Die Blätter, die zart im Geschmack sind, können hingegen als Püree zubereitet werden, und man hat dann ein herrliches Schmuckkästchen für die kleinen roten Perlen.

Trennen Sie die Blätter von den Radieschen ab.

Entfernen Sie die kleinen Wurzeln und legen Sie die Radieschen in kaltes Wasser.

Waschen Sie die Blätter gründlich mit kaltem Wasser. Füllen Sie eine Kasserolle mit Salzwasser, bringen Sie das Wasser zum Kochen und geben die Blätter für 2 bis 3 Minuten hinein.

Schrecken Sie sie anschließend sofort mit kaltem Wasser ab und drücken Sie das Wasser dann vollständig aus ihnen heraus.

Geben Sie sie danach zum Pürieren in den Mixer.

Zerlassen Sie nun die Butter in einer Kasserolle. Sobald sie eine goldgelbe Farbe annimmt, fügen Sie die pürierten Blätter hinzu.

Rühren Sie gut mit einem Holzpfannenwender um und geben Sie die Radieschen hinein.

Schmecken Sie mit Salz und Pfeffer ab und servieren Sie die Radieschen auf kleinen Tellern.

Der Melonenkürbis (Foto folgende Doppelseite): Er sieht sehr schön aus, ist aber nicht besonders intensiv im Geschmack. Ich esse ihn am liebsten als Gratin zubereitet mit einer schmackhaften Füllung aus Champignons (siehe dazu das Rezept auf Seite 199), oder gefüllt als Vorspeise, Rezept Seite 198.

GEMÜSE AUS
FREMDEN LÄNDERN

Meine Leidenschaft für Gemüse kennt keine Grenzen und so fröne ich ihr auch auf meinen Reisen.

Überall suche ich mit Nase, Augen und Gaumen nach neuen Geschmackserlebnissen, neuen Düften. Und meine Suche ist stets von Erfolg gekrönt, denn – welch ein Glück für Feinschmecker wie mich! – die Welt ist voll von Schätzen, die man essen kann.

Bei meinen Aufenthalten im Fernen Osten staune ich immer wieder über den Einfallsreichtum und die Erfindungsgabe, die die Asiaten bei der Zubereitung von Gemüse zeigen. Sie verstehen es, das Gemüse mit sparsamsten Mitteln, größter Schlichtheit und sehr viel Schönheitssinn zur Geltung zu bringen. Beim Essen von Bambussprossen hat man den Eindruck, als würde man in lebende, von Künstlerhand frisch gepflückte Fasern beißen.

Die Antillen haben bei mir vor allem die Erinnerung an eine üppige, überreiche Vegetation hinterlassen, die bis in die Zentren der Städte, bis auf die Märkte reicht. Das Bild des Füllhorns hat sich mir nie so anschaulich vermittelt, wie vor diesen bunten, wohlgeformten, zu Pyramiden aufgehäuften Früchten, die in der Sonne ihren Duft verströmen. Und diese Großzügigkeit kennzeichnet auch das Denken. Dort hält man sich nicht an unsere kleinlichen, althergebrachten Unterscheidungen: Früchte werden als Gemüse und Gemüse werden als Früchte zubereitet. Aus Bananen macht man Chips, und die Kartoffeln schmecken süß. Und alle Geschmacksrichtungen, von der lieblichsten bis zur pikantesten, verschmelzen zur Freude unseres Gaumens ganz einfach miteinander.

Vor einigen Jahren habe ich damit begonnen, mich in die Erforschung der kulinarischen Schätze des amerikanischen Kontinents zu stürzen! Ich stehe zwar noch ganz am Anfang, doch was habe ich schon für Entdeckungen gemacht! In den Vereinigten Staaten kann man sich beispielsweise an einer sehr süßen Erbsenart delektieren, der *sugar snap pea*, einem Mittelding zwischen Erbse und Zuckerschote. Um sie genießen zu können, muß man lediglich die Enden der Schoten abschneiden, sie kurz in kochendem Salzwasser garen und sie dann mit Salz, Pfeffer und etwas Butter verfeinern.

Vielleicht finden Sie es ein bißchen einfältig, aber ich entdecke in der amerikanischen Küche immer wieder die Authentizität der Lebensweise der ersten Einwanderer. Da gibt es keinen überflüssigen Schnickschnack, mit dem man den Eigengeschmack der Produkte verfälscht. Die Zubereitung und die Gewürze sind einfach: Maiskolben werden nur kurz gegrillt und mit frischer Butter bestrichen. In Québec werden die kleinen weißen Bohnen nur mit einem Stück Speck und etwas Ahornsirup in einem Kessel langsam über einem Feuer gegart.

Ich würde Sie gern an all den Reichtümern teilhaben lassen, doch bei uns in Europa ist das Angebot an »exotischen« Gemüsen, die man nur in Spezialgeschäften bekommt, noch ziemlich beschränkt. Doch wie dem auch sei – ich möchte hier für Sie trotzdem die Tür zum Unbekannten einen Spalt breit öffnen und Ihren kulinarischen Horizont, der, wie ich ahne, unendlich weit ist, erweitern ...

KLEINE GAUMENFREUDEN

Hier ein originelles Rezept für dekorative Appetithäppchen, die man zum Apéritif servieren kann. Sie benötigen dazu so viele kleine Melonenkürbisse, daß Sie einen mittelgroßen Riesenkürbis damit verzieren können. Garen Sie die Melonenkürbisse 7 bis 8 Minuten in kochendem Salzwasser, schrecken Sie sie dann ab und lassen sie abtropfen. Schaben Sie anschließend das Fleisch heraus und füllen Sie die Gehäuse mit einem Salat aus rosa Garnelen, die sie mit einer Soße aus Mayonnaise, 1 Löffel Grapefruitsaft, etwas Cognac und 1 feingewiegten Stengel Dill überziehen. Setzen Sie dann die Deckel wieder auf die kleinen Kürbisse, befestigen Sie sie mit Holzspießen an dem Riesenkürbis und verzieren Sie die Zwischenräume mit Petersilien- oder Dillstengeln, die Sie ebenfalls anstecken.

GRATINIERTE MELONENKÜRBISSE

FÜR 4 PERSONEN

Vorbereitungszeit: 30 Min.
Kochzeit: 50 Min.

500 g kleine Melonen-
kürbisse
100 g schöne weiße
Champignons
Saft 1 Zitrone
2 Schalotten
80 g Butter
180 ml Milch
2,5 EL Crème fraîche
1 EL Mehl
1 Knoblauchzehe
50 g geriebener Gruyère
Muskatnuß
grobkörniges Salz
Salz
Pfeffer

Melonenkürbisse sind jene hübschen, kleinen, zartgrünen Kürbisse mit girlandenartigem Muster, die Ähnlichkeit mit Koloquinten haben. Sie werden vorwiegend im Mittleren Osten angebaut. Ihr angenehmer, nicht sehr kräftiger Geschmack erinnert an den der Zucchini und verlangt nach einer feinen Zubereitung. Verwenden Sie möglichst kleine Melonenkürbisse, denn ihre Schale wird hart, sobald ihr Umfang 4 cm überschreitet. Wenn Sie größere Melonenkürbisse verwenden, schaben Sie das Fruchtfleisch heraus, nachdem Sie sie in kochendem Wasser pochiert haben, und benutzen die Gehäuse, um darin auf originelle Weise einen bunten Salat zu servieren.

Schneiden Sie die erdigen Teile der Champignonstiele ab und waschen Sie sie. Tauchen Sie sie dabei nicht ins Wasser, weil sie sich sonst damit vollsaugen. Lassen Sie sie in einem Sieb abtropfen, geben Sie sie anschließend mit dem Zitronensaft in eine Salatschüssel und wenden Sie sie gut in dem Saft.

Hacken Sie sie dann fein und geben sie in eine Schüssel.

Schälen und hacken Sie die Schalotten.

Zerlassen Sie 20 g Butter mit 2 EL gehackter Schalotte in einer flachen Kasserolle oder einer Pfanne.

Bevor die Schalotten eine goldgelbe Farbe annehmen, fügen Sie die feingehackten Champignons hinzu und braten sie etwa 10 Minuten auf großer Flamme.

Salzen Sie und rühren Sie mit einem Holzpfannenwender um.

Gießen Sie das Gemüse dann über einem Gefäß in ein Sieb ab und fangen die Flüssigkeit, die die Pilze abgegeben haben, auf.

Bringen Sie nun 3 l Salzwasser zum Kochen.

Sobald das Wasser zu kochen beginnt, geben Sie die gewaschenen und getrockneten Melonenkürbisse hinein und lassen sie 7 bis 8 Minuten im sprudelnd kochenden Wasser weichgaren.

Schrecken Sie sie danach ab und lassen sie auf einem Tuch trocknen.

Zerlassen Sie die Butter in einer Kasserolle, fügen Sie das Mehl hinzu und verrühren das Ganze bei mittlerer Hitze gründlich mit dem Schneebesen. Bevor das Mehl goldgelb anschwitzt, gießen Sie die kalte Milch dazu. Rühren Sie um und gießen Sie dann die Kochflüssigkeit der Champignons hinein.

Würzen Sie mit Salz und Pfeffer und 1 Msp. geriebener Muskatnuß. Lassen Sie das Ganze auf kleiner Flamme 2 bis 3 Minuten köcheln und geben Sie danach die Crème fraîche dazu. Lassen Sie es nochmals aufkochen, geben die Champignons hinein und lassen es erneut aufwallen.

Schmecken Sie mit Salz und Pfeffer ab und stellen den Topf warm.

Ziehen Sie nun die Knoblauchzehe ab und hacken sie.

Heizen Sie den Backofen auf 210°C (Stufe 3–4) vor.

Schwitzen Sie 30 g Butter in einer Pfanne goldgelb an, geben Sie die Kürbisse hinein und wenden sie gründlich in der Butter. Würzen Sie mit Salz und Pfeffer und fügen Sie die gehackte Knoblauchzehe hinzu.

Schichten Sie die Kürbisse anschließend in eine Auflaufform, überziehen Sie sie mit der Champignonsauce und bestreuen sie mit dem geriebenen Gruyère. Geben Sie die Form dann so lange in den Ofen, bis das Gericht kocht und eine schöne goldgelbe Kruste hat. Servieren Sie es dann sofort.

PIKANTE BANANENCHIPS

FÜR 4 PERSONEN

Vorbereitungszeit: 5 Min.
Kochzeit: 10 Min.

3 nicht zu reife Koch-
bananen
1,5 l geschmacksneutrales
Pflanzenöl
Cayennepfeffer
Salz

Diese originellen Chips, die man zum Apéritif, als Beilage zu einem Curry oder jedem anderen Gericht mit einer scharf gewürzten Sauce reichen kann, bereitet man aus Kochbananen zu, jenen dicken Bananen, die aus den Tropen zu uns gekommen sind, und die man relativ problemlos in Geschäften findet, die exotische Produkte führen. Ihr gelbes, ziemlich mehliges Fruchtfleisch ist nicht sehr süß. Nehmen Sie für dieses Gericht keine zu reifen Früchte. Ich empfehle Ihnen, zum Schneiden ein Schneidegerät aus rostfreiem Stahl mit verstellbaren Messern zu verwenden, das ich in meiner Küche benutze, um Gemüse in feine Scheiben oder Streifen zu zerteilen.

Gießen Sie das Öl in die Friteuse.
Schälen Sie die Kochbananen und erhitzen Sie die Friteuse auf 180° C.
Halten Sie den Gemüseschneider, den Sie so eingestellt haben, daß Sie 2 mm dicke Scheiben erhalten, über die Friteuse, damit die Bananenscheiben in das Fritierfett fallen, ohne zusammenzukleben.
Lassen Sie die Bananenscheiben 5 bis 10 Minuten goldgelb anbräunen,

nehmen sie dann mit einem Schaumlöffel heraus und lassen sie auf Küchenkrepp abtropfen.
Mischen Sie 1 Msp. Cayennepfeffer unter das Salz und salzen Sie erst unmittelbar vor dem Servieren, denn wenn sich das Salz auflöst, können die Chips weich werden.
Die Bananenchips können Sie an einem trockenen Ort 2 oder 3 Tage aufheben.

GOLDGELBE PALMHERZEN MIT INGWER

FÜR 4 PERSONEN

Vorbereitungszeit: 5 Min.
Kochzeit: 10 Min.

1 Dose ganze Palmherzen
(1 kg)
5 g Ingwerpulver
40 g Butter
2 EL Mehl
2 EL Sojasauce
etwa 20 frische Koriander-
stengel

Die Palmherzen werden in den Tropengebieten in den Wipfeln kleiner, nicht mehr als 5 m hoher Kokospalmen gepflückt. Frisch, nur mit Salz, Pfeffer, Olivenöl und Zitronensaft angemacht, schmecken sie köstlich und duften nach frischen Haselnüssen. Leider ist es nahezu unmöglich, sie in Europa zu bekommen. In Ermangelung frischer Palmherzen verwende ich deshalb Konserven. Ihr Geschmack ist zwar weniger intensiv, kommt dem der frischen Früchte aber trotzdem ziemlich nahe.

Lassen Sie die Palmherzen abtropfen. Hacken Sie den Koriander.

Vermischen Sie das Mehl und das Ingwerpulver und wälzen Sie die Palmherzen gründlich darin. Lassen Sie die Butter in einer Pfanne goldgelb anbräunen, geben Sie die Palmherzen hinein und lassen sie rundherum gold-gelb werden. Sobald sie Farbe angenommen haben, beträufeln Sie sie mit der Sojasauce. Wenden Sie sie in der Sauce, damit sie sie gut in sich aufnehmen und schön glänzend werden.

Richten Sie sie anschließend auf einer Platte an und bestreuen sie mit dem Koriander.

PALMHERZ-GRATIN MIT MANDELN

FÜR 4 PERSONEN

Vorbereitungszeit: 30 Min.
Kochzeit: 20 Min.

1 Dose ganze Palmherzen
(1 kg)
1 Schalotte
80 g Butter
1 TL süßer Paprika
50 g Mehl
1 rote Paprikaschote
(nach Belieben)
180 ml süße Sahne
600 ml Milch
2 Eigelb
20 g feingeschnittene süße
Mandeln
Salz

Schälen Sie die Schalotte und hacken Sie sie fein. Zerlassen Sie die Hälfte der Butter mit der feingehackten Schalotte in einer Kasserolle.

Fügen Sie nach einigen Minuten, noch bevor die Schalotte Farbe angenommen hat, zuerst den Paprika und dann das Mehl hinzu und lösen es in der Butter auf. Geben Sie dann die Milch dazu, verrühren Sie das Ganze gründlich und lassen es auf sehr kleiner Flamme 2 bis 3 Minuten köcheln.

Entfernen Sie die Kerne der Paprikaschote, schneiden Sie sie in kleine Würfel und dünsten Sie diese mit etwas Butter in einer Pfanne weich.

Gießen Sie die kalte Milch und die Hälfte der Sahne zu den Zwiebeln in die Kasserolle und verrühren Sie alles kräftig mit dem Schneebesen, damit sich keine Klümpchen bilden. Salzen Sie und lassen Sie das Ganze 2 Minuten kochen. Sie erhalten dann eine feine, cremige Sauce.

Geben Sie die gewürfelte Paprikaschote hinein, stellen Sie den Topf auf die Seite und schalten Sie den Backofengrill ein.

Öffnen Sie die Dose mit den Palmherzen und gießen Sie sie zum Abtropfen in ein Sieb.

Lassen Sie die restliche Butter in einer Pfanne zerlaufen. Sobald sie goldgelb wird, geben Sie die gut abgetropften Palmherzen hinein.

Bräunen Sie sie rundherum goldgelb an, schichten sie anschließend in eine Auflaufform und überziehen sie mit der Paprikasauce.

Schlagen Sie die restliche Sahne schaumig und fügen Sie dann die 2 Eigelb hinzu.

Verrühren Sie das Ganze und gießen Sie es über die Palmherzen.

Streuen Sie die feingeschnittenen Mandeln darüber und geben Sie die Form unter den Grill. Lassen Sie das Gratin schön goldgelb überbacken und überwachen Sie es dabei laufend.

KOKOS-CURRY MIT CHAYOTEN UND SÜSSKARTOFFELN

FÜR 4 PERSONEN

Vorbereitungszeit: 40 Min.
Kochzeit: 45 Min.

300 g Chayoten
600 g Süßkartoffeln
120 g Zwiebeln
30 g Butter
180 ml süße Sahne
30 g Kokosraspel
2 nicht zu reife Tomaten
2 Knoblauchzehen
1 TL Kardamomkörner
2 Nelken
2 gestrichene EL Curry-
pulver
grobkörniges Salz
Salz
300 ml Hühnerbrühe
(nach Belieben)

Foto rechts

Die Chayote ist ein tropisches Gurkengewächs, das in Südamerika beheimatet und in Europa noch weitgehend unbekannt ist. Man bekommt sie in Delikatessengeschäften oder beispielsweise auch auf den Märkten in Nizza oder Cannes. Die Chayote findet vor allem in der kreolischen Küche Verwendung. Auf den Kanarischen Inseln ist sie Bestandteil eines herrlichen Eintopfgerichts. Man kann sie einfach nur in kochendem Salzwasser garen und mit frischer Butter und Petersilie verfeinern. Ich persönlich koche sie allerdings, zum Beispiel in einem Ratatouille, am liebsten zusammen mit anderen Gemüsen.

Schälen Sie die Zwiebeln, hacken Sie sie mit einem Küchenmesser fein, schwitzen Sie sie in einem Schmortopf mit 30 g Butter goldgelb an und stellen sie auf die Seite.

Kochen Sie die Sahne auf und geben Sie die Kokosraspel hinein.

Schalten Sie den Herd dann aus und lassen die Sahne 10 Minuten ziehen. Passieren Sie sie anschließend durch ein feines Sieb.

Entfernen Sie die Stielansätze der Tomaten, halbieren Sie sie, drücken Sie die Kerne heraus und schneiden sie in grobe Würfel.

Schälen Sie die Chayoten, entfernen Sie die Kerne und schneiden Sie sie der Länge nach in Scheiben. Blanchieren Sie diese dann 3 bis 4 Minuten in kochendem Salzwasser.

Schälen Sie nun die Süßkartoffeln und schneiden Sie sie in Scheiben. Die Scheiben sollten genauso dick sein wie die Chayotenscheiben. Blanchieren Sie die Kartoffelscheiben dann ebenfalls 3 bis 4 Minuten in kochendem Salzwasser.

Gießen Sie beide Gemüse ab, schrecken Sie sie aber nicht ab.

Geben Sie nun die beiden geschälten und zerdrückten Knoblauchzehen, die Tomatenwürfel, den Kardamom, die Nelken und den Curry zu den Zwiebeln in den Schmortopf. Verrühren Sie alles gründlich und gießen Sie dann die Kokossahne dazu.

Schalten Sie den Herd auf mittlere Flamme, geben Sie die Chayoten und die Süßkartoffeln in die Kokossauce und bedecken Sie das Gemüse gut mit heißem Wasser oder – was noch besser schmeckt – mit Hühnerbrühe. Salzen Sie, schließen Sie den Topf und lassen das Ganze auf kleiner Flamme ca. 20 Minuten köcheln. Achten Sie darauf, daß das Gemüse nicht anbrennt und servieren Sie es anschließend in einer Gemüseschüssel.

Ein scharfes, aber sehr leckeres Gericht mit vielen kräftigen Gewürzen.

GEBRATENER KÜRBIS JAMAIKANISCHE ART

FÜR 4 PERSONEN

Vorbereitungszeit: 15 Min.
Kochzeit: 40 Min.

1 Gartenkürbis (1,5 kg)
150 g Rindertalg oder
225 ml Maisöl
2 EL Roh- oder Puder-
zucker
1 TL gemahlener Zimt
Salz
Pfeffer

Foto links

Auf Jamaika wird der gebratene rote Kürbis meist zu einem Schweinebraten gereicht. Ich empfehle Ihnen, einen Gartenkürbis zu verwenden, der mindestens einen Monat zuvor geerntet wurde. Er enthält dann nicht mehr so viel Wasser, hat einen kräftigeren Geschmack und läßt sich besser braten.

Heizen Sie den Backofen auf 190 °C vor. Geben Sie den Rindertalg oder das Maisöl auf ein ausreichend großes Backblech und lassen Sie es im Ofen zerlaufen. Beobachten Sie das Fett dabei, damit es sich nicht entzündet. Es muß gerade siedendheiß werden.

Zerteilen Sie den Kürbis in etwa 7 bis 8 cm große Würfel und geben Sie diese in das siedendheiße Fett. Schieben Sie das Backblech dann wieder in den heißen Ofen.

Vermischen Sie den Zucker und den Zimt mit 1 Prise Salz.

Sobald die Kürbiswürfel goldgelb sind, holen Sie das Backblech aus dem Ofen und bestreuen den Kürbis mit der Zucker-Zimt-Mischung.

Wenden Sie die Kürbiswürfel mehrmals mit einem Kochlöffel, damit sie die Mischung gut aufnehmen. Geben Sie sie anschließend wieder in den Ofen und lassen sie dunkelbraun werden.

Nehmen Sie das Blech dann heraus und geben die Kürbiswürfel in ein Sieb. Sie haben sich nicht mit Fett vollgesogen und schmecken ganz köstlich.

Würzen Sie zum Schluß mit Pfeffer aus der Mühle.

OKRAS IN SÜSSKARTOFFEL-CURRY

FÜR 4 PERSONEN

Vorbereitungszeit: 30 Min.
Kochzeit: 45 Min.

400 g Okras
100 g Süßkartoffeln
1 Knoblauchzehe
1 mittelgroße Zwiebel
2 schöne Tomaten
30 g Butter
1 TL Currypulver
240 ml Hühnerbrühe
1 Sträußchen frischer
Koriander
grobkörniges Salz
Salz
Pfeffer

Foto rechts

Die Okras, die man auch unter dem Namen Gombos kennt, sind kleine, 7 bis 10 cm lange, grüne Früchte, die in allen heißen Regionen angebaut werden. Besonderer Beliebtheit erfreuen Sie sich auf den Antillen. Wegen ihres relativ neutralen Geschmacks und ihrer klebrigen Beschaffenheit kocht man sie am besten zusammen mit anderen Gemüsen. Manchmal werden sie auch – kurz pochiert oder in Butter geschwenkt – als Beilage zu Currys oder anderen scharf gewürzten Gerichten gereicht. Ich persönlich kombiniere sie gerne mit stärkehaltigen Gemüsen, wie zum Beispiel Süßkartoffeln, und verwende stets nur die kleinen Früchte. Denn die schwarzen Kerne der größeren Okras stören beim Essen.

Ziehen Sie die Knoblauchzehe ab und hacken Sie sie. Schälen Sie die Zwiebel und hacken Sie sie ebenfalls.

Entfernen Sie die Stielansätze der Tomaten und legen Sie sie kurz in kochendes Wasser, damit sie sich leichter häuten lassen. Entfernen Sie dann die Kerne und schneiden die Tomaten in Würfel.

Schälen Sie die Süßkartoffeln und zerteilen sie in kleine Würfel.

Zerlassen Sie 30 g Butter in einem mittelgroßen Schmortopf, geben Sie die gehackten Zwiebeln hinein und lassen sie auf mittlerer Flamme goldgelb anschwitzen.

Fügen Sie anschließend den Knoblauch und die Tomatenwürfel hinzu. Bestreuen Sie das Ganze mit dem Curry, rühren Sie gut mit einem Holzpfannenwender um, gießen Sie die Hühnerbrühe hinein und geben Sie die gewürfelte Süßkartoffel dazu.

Salzen Sie sehr sparsam, denn die Hühnerbrühe ist bereits gesalzen.

Schließen Sie den Topf und lassen das Gemüse auf mittlerer Flamme 15 Minuten garen.

Kochen Sie in der Zwischenzeit 3 l Salzwasser in einer Kasserolle auf. Schneiden Sie die Enden der Okras ab, waschen Sie sie und geben sie in das kochende Wasser. Lassen Sie sie 5 Minuten sprudelnd kochen und gießen Sie sie dann in ein Sieb ab.

Öffnen Sie nun den Schmortopf, geben Sie die Okras hinein und rühren mit dem Holzpfannenwender um. Achten Sie dabei darauf, daß Sie das Gemüse nicht zerdrücken. Lassen Sie das Ganze dann auf kleiner Flamme im geöffneten Topf nochmals 10 Minuten kochen.

Danach muß die Kochflüssigkeit zu einer sämigen Sauce eingekocht sein. Schmecken Sie mit Salz und Pfeffer ab, geben Sie das Gemüse in eine Schüssel und bestreuen es mit Korianderblättchen.

FÜR 4 PERSONEN

Vorbereitungszeit: 30 Min.
Kochzeit: 15 Min.

4 sehr reife Kochbananen
50 g Kokosraspel
300 ml süße Sahne
$^1/_2$ Zimtstange
3 EL Mehl
30 g Butter
1 EL Zucker
1 Msp. Cayennepfeffer
Salz

Foto rechts

GEBRATENE BANANEN IN KOKOSSAHNE

Geben Sie die Kokosraspel mit der Sahne, dem Zimt, $^1/_2$ EL Zucker, 1 Prise Salz und 1 Msp. Cayennepfeffer in eine Kasserolle, kochen Sie das Ganze auf und lassen es dann bei schwacher Hitze im geöffneten Topf 30 Minuten ziehen.

Schälen Sie in der Zwischenzeit die Kochbananen und zerteilen Sie sie jeweils in 2 oder 3 kleine Stücke. Vermischen Sie das Mehl mit dem restlichen Zucker und wenden Sie die Bananenstücke darin.

Lassen Sie die Butter in einer Pfanne goldgelb werden und geben Sie die Bananenstücke hinein.

Bräunen Sie sie rundherum goldgelb an und lassen sie anschließend noch 8 bis 10 Minuten garen.

Gießen Sie die Kokossahne über einem Gefäß in ein feines Sieb, passieren Sie sie mit einem Kochlöffel durch und fangen die Flüssigkeit möglichst vollständig auf. Schmecken Sie mit Salz ab und gießen die Sahne in eine tiefe Schale.

Lassen Sie die Bananen auf Küchenkrepp abtropfen und salzen Sie sie noch ein wenig.

Richten Sie sie dann in der Sahne an und servieren Sie.

FÜR 4 PERSONEN

Vorbereitungszeit: 25 Min.
Kochzeit: 15 Min.

400 g frische, sehr junge Maiskölbchen (oder Maiskölbchen aus der Dose)
300 g Zuckerschoten
120 ml Milch
30 g Butter
1 Knoblauchzehe
1 Zweig frischer Thymian
1 TL Puderzucker
grobkörniges Salz
Salz
Pfeffer

MAISKÖLBCHEN MIT ZUCKERSCHOTEN

Die Idee zu diesem Rezept kam mir in den Vereinigten Staaten, wo sich der Mais in jeder Form, vor allem aber die ganz kleinen Kölbchen, sehr großer Beliebtheit erfreut. Wenn Sie den Mais nicht selbst anbauen, bekommen Sie diesen kleinen »Baby-Mais« bei uns in Europa vielleicht nicht ohne weiteres frisch. Sie können dann stattdessen auch tiefgefrorene Maiskölbchen oder Konserven verwenden.

Befreien Sie die kleinen Maiskölbchen von den Blättern und den Fäden.

Kochen Sie sie anschließend in 1 l Salzwasser, dem Sie die Milch zugefügt haben, auf und lassen sie danach noch 2 bis 3 Minuten weiterkochen. Das müßte ausreichen. Gießen Sie sie dann ab und stellen Sie sie auf die Seite.

Wenn Sie Dosenmais verwenden, müssen Sie ihn lediglich abtropfen lassen; den tiefgefrorenen Mais tauen Sie auf und lassen ihn ebenfalls abtropfen, bevor Sie ihn weiterverarbeiten.

Schneiden Sie die Enden der Zuckerschoten ab und fädeln Sie sie ab.

Ziehen Sie die Knoblauchzehe ab und zerdrücken Sie sie gut.

Erhitzen Sie 30 g Butter in einer großen Pfanne und geben Sie die Zuckerschoten, den Knoblauch, den Zweig Thymian und den Zucker hinein. Salzen Sie und braten Sie das Ganze 2 bis 3 Minuten auf großer Flamme. Fügen Sie danach die Maiskölbchen hinzu und braten Sie alles weitere 2 Minuten auf großer Flamme.

Nehmen Sie anschließend den Thymian und den Knoblauch heraus, schmecken Sie mit Salz und Pfeffer ab und servieren Sie.

QUITTEN IN JOHANNISBEER-CREMESAUCE

FÜR 4 PERSONEN

Vorbereitungszeit: 20 Min.
Kochzeit: 1 Std.

1 kg Quitten
1 EL Crème fraîche
5 g Streuzucker
20 Blätter von schwarzen
Johannisbeeren oder
1 bis 2 EL frische, tiefgefrorene oder eingelegte
schwarze Johannisbeeren
grobkörniges Salz
Salz
Pfeffer

Foto links

Ich kann mir vorstellen, wie überrascht Sie sein werden, wenn Sie dieses Rezept studieren. Aber es gibt kein »Gemüse«, das sich besser als Beilage zu Wild eignet als Quitten. Hase, Reh und Rebhuhn fühlen sich in ihrer Gesellschaft wohl. Sie können sich aber auch am Anblick eines schönen fleischigen, mit einer cremigen Sauce übergossenen und mit rosigen Quitten umlegten Fasans erfreuen, der zudem noch köstlich schmeckt!

Verwenden Sie sehr reife Quitten mit einer schönen gelben Farbe.

Reiben Sie sie so lange mit einem Geschirrtuch ab, bis Sie den Flaum restlos entfernt haben. Schälen und vierteln Sie sie, entfernen Sie die Kerngehäuse mit den Kernen und bewahren Sie diese, ebenso wie die Schalen, auf.

Geben Sie Schalen, Kerngehäuse und Kerne in ein dünnes Tuch und verschnüren Sie es mit einem Bindfaden zu einem Bündel. Geben Sie das Bündel dann in eine Kasserolle mit 2 l leichtgesalzenem Wasser und kochen es auf kleiner Flamme auf.

Zerteilen Sie die Quittenviertel jeweils in 4 Scheiben und geben Sie diese in die Kasserolle. Schließen Sie den Topf und lassen die Quitten je nach Qualität und Reife 30 bis 40 Minuten auf kleiner Flamme köcheln. Sobald sie gar, d.h. weich sind, nehmen Sie das Bündel mit den Schalen und den Kernen heraus, geben sie in ein feines Sieb und passieren sie über einer Kasserolle gut durch, um möglichst den ganzen Saft aufzufangen.

Bringen Sie den Saft anschließend zum Kochen und lassen ihn bis auf etwa 4 EL einkochen. Geben Sie nun die gewaschenen und getrockneten Johannisbeerblätter (oder die Johannisbeeren) hinein und lassen das Ganze zu einer sirupartigen Flüssigkeit einkochen.

Gießen Sie die Quitten ab, schrecken sie aber nicht ab und schütten die Kochflüssigkeit weg.

Geben Sie die Crème fraîche und den Zucker in den Johannisbeersirup und schmecken Sie mit Salz und Pfeffer ab.

Lassen Sie die Sauce nochmals aufkochen, nehmen Sie die Johannisbeerblätter heraus und legen Sie die Quitten hinein. Lassen Sie das Ganze noch einmal aufwallen und servieren Sie dann.

Eine richtige Farbpalette: die kleinen gefüllten Gemüse *Alt-Nizza*, Rezept Seite 216 (Foto folgende Doppelseite).

GEMÜSE-
KOMBINATIONEN

Kombinieren Sie sie doch miteinander... Kombinieren Sie sie miteinander, die herrlichen bunten Gemüse, die uns durch das ganze Jahr begleiten. Eine bezaubernde Dekorationsidee ist es übrigens, den traditionellen Blumenstrauß in der Mitte des Tisches durch ein Gebinde aus taufrischem Gemüse zu ersetzen, dem Sie ein noch frischeres Aussehen verleihen können, wenn Sie es mit Wasser besprühen. Warum dekorieren Sie für ein festliches Essen nicht einmal eine lange Tafel mit Silberleuchtern und pyramidenförmig angeordneten Früchten, Gemüsen und Kräutern, wie zum Beispiel Chicorée, Äpfel, Zitronen und Fenchelsträußchen? Ein so freundlicher und farbenfroher Tischschmuck gibt bereits einen netten Vorgeschmack auf die Gerichte aus verschiedenen Gemüsen, die Sie servieren werden.

Die einzelnen Gemüse können jedoch nicht alle auf dieselbe Art zubereitet und in gleicher Weise abgeschmeckt werden. Zudem liegt es keineswegs auf der Hand, welche Gemüse man zusammen zu einem Gericht verarbeiten kann, und man muß die Besonderheiten jeder Frucht genau kennen, um gelungene Kombinationen herzustellen. Sie sollten sich aber trotzdem nicht davon abhalten lassen, es auszuprobieren, denn die Gerichte sind meist sehr schmackhaft. Voraussetzung ist allerdings, daß Sie es verstehen, das richtige Bindeglied zu wählen, um die verschiedenen Gemüse auf harmonische Weise aufeinander abzustimmen. Das kann eine gute süße oder gesalzene Butter, eine ganz frische Sahne, ein fein aromatisiertes Fruchtöl sein – oder einfach nur ein Ei: verquirlt, als Rührei oder direkt in das Gericht geschlagen. Ein Ratatouille, das man mit einem Ei garniert und dann kurz in den Backofen gegeben hat, ist eine Köstlichkeit. Empfehlen kann ich Ihnen aber auch Omelettes mit Gemüsepürees oder Kräutern – in der Provence *crespeou* genannt – oder Omelettes, die man mit einer Füllung aus verschiedenen gemeinsam gekochten oder pikant in Essig eingelegten Gemüsen (siehe dazu das Rezept S. 234) füllt und dann wie Crêpes zusammenrollt.

Ich werde oft gebeten, für lange Sommerabende mit Freunden, sogenannte »Omelette-Partys« zu organisieren, bei denen sich jeder nach Lust und Laune kleine, bunte und lecker duftende, warme oder kalte Omelettes zusammenstellen kann. Damit Sie sich ausschließlich Ihren Freunden widmen können, sollten Sie die Omelettes schon vorher vorbereiten. Sie können dazu beispielsweise folgende Füllungen anbieten:

• in Olivenöl weichgegarten Spinat mit etwas geriebenem Parmesan und einigen feingehackten Basilikumblättchen, eventuell auch noch mit gehackten Sardellenfilets;
• enthäutete, in Würfel geschnittene Tomaten mit einem Hauch Knoblauch und etwas Thymianblüte;
• in Olivenöl gedünstete gehackte Mangoldblätter mit gehackten süßen Zwiebeln;
• grob gehackte Walnüsse mit gehacktem Knoblauch;
• feingeschnittene, in Öl angebratene Zucchini mit gehackter Petersilie;
• mit der Schale in Öl gedünstete Auberginenscheiben mit gehacktem Knoblauch;
• gehackte Petersilie, Kerbel und Schnittlauch (jeweils die gleiche Menge) mit 1 Msp. Estragon;
• in Ringe geschnittene, goldgelb angeschwitzte weiße Zwiebeln;
• kleine wilde Spargel, die 1 Minute in kochendem Wasser blanchiert wurden.

OMELETTE-KUCHEN

Sie können diesen leckeren, goldgelben Omelette-Kuchen folgendermaßen zubereiten: Stellen Sie zunächst nach Rezept mehrere Omelettes her und heizen Sie dabei den Backofen vor.

Nehmen Sie einige Tortenformen, fetten Sie die Böden und die Wände mit Öl ein und backen Sie Ihre Omelettes einzeln jeweils 10 Minuten im Ofen. Stürzen Sie sie anschließend, schichten Sie sie aufeinander und bepinseln Sie jede Schicht mit verquirltem Ei. Geben Sie den Kuchen danach nochmals für 1 bis 2 Minuten in den Ofen. Holen Sie ihn anschließend heraus und lassen ihn etwas abkühlen.

Schneiden Sie den Kuchen auf und servieren Sie ihn lauwarm oder kalt mit einem gemischten Salat aus verschiedenen Blattsalaten.

Das Auberginengratin *Vieux Peyg...* in abgewan...delter Form mit überba...nen Eiern (Foto rechts)

FÜR 4 PERSONEN

Vorbereitungszeit: 2 Std.
Garzeit: 20 Min.

Für die Tomaten:
4 kleine Tomaten
1 EL Reis
1 EL Wurstbrät
4 gehackte Basilikum-
blätter
1 Stückchen Butter
Salz
Pfeffer

Für die Zucchini:
4 kleine runde Zucchini
1 Eigelb
1 EL Olivenöl
1 EL süße Sahne
1 EL geriebener Parmesan
einige Würfelchen roten
Paprika
1 EL Semmelbrösel
Salz
Pfeffer

Für die Artischocken:
4 Herzen von kleinen
violetten Artischocken
1 kleine Möhre
2 EL gehackte Zwiebel
4 Sardellenfilets
4 EL Olivenöl
2 EL Weißwein
Saft 1/2 Zitrone
1 Stückchen Butter
Salz

Für die Champignons:
4 Champignonköpfe
6 feingehackte
Champignons
1 EL konzentrierte Kalbs-
brühe
1 TL Schnittlauch
1 Msp. Knoblauch
1 EL Olivenöl
Salz
Pfeffer

KLEINE GEFÜLLTE GEMÜSE »ALT-NIZZA«

In einigen der versteckt in den Altstadtgäßchen von Nizza gelegenen Restaurants werden, wenn auch zunehmend seltener, diese typisch provenzalischen, gefüllten Gemüse noch angeboten.
Die Zubereitung ist zwar einfach, aber ziemlich zeitaufwendig.
Sie sollten sie, gewissermaßen als Vorgeschmack auf Italien, nach Möglichkeit unter einem großen grünen Sonnenschirm vor einem der ockerfarbenen Häuser, unweit eines Feigenbaums und eines Springbrunnens genießen ...

Tomaten:
Kochen Sie den Reis 15 Minuten in kochendem Salzwasser und gießen Sie ihn dann ab, ohne ihn abzuschrecken.

Schneiden Sie von den Tomaten einen Deckel ab und schaben Sie das Fruchtfleisch heraus. Stellen Sie aus dem Wurstbrät, dem Reis und dem gehackten Basilikum eine Füllung her und schmecken Sie diese mit Salz und Pfeffer ab. Vermengen Sie die Zutaten gründlich und füllen Sie anschließend die Tomaten damit. Geben Sie die Deckel wieder auf die Tomaten, schichten Sie sie in eine feuerfeste Form und fügen Sie 1 Stückchen Butter hinzu.

Zucchini:
Schneiden Sie von den 4 kleinen Zucchini jeweils einen Deckel ab und schaben Sie die Hälfte des Fruchtfleischs heraus.

Blanchieren Sie die Zucchini 2 bis 3 Minuten in kochendem Salzwasser.

Dünsten Sie das herausgeschabte Zucchinifleisch zunächst in 1 EL Olivenöl an und braten Sie es danach kräftig an, damit die gesamte Flüssigkeit verdampft. Geben Sie es danach in eine Schüssel.

Vermischen Sie nun das Eigelb, die Sahne, die Paprikawürfel, den Parmesan, die Semmelbrösel und das Zucchinifleisch miteinander und schmecken Sie mit Salz und Pfeffer ab.

Füllen Sie die Mischung in die

Zucchini, geben Sie die Deckel wieder darauf und schichten Sie sie in eine mit etwas Öl eingefettete ofenfeste Form.

Artischocken:
Entfernen Sie die Blätter und das Heu der Artischocken, so daß Sie nur die Herzen zurückbehalten. Legen Sie diese sofort in kaltes Zitronenwasser, damit sie sich nicht verfärben. Garen Sie anschließend 25 Minuten in Salzwasser, dem Sie ebenfalls etwas Zitronensaft beigegeben haben.

Geben Sie die gehackte Zwiebel und die in sehr kleine Würfel geschnittene Möhre mit 1 Stückchen Butter in einer Kasserolle.

Dünsten Sie das Gemüse auf sehr kleiner Flamme weich und würzen Sie anschließend mit Salz.

Gießen Sie die Artischockenherzen ab und garnieren Sie sie jeweils mit 1 kleinen Löffel der Zwiebel-Möhren-Mischung. Geben Sie jeweils 1 in Öl eingelegtes Sardellenfilet darauf, schichten Sie die Artischocken in eine kleine Kasserolle und gießen Sie das Olivenöl und den Weißwein dazu.

Champignons:
Stellen Sie eine relativ trockene Farce aus den 6 feingehackten Champignons, dem gehackten Schnittlauch, der konzentrierten Kalbsbrühe, 1 Msp. Knoblauch, Salz und Pfeffer her.

Füllen Sie die Farce in die Champi-

gnonköpfe und schichten Sie diese in eine mit Öl eingefettete feuerfeste Form.

Zwiebeln:
Schälen Sie die Zwiebeln und blanchieren Sie sie kurz in kochendem Salzwasser. Gießen Sie sie ab und schrecken Sie sie ab. Schneiden Sie einen breiten Deckel von den Zwiebeln ab und schaben Sie das Fleisch bis auf die beiden äußeren Hüllen heraus. Hacken Sie das herausgeschabte Zwiebelfleisch fein und garen es auf sehr kleiner Flamme, bis die Flüssigkeit weitgehend verdunstet ist. Vermischen Sie das Zwiebelpüree mit dem Eigelb, dem gehackten Basilikum und dem geriebenen Gruyère und schmecken Sie mit Salz und Pfeffer ab.

Füllen Sie die Mischung in die Zwiebeln, schichten Sie diese in eine kleine ofenfeste Form und fügen Sie 1 Stückchen Butter und 2 EL Hühnerbrühe hinzu. Bestreuen Sie die Zwiebeln anschließend mit den in Butter gerösteten Weißbrotwürfeln.

Zucchiniblüten:
Bereiten Sie ein kleines Ratatouille aus der Aubergine, der Zucchini und der in kleine Würfel geschnittenen Paprikaschote zu. Garen Sie das Gemüse dazu 25 Minuten auf mittlerer Flamme in dem Olivenöl und schmecken Sie es mit der Thymianblüte, Salz und Pfeffer ab.

Verteilen Sie das Ratatouille anschließend auf den Zucchiniblüten. Schließen Sie die Blüten, indem Sie sie einfach nur mit den Fingern zusammendrücken, schichten Sie sie dann in eine Auflaufform und fügen Sie 1 Stückchen Butter hinzu.

Fertiggaren des gefüllten Gemüses:
Geben Sie das gefüllte Gemüse zum Fertiggaren für 20 Minuten bei mittlerer Hitze (160 °C) in den Backofen.

Schöpfen Sie anschließend die Kochflüssigkeit der einzelnen Gemüse ab, gießen sie in eine kleine Kasserolle und fügen die frische Butter und das gehackte Basilikum hinzu. Verrühren Sie das Ganze gründlich und schmecken Sie es ab.

Richten Sie die gefüllten Gemüse auf einer Platte an, begießen sie mit der Sauce und bestreuen sie je nach Belieben mit frischem Schnittlauch, Basilikum oder Petersilie.

Für die Zwiebeln:
4 mittelgroße, frische weiße Zwiebeln
1 Eigelb
1 TL geriebener Gruyère
4 gehackte Basilikumblätter
2 EL Hühnerbrühe
1 Stückchen Butter
einige kleine Croûtons aus in Butter geröstetem Weißbrot
1 EL Olivenöl
Salz
Pfeffer

Für die Zucchiniblüten:
4 schöne frische Zucchiniblüten
1 kleine Zucchini
1 kleine Aubergine
1 kleine Paprikaschote
2 EL Olivenöl
1 TL Thymianblüte
1 Stückchen Butter
Salz
Pfeffer

Für die Sauce:
25 g Butter
2 Basilikumblätter
Schnittlauch, Basilikum oder Petersilie
Salz
Pfeffer

Foto Seite 212–213

GEMÜSEEINTOPF MIT ORANGEN

FÜR 4 PERSONEN

Vorbereitungszeit: 45 Min.
Kochzeit: 40 Min.

1 Zwiebel
4 mittelgroße Möhren
4 mittelgroße weiße
Rübchen
4 Herzen von violetten
Artischocken
4 Stangen Lauch (nur die
weißen Teile)
1 Stangensellerie (nur das
Innere)
100 g Brechbohnen
100 g Spinat
2 mittelgroße Kartoffeln
2 mittelgroße, nicht zu reife
Tomaten
5 EL Olivenöl
1,5 l Hühnerbrühe (frisch
zubereitet oder aus
Konzentrat)
getrocknete Schalen von
2 Orangen (nach Möglich-
keit unbehandelt)
4 Eigelb
2 EL Petersilie
grobkörniges Salz
Salz
Pfeffer

Für das Kräutersträußchen:
1 kleiner Stengel getrock-
netes Fenchelkraut
1 kleiner Zweig Thymian
3 Stengel Petersilie
1 Lorbeerblatt

*Für die Knoblauch-
mayonnaise:*
2 Eigelb
$^1/_2$ gekochte Kartoffel
2 Knoblauchzehen
250 ml Olivenöl
Salz
Pfeffer
einige 1 cm dicke
Scheiben ungeröstetes,
altbackenes Baguette

Foto rechts

Der Name *bourride* bezeichnet meist eine Art Bouillabaisse aus weißem Fisch, er steht jedoch auch für die Grundlage dieses Gerichts: eine mit einer Knoblauchmayonnaise angedickte Gemüsebrühe mit Kartoffeln, zu der ich gerne auch noch andere Gemüse gebe …

Bereiten Sie zunächst das Gemüse vor: Schälen Sie die Möhren und die weißen Rübchen, befreien Sie die Artischocken von den Blättern und dem Heu. Entfernen Sie die äußeren Blätter der Lauchstangen, so daß Sie nur die weißen Teile zurückbehalten, waschen Sie sie gründlich und bündeln Sie sie.

Vierteln Sie den Sellerie der Länge nach und waschen Sie ihn. Trennen Sie die Enden der Bohnen ab, fädeln Sie sie ab und waschen Sie sie. Entstielen Sie die Spinatblätter und waschen Sie sie gründlich. Schälen Sie die Kartoffeln und schneiden Sie sie in etwa 1 cm dicke Scheiben.

Schneiden Sie mit einem Haushaltsmesser 2 Stücke aus einer Orangenschale heraus.

Hacken Sie die Zwiebel und dünsten Sie sie dann in einer flachen, relativ breiten Kasserolle auf mittlerer Flamme in dem Olivenöl an. Wenn Sie Farbe annimmt, fügen Sie die Hühnerbrühe, das Kräutersträußchen und die Orangenschale hinzu. Lassen Sie das Ganze aufkochen und würzen Sie sparsam mit Salz.

Geben Sie anschließend die Möhren, den Lauch, den Sellerie, die weißen Rübchen, die Kartoffeln und die Artischockenherzen hinein und lassen Sie das Gemüse ca. 25 bis 30 Minuten zugedeckt auf kleiner Flamme garen.

Geben Sie in der Zwischenzeit die Bohnen in kochendes Salzwasser, kochen Sie sie 10 Minuten und schrekken sie dann mit kaltem Wasser ab.

Prüfen Sie durch Einstechen mit einem Messer, ob das Gemüse gar ist. Es muß weich, aber noch etwas bißfest sein. Fügen Sie am Ende der Kochzeit die in dicke Scheiben geschnittenen Tomaten hinzu und verteilen Sie die Spinatblätter auf dem Gemüse.

Nach 1 bis 2 Minuten, wenn der Spinat gar ist, schalten Sie den Herd aus.

Nehmen Sie das Gemüse mit einem Schaumlöffel heraus und verteilen Sie es auf 4 vorgewärmten, tiefen Tellern. Erhitzen Sie die Bohnen in der Gemüsebrühe und geben Sie sie dann zu dem übrigen Gemüse. Halten Sie die Teller anschließend bei schwacher Hitze im Backofen warm.

Bereiten Sie nun, wie im Rezept auf S. 26 beschrieben, eine Knoblauchmayonnaise zu.

Geben Sie die Hälfte der Knoblauchmayonnaise in eine große Schüssel und fügen Sie die 4 Eigelb hinzu. Verrühren Sie das Ganze mit dem Schneebesen und gießen Sie dann unter kräftigem Rühren $^1/_2$ l der Gemüsebrühe dazu. Erhitzen Sie das Ganze auf kleiner Flamme, ohne es zum Kochen kommen zu lassen und rühren Sie dabei laufend mit dem Schneebesen weiter, damit die Eier nicht ausflocken, d. h. damit sie nicht zu schnell gerinnen.

Sobald die Flüssigkeit eine cremige Konsistenz annimmt, schalten Sie den Herd aus und passieren sie durch ein feines Sieb.

Übergießen Sie das auf die Teller verteilte Gemüse mit der Sauce und streuen Sie die grob gehackte Petersilie darüber.

Geben Sie die restliche Knoblauchmayonnaise in eine Schüssel und reichen Sie sie getrennt dazu.

So kann jeder sein Brot zunächst in die Mayonnaise und dann in seine Suppe tauchen.

GEMÜSE-QUICHE MIT THYMIAN

FÜR 4 PERSONEN

Vorbereitungszeit: 1 Std.
Ruhezeit: 1 Std. 30 Min.
Kochzeit: 1 Std. 5 Min.

250 g Spinat
300 g Auberginen
400 g Champignons
500 g Tomaten
45 g Butter
300 g Mürbteig
6 EL Olivenöl
240 ml süße Sahne
2 Eier
1 kleine Knoblauchzehe
1 Msp. geriebene Muskat-
nuß
1 Msp. Thymianblüte
Salz
Pfeffer

Für den Mürbteig:
200 g Mehl
100 g Butter
1 Eigelb
1 Prise Salz

Ich empfehle Ihnen diese Quiche als Vorspeise zu einem gepflegten Essen. Die Zubereitung erfordert etwas Zeit und Fingerspitzengefühl, doch das Ergebnis wird ganz Ihren Erwartungen entsprechen.

Stellen Sie zunächst einen Mürbteig her: Lassen Sie dazu die Butter weich werden, drücken Sie eine Vertiefung in das Mehl und geben Sie das Ei, das Salz und die weiche Butter hinein. Vermengen Sie die Zutaten rasch mit den Fingerspitzen, formen Sie den Teig zu einer Kugel, schlagen ihn in ein Geschirrtuch ein und geben ihn dann für mindestens 1 Stunde in den Kühlschrank.

Schneiden Sie nun die erdigen Teile der Champignonstiele ab und waschen Sie die Pilze anschließend kurz unter fließendem Wasser. Lassen Sie sie abtropfen, trocknen Sie sie in Küchenkrepp und schneiden sie dann in feine Scheibchen.

Zerlassen Sie 15 g Butter in einer flachen Kasserolle oder einer Pfanne, geben Sie die Champignons hinein, salzen Sie und braten Sie die Pilze auf großer Flamme, bis sie ihre gesamte Flüssigkeit abgegeben haben. Stellen Sie sie anschließend kühl.

Heizen Sie nun den Backofen auf 210 °C (Stufe 3–4) vor.

Schälen Sie die Auberginen mit einem Küchenmesser und schneiden Sie sie in etwa 5 mm dicke Scheiben. Fetten Sie eine feuerfeste Form mit Öl ein und schichten Sie die Auberginenscheiben nebeneinander hinein. Salzen Sie sie, beträufeln sie mit Olivenöl und bestreuen sie mit Thymianblüte. Geben Sie sie dann für etwa 10 Minuten in den vorgeheizten Ofen (Stufe 3–4) und lassen sie weichgaren, ohne daß sie Farbe annehmen. Geben Sie sie anschließend auf einen Teller und stellen sie kühl.

Kochen Sie nun 2 l Wasser auf.

Entfernen Sie die Stielansätze der Tomaten und legen Sie sie in das kochende Wasser. Lassen Sie das Wasser nochmals aufwallen und schrecken Sie die Tomaten dann mit kaltem Wasser ab. Enthäuten und halbieren Sie sie, entfernen Sie die Kerne und zerteilen Sie sie mit dem Messer in grobe Würfel.

Erhitzen Sie nun 15 g Butter in einer Pfanne. Sobald sie eine goldgelbe Farbe annimmt, geben Sie die Tomaten hinein, schalten den Herd auf große Flamme, würzen mit Salz und Pfeffer und lassen die Tomatenflüssigkeit vollständig verdunsten. Fügen Sie am Ende der Kochzeit 1 Msp. gehackten Knoblauch hinzu und gießen die Tomaten anschließend in ein feines Sieb ab, um den Saft, den sie möglicherweise noch enthalten, gut abtropfen zu lassen.

Entstielen Sie nun den Spinat, waschen Sie die Blätter 2 bis 3mal sehr gründlich in frischem Wasser, lassen Sie sie dann abtropfen und trocknen sie in einem Geschirrtuch.

Lassen Sie 15 g Butter in einer Pfanne zerlaufen. Sobald sie eine goldgelbe Farbe annimmt, geben Sie die Spinatblätter hinein. Schmecken Sie mit Salz, Pfeffer und 1 Msp. Muskatnuß ab und braten Sie den Spinat anschließend auf großer Flamme, bis die gesamte Flüssigkeit verdampft ist. Nehmen Sie ihn dann vom Herd und stellen ihn kühl.

Rollen Sie nun den Teig mit einem Nudelholz aus und kleiden Sie eine hohe Kuchenform mit 24 cm Durchmesser damit aus. Stechen Sie den Teig ein paar Mal mit einer Gabel ein und stellen die Form dann für 30 Minuten in den Kühlschrank.

Verrühren Sie die Sahne und die Eier mit einem Schneebesen und würzen Sie mit Salz und Pfeffer.

Schalten Sie den Herd auf 200 °C (Stufe 3) herunter.

Nehmen Sie die Kuchenform aus dem Kühlschrank.

Verteilen Sie zunächst die Champignons auf dem Teig und geben Sie anschließend die gut abgetropften Auberginenscheiben darauf.

Gießen Sie $^1/_3$ der Eiersahne darüber und schieben Sie die Form für etwa 20 Minuten in den Ofen.

Vermischen Sie dann die Tomaten und den Spinat mit der restlichen Eiersahne, gießen Sie das Ganze über die Quiche und geben sie für weitere 20 Minuten in den Ofen.

Nehmen Sie sie anschließend heraus und lassen sie 10 Minuten ruhen.

Stürzen Sie sie dann und achten Sie dabei darauf, daß die Kruste nicht bricht. Servieren Sie sie heiß, warm oder kalt.

KURZGEBRATENES GEMÜSE MIT SESAMÖL

FÜR 2 PERSONEN

Vorbereitungszeit: 20 Min.
Kochzeit: 15 Min.

1 Möhre
$^1/_2$ Zwiebel
1 Stange Sellerie
$^1/_2$ Grünkohl (250 g)
3 EL Maisöl
1 TL Sesamöl
30 g Butter
20 g Ingwer
2 Knoblauchzehen
1 kleines Sträußchen
frischer Koriander
1 EL Sojasauce
Salz
Pfeffer

Ein kleiner Ausflug in den Fernen Osten, bei dem Sie das Gemüse einmal von einer anderen Seite kennenlernen können: frisch, knackig und mit der ganzen Frische seiner Farben. Um ein gutes Ergebnis zu erzielen, darf die Zubereitung höchstens $^1/_4$ Std. dauern, damit das Gemüse nicht weich wird. Ich habe die Zutaten mit Absicht nur für 2 Personen angegeben, denn wenn man das Gemüse in zu großen Mengen gart, verändert sich seine Konsistenz. Wenn Sie mehr Gäste bewirten müssen, sollten Sie das Gericht deshalb in mehreren Kochgefäßen zubereiten.

Schälen und waschen Sie das Gemüse, lassen es anschließend abtropfen und trocknen es gut mit Küchenkrepp ab.

Zerkleinern Sie es dann so fein wie möglich und verteilen es auf verschiedene Gefäße.

Gießen Sie das Maisöl in einen großen gußeisernen Schmortopf oder eine Pfanne und erhitzen Sie es auf großer Flamme. Sobald das Öl siedendheiß ist, geben Sie die Möhre, die Zwiebel, den Sellerie und den Ingwer hinein.

Salzen Sie sparsam und rühren Sie gut mit einem Holzpfannenwender um.

Fügen Sie nach 5 Minuten den gut getrockneten Grünkohl und den Knoblauch hinzu. Rühren Sie um und lassen Sie das Gemüse im geöffneten Topf auf großer Flamme garen. Geben Sie nach 3 oder 4 Minuten das Sesamöl, die Sojasauce und die Butter dazu.

Schmecken Sie mit Salz und Pfeffer ab, bestreuen Sie das Gericht mit Korianderblättchen und servieren Sie.

FÜR 4 PERSONEN

Vorbereitungszeit: 45 Min.
Kochzeit: 1 Std. 30 Min.

500 g schöne feste Auber-
ginen
500 g Zucchini
300 g Zwiebeln
500 g Tomaten
2 Knoblauchzehen
5 EL Olivenöl
1 TL Oregano
250 g Mozzarella
30 g Parmesan
Salz
Pfeffer

Foto rechts

TIAN AUS SOMMERGEMÜSE MIT ZWEI VERSCHIEDENEN KÄSEN

Dieses herzhafte, vollwertige Gericht verströmt beim Aufschneiden den Geruch der provenzalischen Heidelandschaft. Verwenden Sie für die Zubereitung eine Form, die zu ihm paßt: eine schöne, glacierte, südfranzösische Tonform, in der Sie den *Tian* anschließend zu einem sommerlichen Essen servieren. Das Gericht ist so aromatisch, daß es keiner Beilagen bedarf, schmeckt aber auch köstlich zu kleinen Lammkoteletts.

Schälen Sie die Zwiebeln und schneiden Sie sie in dünne Ringe. Geben Sie sie dann mit 3 EL Olivenöl in einen Schmortopf und schwitzen sie auf kleiner Flamme goldgelb an.

Heizen Sie den Backofen auf 210 °C (Stufe 3–4) vor.

Schälen Sie in der Zwischenzeit die Auberginen und schneiden Sie sie in 5 mm dicke Scheiben. Fetten Sie dann Ihr Backblech mit etwas Olivenöl ein und bestreuen Sie es mit Salz. Verteilen Sie die Auberginenscheiben darauf und geben Sie das Blech so lange in den Ofen (ca. 5 bis 10 Minuten), bis die Auberginen weich sind. Schalten Sie den Ofen danach auf 160 °C herunter.

Schälen Sie nun die Zucchini der Länge nach, d.h. so, daß Sie die Schale in Streifen abziehen, und schneiden Sie sie anschließend in 0,5 cm dicke Scheiben.

Reiben Sie die Tomaten ab, entfernen Sie die Stielansätze und schneiden Sie sie ebenfalls in 0,5 cm dicke Scheiben.

Halbieren Sie die Mozzarella und schneiden Sie sie in Scheiben, die genauso dick sein sollten wie die Tomaten- und die Zucchinischeiben.

Kleiden Sie den Boden einer etwa 30 cm langen feuerfesten Form mit den gedünsteten Zwiebeln, dem gehackten Knoblauch und den abgezupften Oreganoblättchen aus.

Schichten Sie dann nacheinander die Tomaten, die Mozzarella, die Zucchini und die Auberginen darauf.

Würzen Sie mit Salz und Pfeffer und beträufeln Sie das Ganze mit dem restlichen Olivenöl.

Geben Sie die Form anschließend für ca. 1 Stunde in den Ofen. Die Flüssigkeit muß danach verdunstet und das Gemüse leicht karamelisiert sein.

Bestreuen Sie das Gemüse mit Parmesan, drücken Sie es mit einer Gabel an und geben es für weitere 10 bis 15 Minuten in den Ofen.

Servieren Sie den *Tian* heiß oder kalt im Kochgeschirr.

Das Gericht läßt sich auch ohne weiteres aufwärmen.

GEMÜSE-PIE MIT BLATTSALAT

FÜR 4 PERSONEN

Vorbereitungszeit: 30 Min.
Ruhezeit: 1 Std.
Kochzeit: 1 Std.

Für den Teig:
200 g Mehl
100 g Butter
120 ml Wasser
Salz
1 Ei zum Bestreichen

Für die Füllung:
100 g junge Möhren
100 g kleine, junge weiße Rübchen
100 g kleine lange Zucchini
100 g kleine neue Kartoffeln
50 g Erbsen (das entspricht etwa 300 g Erbsen in Schoten)
50 g enthäutete, kleine weiße Bohnenkerne (das entspricht etwa 400 g Bohnen)
100 g frische, kleine weiße Zwiebeln
1 kleiner Kopfsalat
30 g Butter
3 EL Crème fraîche
1 TL Streuzucker
2 EL gehackte Petersilie
Salz
Pfeffer

Dieses bunte Allerlei aus verschiedenen im eigenen Saft gegarten jungen Gemüsen mit goldgelber Kruste wird nicht nur Ihren Gaumen erfreuen, sondern ist zudem auch hübsch anzusehen, denn ich habe dafür Gemüse ausgewählt, das seine Farbe bei der Zubereitung nicht einbüßt. Ich empfehle Ihnen, den Teig für den *Pie* im voraus zuzubereiten und ihn bis zur Weiterverarbeitung im Kühlschrank aufzubewahren. So wird der Teig schön kompakt, und das Ergebnis wird mehr als gelungen sein.

Bereiten Sie zunächst den Teig zu: Gießen Sie dazu 120 ml Wasser in eine Kasserolle, fügen Sie 100 g Butter und 1 Prise Salz hinzu und erhitzen Sie das Ganze so lange, bis die Butter vollständig geschmolzen ist.

Setzen Sie die Rührbesen Ihrer Küchenmaschine ein, geben Sie das Mehl in die Schüssel, gießen Sie das heiße Wasser mit der Butter hinein und verrühren Sie das Ganze auf hoher Stufe. Sobald Sie einen schönen glatten Teig erhalten, schalten Sie die Maschine aus und geben den Teig auf einen Teller.

Decken Sie ihn dann ab und stellen ihn in den Kühlschrank. Lassen Sie ihn dort mindestens 1 Stunde ruhen.

Schälen Sie nun die verschiedenen Gemüse für die Füllung. Sollten sie in der Größe zu unterschiedlich sein, zerteilen Sie die größeren Früchte, so daß Sie gleich große Stücke erhalten.

Lassen Sie in einem gußeisernen Schmortopf 30 g Butter zerlaufen und geben Sie die kleinen Zwiebeln und die Möhren hinein. Bestreuen Sie sie mit Zucker und Salz und lassen sie auf kleiner Flamme im geschlossenen Topf 10 Minuten garen. Geben Sie anschließend die weißen Rübchen, die Zucchini und die Kartoffeln dazu. Schließen Sie den Topf wieder und lassen das Gemüse auf kleiner Flamme weitergaren, bis es weich ist. Die Flüssigkeit, die das Gemüse abgibt, müßte zum Garen ausreichen. Sollte dies nicht der Fall sein, gießen Sie einige Löffel heißes Wasser dazu. Während das Gemüse gart, trennen Sie die Salatblätter ab, waschen sie und trocknen sie in einem Tuch.

Sobald das Gemüse weich ist, geben Sie die Erbsen, die Bohnenkerne und die Crème fraîche in den Topf.

Lassen Sie das Ganze aufkochen, würzen Sie mit Salz und Pfeffer und lassen es dann abkühlen.

Wenn das Gemüse kalt ist, füllen Sie es in eine ovale feuerfeste Ton- oder Porzellanform. Die Form sollte nur zu ³/₄ mit Gemüse gefüllt sein. Streuen Sie gehackte Petersilie darüber und decken Sie das Ganze mit den möglichst trockenen Salatblättern ab.

Heizen Sie nun den Backofen auf 210 °C (Stufe 3–4) vor.

Rollen Sie den Teig mit einem Nudelholz auf einem gemehlten Holzbrett etwa 2 mm dick aus.

Schlagen Sie das Ei über einer Schüssel auf, fügen Sie 1 EL kaltes Wasser hinzu und verquirlen Sie es mit einer Gabel.

Bepinseln Sie den Rand der Form, die das Gemüse enthält mit dem verquirlten Ei.

Schneiden Sie den Teig so zu, daß er 1 cm über den Rand der Form übersteht.

Drücken Sie ihn fest an den Rändern der Form an, so daß das Gemüse gut verschlossen ist, und bepinseln Sie ihn mit dem verquirlten Ei.

Schneiden Sie aus dem restlichen Teig Blätter aus und dekorieren Sie den Teigdeckel damit.

Geben Sie das Ganze dann für mindestens 15 Minuten in den Kühlschrank, damit der Teig fest wird.

Stellen Sie den *Pie* danach auf ein Backblech und geben ihn für 10 Minuten in den Ofen. Schalten Sie die Temperatur nach 10 Minuten auf 180 °C (Stufe 1) herunter und lassen den *Pie* weitere 20 Minuten backen.

Legen Sie eine gefaltete Serviette auf eine Platte oder einen Teller, stellen Sie die Form darauf und servieren sie.

224

GARTENFRISCHER GEMÜSETOPF

FÜR 4 PERSONEN

Vorbereitungszeit: 30 Min.
Kochzeit: 30 Min.

12 kleine neue Zwiebeln
oder frische, kleine weiße
Zwiebeln
4 kleine Kopfsalate
etwa 20 junge Möhren mit
Kraut
etwa 20 junge weiße
Rübchen
250 g sehr Erbsen (das
entspricht etwa 1,5 kg
Erbsen in Schoten)
250 g sehr kleine neue
Kartoffeln
150 g kleine Speckstreifen
ohne Schwarte
70 g frische Butter
1 TL Salz

Meine Leidenschaft für das Gemüse habe ich schon in frühester Kindheit entwickelt, als ich zum ersten Mal dieses Gericht aus Gemüse aß, das »geradewegs« aus dem Garten meines Vaters kam. Für die Zubereitung wäre es natürlich ideal, wenn Sie einen Gemüsegarten besäßen und das Gemüse im Morgengrauen oder nach Sonnenuntergang ernten könnten. Aber wenn Sie rechtzeitig genug aufstehen und sehr früh auf den Markt gehen, können Sie auch dort wunderbar frisches Gemüse finden.

Und noch ein Rat: Genießen Sie das Gericht ohne weitere Beilagen, die hat es nämlich nicht nötig.

Entfernen Sie die äußere Schale der Zwiebeln, schneiden Sie die Wurzeln und die Stiele oberhalb des Blattansatzes ab und reiben Sie die Zwiebeln dann lediglich mit einem Tuch ab.

Waschen Sie die kleinen Salatköpfe unter fließendem kaltem Wasser und trocknen Sie sie auf einem Geschirrtuch. Zerteilen Sie sie nicht.

Schaben Sie die dünne Schale der Möhren mit der Spitze eines kleinen Messers ab und entfernen Sie das Kraut und die Wurzeln. Säubern Sie sie ohne Wasser und zerteilen Sie sie nicht.

Schneiden Sie das Kraut und die Wurzeln der weißen Rübchen ab und schaben Sie die dünne Schale mit einem Haushaltsmesser ab. Säubern Sie sie, ohne sie zu waschen, und lassen Sie sie ganz.

Pellen Sie die Erbsen aus den Schoten und sondern Sie die größeren Erbsen aus. Waschen Sie sie nicht.

Schälen Sie die Kartoffeln mit den Fingerspitzen unter fließendem kaltem Wasser.

Trocknen Sie sie dann ab. Lassen Sie sie vor allem nicht länger im Wasser liegen.

Erhitzen Sie 10 g Butter mit den kleinen Speckstreifen in einem Schmortopf. Braten Sie sie 2 bis 3 Minuten von beiden Seiten an, ohne daß sie Farbe annehmen, und wenden Sie sie dabei laufend mit einem Holzpfannenwender.

Geben Sie dann die Möhren, die weißen Rübchen, die Kartoffeln, die kleinen Zwiebeln und die Erbsen hinein und fügen Sie 4 EL kaltes Wasser und 1 TL Salz hinzu. Legen Sie anschließend die Salatköpfe locker darauf, schließen Sie den Topf und lassen das Ganze 20 bis 30 Minuten auf mittlerer Flamme garen. Um zu prüfen, ob das Gemüse weich ist, stechen Sie eine Kartoffel mit der Spitze eines Messers ein. Wenn die Messerspitze mühelos in das Fleisch eindringt, ist auch das übrige Gemüse gar.

Fügen Sie dann 60 g Butter hinzu, schmecken Sie ab, salzen Sie gegebenenfalls nach und servieren Sie sofort, denn das Gericht sollte nicht längere Zeit stehen.

FÜR 4 PERSONEN

Vorbereitungszeit: 30 Min.
Kochzeit: 45 Min.

250 g junge Möhren
100 g Knoblauch
150 g junge weiße
Rübchen
5 g Streuzucker
40 g Butter
20 g Petersilie
Salz
Pfeffer

Foto rechts

MÖHREN-RÜBEN-TOPF MIT KNOBLAUCH

Bei diesem sehr einfachen Rezept kommt es vor allem auf die Qualität des Gemüses an, das besonders frisch und zart sein muß. Wahrscheinlich bekommen Sie solches Gemüse am ehesten im Frühjahr.

Ziehen Sie die Knoblauchzehen ab und geben Sie sie in einen Schmortopf mit 1 l kaltem Wasser. Salzen Sie und bringen Sie das Wasser zum Kochen. Lassen Sie die Knoblauchzehen 2 bis 3 Minuten kochen und gießen Sie sie dann ab. Wiederholen Sie diesen Vorgang 4mal und stellen Sie die Zehen dann auf die Seite.

Schaben Sie die Möhren und die weißen Rübchen.

Geben Sie sie mit 4 EL Wasser, 1 Prise Salz, 30 g frischer Butter und dem Streuzucker in einen Schmortopf. Schließen Sie den Topf und lassen Sie das Gemüse auf mittlerer Flamme 15 Minuten garen.

Öffnen Sie den Topf anschließend und lassen die Kochflüssigkeit auf großer Flamme vollständig verdunsten.

Hacken Sie in der Zwischenzeit die Petersilie grob.

Geben Sie 10 g Butter in eine Pfanne. Sobald sie einen goldgelbe Farbe annimmt, fügen Sie die Knoblauchzehen hinzu und schwitzen sie auf mittlerer Flamme goldgelb an.

Geben Sie dann die Möhren und die weißen Rübchen dazu.

Schmecken Sie das Gericht mit Salz und Pfeffer ab, bestreuen Sie es mit der gehackten Petersilie und servieren Sie es in einer vorgewärmten Schüssel.

FÜR 4 BIS 6 PERSONEN

Vorbereitungszeit: 30 Min.
Kochzeit: 2 Std. 5 Min.

2 mittelgroße Zucchini
1 Süßkartoffel
1 große Kartoffel
10 Knoblauchzehen
6 große Tomaten
$1/2$ TL abgezupfte Majoranblättchen
$1/2$ TL abgezupfte Bohnenkrautblättchen
4 EL grobgehackte Petersilie
6 EL geriebener Parmesan
2 mittelgroße Auberginen
2 milde rote Paprikaschoten
2 große Zwiebeln
10 EL Olivenöl
Salz
Pfeffer

GEMÜSEAUFLAUF

Ich möchte Sie gerne an diesem Gericht teilhaben lassen, das ich mit großem Appetit genossen habe, als es meine Freundin Antoinette, die in dem wunderhübschen Dörfchen Saint-Clair, in der Nähe des Seebads Lavandou lebt, für mich zubereitet hat.

Schälen Sie die Süßkartoffel, die Kartoffel und die Knoblauchzehen. Entfernen Sie die Stielansätze der Tomaten und blanchieren Sie sie einige Sekunden in kochendem Wasser. Enthäuten Sie sie anschließend und stellen sie auf die Seite.

Geben Sie den Majoran, das Bohnenkraut, die Petersilie und den Knoblauch mit 4 EL Parmesan in den Mixer, zermahlen Sie das Ganze gründlich und stellen es dann zur Seite.

Nehmen Sie nun eine Charlottenform mit 18 bis 20 cm Durchmesser, fetten Sie den Boden und die Wände großzügig mit Öl ein und streuen Sie sie mit 2 EL geriebenem Parmesan aus.

Schneiden Sie die Auberginen der Länge nach in feine Scheiben und kleiden Sie den Boden und die Wände der Form sorgfältig damit aus.

Schneiden Sie die Kartoffel und die Süßkartoffel in 3 bis 4 mm dicke Scheiben und verteilen Sie diese auf den Auberginenscheiben.

1 kleiner Zweig Bohnen-
kraut
und 1 Stengel Majoran
zum Garnieren

Würzen Sie mit Salz und Pfeffer, bestreuen Sie das Ganze mit $1/3$ der Kräutermischung und beträufeln Sie es mit 2 EL Olivenöl.

Schälen Sie dann die Paprikaschoten, entfernen Sie die Kerne, schneiden Sie das Fleisch in Streifen und verteilen Sie diese anschließend auf den Kartoffelscheiben.

Zerteilen Sie die ungeschälten Zucchini in 3 bis 4 mm dicke Scheiben, schichten Sie sie auf die Paprikastreifen und bestreuen Sie das Ganze wiederum mit $1/3$ der Kräutermischung.

Würzen Sie mit Salz und Pfeffer und träufeln Sie 2 EL Olivenöl darüber.

Schneiden Sie dann die Zwiebeln in dünne Ringe und verteilen Sie sie auf der Kräutermischung.

Entfernen Sie die Kerne der Tomaten, schneiden Sie sie in grobe Würfel und vermengen sie mit dem restlichen Drittel der Kräutermischung. Würzen

Sie mit Salz und Pfeffer, verteilen Sie das Ganze auf den Zwiebelringen und beträufeln Sie es mit dem restlichen Olivenöl.

Fetten Sie nun ein Stück Butterbrotpapier, das Sie auf die Größe der Form zugeschnitten haben, mit Olivenöl ein, decken Sie das Gemüse damit ab und geben Sie die Form für 30 Minuten in den auf 210 °C (Stufe 3–4) vorgeheizten Ofen. Schalten Sie die Temperatur danach auf 100 °C herunter und lassen Sie das Ganze 1 Stunde 30 Minuten weitergaren.

Nehmen Sie die Form anschließend aus dem Ofen, stellen sie 2 Minuten auf den Herd, damit der Boden schön anbräunt und stürzen sie dann auf eine Platte.

Schöpfen Sie das eventuell noch verbliebene Öl mit einem Löffel ab und dekorieren Sie das Gericht mit einem Kreuz aus 1 kleinen Zweig Bohnenkraut und 1 Stengel Majoran.

FÜR 4 PERSONEN

Vorbereitungszeit: 30 Min.
Kochzeit: 50 Min.

24 Spargelstangen
8 kleine Pfefferartischocken
8 junge Lauchzwiebeln
150 g Pfifferlinge oder Milchlinge
12 kleine weiße Zwiebeln
1 Möhre
8 EL Olivenöl
120 ml trockener Weißwein
100 g Speckschwarte
(nach Belieben)
Saft $1/2$ Zitrone
1 Zweig Thymian
1 Zweig Bohnenkraut
3 Knoblauchzehen
Salz
Pfeffer

GEMÜSE-*BARIGOULE* MIT GARTENKRÄUTERN

Im Provenzalischen bezeichnete das Wort *barigoule* ursprünglich einen Waldpilz, den Edelreizker. Später ging der Name dann auf das Gericht aus kleinen Artischocken über, in dem er verwendet wurde. Dieses uralte südfranzösische Rezept verdient es wahrlich, wieder zu Ehren gebracht zu werden. Es verbindet auf geglückte Weise die herben Genüsse des Maquis und der provenzalischen Heidelandschaft mit denen eines provenzalischen Gemüsegartens.

Gießen Sie 2 EL Olivenöl in eine Kasserolle, geben Sie die kleinen weißen Zwiebeln und die in dünne Scheiben geschnittene Möhre dazu und lassen Sie das Gemüse auf kleiner Flamme goldgelb anbräunen. Blanchieren Sie die Speckschwarte einige Minuten in kochendem Wasser und gießen sie dann ab.
Geben Sie die geschälten und in feine Scheibchen geschnittenen Knoblauchzehen, den Thymian und das Bohnenkraut, die Speckschwarte, 1 guten EL Olivenöl, den Weißwein und einige

Löffel Wasser zu den Zwiebeln und der Möhre in den Topf.

Salzen Sie sparsam und lassen Sie das Ganze auf sehr kleiner Flamme zugedeckt 20 Minuten garen.

Stellen Sie in der Zwischenzeit aus 3 EL Olivenöl, 1 zerdrückten Knoblauchzehe und dem gehackten Basilikum eine Paste her und würzen Sie sie mit Pfeffer.

Entfernen Sie die ersten 2 oder 3 unteren Blattreihen der Pfefferartischocken.

Kürzen Sie die Blattpitzen um 2 cm.

Schneiden Sie die Stiele bis auf 2 cm ab und schälen Sie sie mit einem Haushaltsmesser.

Halbieren Sie die Artischocken anschließend der Länge nach und geben Sie sie kurz in kaltes Wasser, dem Sie den Saft der halben Zitrone zugefügt haben.

Schneiden Sie die Spargelspitzen 7 bis 8 cm lang ab, waschen Sie sie mit kaltem Wasser und lassen sie abtropfen.

Schälen Sie die Lauchzwiebeln und behalten Sie nur die weißen Teile zurück. Waschen Sie sie kurz unter fließendem kaltem Wasser und lassen sie dann abtropfen.

Entfernen Sie von den Pfifferlingen oder den Milchlingen die erdigen Teile der Stiele. Sollten sie sehr schmutzig sein, waschen Sie sie und lassen sie abtropfen. Wenn sie sauber sind, reiben Sie sie lediglich mit einem feuchten Geschirrtuch ab.

Nehmen Sie dann die Speckschwarte und die Kräuter aus dem Gemüse und geben Sie die Lauchzwiebeln und die Artischocken hinein. Lassen Sie das Ganze zugedeckt weitere 10 Minuten auf kleiner Flamme köcheln.

Prüfen Sie danach, ob die einzelnen Gemüse gar sind, indem Sie sie mit der Spitze eines kleinen Messers einstechen. Das Gemüse muß durch und durch weich sein.

Braten Sie in der Zwischenzeit die Pilze, die Sie zuvor gesalzen haben, in einer Pfanne mit dem restlichen Olivenöl kräftig an, bis sie ihre gesamte Flüssigkeit abgegeben haben.

Gießen Sie sie dann ab und geben sie am Ende der Kochzeit zu dem übrigen Gemüse.

Öffnen Sie nun die Kasserolle mit dem Gemüse und lassen die Kochflüssigkeit auf kleiner Flamme zu einem zähflüssigen Sirup einkochen.

Verteilen Sie das Gemüse und die Pilze anschließend auf 4 vorgewärmte Teller.

Rühren Sie die Knoblauchpaste in die eingekochte Gemüseflüssigkeit, schmecken Sie mit Salz ab und begießen Sie das Gemüse mit der Sauce.

Garnieren Sie die Teller zum Schluß mit den frischen Kräutern.

Das Gericht kann je nach Geschmack heiß oder lauwarm serviert werden.

Für die Knoblauchpaste:
1 Knoblauchzehe
3 EL gehacktes Basilikum
3 EL Olivenöl
Pfeffer aus der Mühle

Zum Dekorieren:
einige Basilikumblätter
einige Kerbelblättchen
einige Stengel glatte
Petersilie und Koriander

PROVENZALISCHE GEMÜSESUPPE

FÜR 4 PERSONEN

Vorbereitungszeit: 30 Min.
Kochzeit: 30 Min.

Dieses feine, köstliche Gericht vereinigt die ganze Frische des provenzalischen Frühlings in sich. Sie sollten es aber keinesfalls aufwärmen. Sie würden es sonst verderben! Es ist im übrigen auch lauwarm ein Genuß.

Verwenden Sie nach Möglichkeit junges oder kleines, zartes Gemüse.

Schälen Sie die Möhren, die Zwiebeln und die Kartoffeln. Waschen Sie die Zucchini und schneiden Sie die Enden der Früchte ab. Entstielen Sie die Spinatblätter. Sollten die Möhren, die Zucchini und die Kartoffeln etwas zu groß sein, zerteilen Sie sie in gleich große Stifte. Schneiden Sie die Fenchelknolle ebenfalls in Stifte.

Gießen Sie 3 EL Olivenöl in einen gußeisernen Schmortopf, verteilen Sie die kleinen Zwiebeln und den Fenchel auf dem Boden des Topfs und lassen Sie das Gemüse zugedeckt auf kleiner Flamme etwa 10 Minuten goldgelb anbräunen. Fügen Sie dann die Möhren und die neuen Kartoffeln hinzu. Salzen Sie und geben Sie den Zweig Thymian sowie 40 ml Wasser dazu. Lassen Sie das Gemüse nochmals ca. 15 Minuten garen und prüfen Sie anschließend durch Einstechen mit einem Messer, ob die Möhren und die Kartoffeln weich

150 g Möhren
120 g kleine junge Zwiebeln
150 g Zucchini
200 g kleine neue Kartoffeln
120 g Erbsen (das entspricht etwa 500 g Erbsen in Schoten)
1 Fenchelknolle
150 g Spinat
2 reife Tomaten
2 Knoblauchzehen
6 EL Olivenöl
25 Basilikumblätter
1 Zweig Thymian
Salz
Pfeffer

sind. Fügen Sie nun die Erbsen und den Spinat hinzu und lassen das Ganze zugedeckt noch etwa 5 Minuten weitergaren.

Enthäuten Sie inzwischen die Tomaten, die Sie zuvor kurz in kochendes Wasser gelegt haben, und drücken Sie die Kerne heraus.

Ziehen Sie dann die Knoblauchzehen ab, zupfen Sie die Basilikumblätter ab und geben Sie sie mit dem restlichen Olivenöl, den Tomaten, Salz und Pfeffer zum Pürieren in den Mixer. Streichen Sie das Püree anschließend gegebenenfalls noch durch ein feines Sieb.

Binden Sie die Kochflüssigkeit des Gemüses, die bis auf etwa 4 EL eingekocht sein sollte, mit dem Tomatenpüree. Gießen Sie die Sauce in eine vorgewärmte Servierplatte und geben Sie das Gemüse hinein. Entfernen Sie dann den Thymianzweig und servieren Sie.

FÜR 4 PERSONEN

Vorbereitungszeit: 30 Min.
Kochzeit: 20 Min.

4 festkochende Kartoffeln (Ratte, Rosa, Charlotte)
4 kleine Pfefferartischocken
1 Stangensellerie (nur das Innere)
4 junge grüne Zwiebeln
50 g entsteinte kleine schwarze Oliven
10 EL Olivenöl
10 Stengel glatte Petersilie
Salz
Pfeffer

Foto rechts

KARTOFFEL-ARTISCHOCKEN-SALAT MIT SCHWARZEN OLIVEN

Bei diesem sehr einfachen Gericht kommt es vor allem auf die Qualität des Olivenöls und der Kartoffeln an: das Öl sollte sehr fruchtig sein, und die Kartoffeln dürfen nicht zu lange gekocht werden, damit sie gerade noch etwas Biß haben.

Geben Sie die ungeschälten Kartoffeln nach dem Waschen in gut gesalzenes kaltes Wasser und kochen Sie sie je nach Größe etwa 20 Minuten.

Befreien Sie in der Zwischenzeit die Artischocken von den äußeren Blättern, so daß Sie nur noch die Herzen übrigbehalten.

Schneiden Sie sie in feine Scheiben, geben Sie diese in eine Schüssel und beträufeln Sie sie mit 5 EL Olivenöl, damit sie sich nicht verfärben.

Waschen Sie den Sellerie und die jungen Zwiebeln, schneiden Sie sie in dünne Ringe und geben Sie diese zu den Artischockenherzen.

Wenn die Kartoffeln gar sind, schälen Sie sie, solange sie noch heiß sind und schneiden Sie über einer Schüssel, in die Sie das restliche Olivenöl gegeben haben, in Scheiben. Würzen Sie mit Salz und Pfeffer und fügen Sie die Artischocken, den Sellerie, die jungen Zwiebeln und die Oliven hinzu.

Mischen Sie alles vorsichtig durch, bestreuen Sie den Salat mit gehackter Petersilie und servieren Sie.

FÜR 8 BIS 10 PERSONEN

Vorbereitungszeit: 30 Min.
Kochzeit: 1 Std. 10 Min.

3 weiße Zwiebeln
5 milde grüne Papri-
kaschoten (die feinen,
etwas unregelmäßig
geformten)
1 kg Auberginen
1 kg längliche Zucchini
10 EL Olivenöl
1 kg Eiertomaten
5 Knoblauchzehen
1 großes Kräuter-
sträußchen mit 1 Stange
Sellerie, 1 Stengel Petersilie, 1 Zweig Thymian und
1 Lorbeerblatt
Salz
Pfeffer

SCHNELLES RATATOUILLE

Nur allzu oft läßt man sich davon abhalten, ein Ratatouille zuzubereiten, weil einem die Vorbereitungs- und die Kochzeit zu lang erscheinen. Bei diesem Rezept können Sie allerdings eher Zeit gewinnen, denn es läßt sich als Grundlage für viele Sommergerichte verwenden. Deshalb würde ich Ihnen auch raten, es in größeren Mengen zuzubereiten. Es kann zu jedem gebratenen oder weißen Fleisch gegessen werden, besonders gut paßt es allerdings zu Lammfleisch. Ich habe das traditionelle Rezept bewußt vereinfacht, um Ihnen die Arbeit zu erleichtern. Sie werden sehen, es geht ganz einfach!

Heizen Sie den Backofen auf 210 °C (Stufe 3–4) vor.

Gießen Sie 3 EL Olivenöl in einen Schmortopf und geben Sie die in feine Ringe geschnittenen Zwiebeln und Paprikaschoten hinein.

Dünsten Sie das Gemüse ca. 15 Minuten zugedeckt auf mittlerer Flamme, ohne daß es Farbe annimmt.

Schälen Sie in der Zwischenzeit die Auberginen und zerteilen Sie sie in grobe Würfel. Machen Sie dasselbe mit den ungeschälten Zucchini.

Nehmen Sie nun 2 feuerfeste Formen, schichten Sie in die eine die Auberginen-, in die andere die Zucchinischeiben, salzen Sie und beträufeln Sie das Gemüse mit Olivenöl. Geben Sie die Formen in den vorgeheizten Ofen und lassen das Gemüse weichgaren. Sie müssen dafür etwa 15 bis 20 Minuten rechnen.

Halbieren Sie die Tomaten, entfernen Sie die Kerne und vierteln Sie sie.

Ziehen Sie die Knoblauchzehen ab und schneiden Sie sie in dünne Scheibchen.

Geben Sie dann die Zucchini, die Auberginen, die Tomaten, den feingeschnittenen Knoblauch und das Kräutersträußchen in den Topf zu den Zwiebeln und den Paprikaschoten. Würzen Sie mit Pfeffer, schließen Sie den Topf und lassen das Ganze bei mittlerer Hitze (150 °C) etwa 30 Minuten im Ofen weitergaren.

Variation:

Das Ratatouille hat den Vorzug, daß es sich auf verschiedenste Weise abwandeln läßt und sich so, je nachdem wie Sie es zubereiten, stets den Reiz des Neuen bewahrt. So zeigt es wenn Sie es kalt, beispielsweise auf Toast servieren, ein anderes Gesicht, als wenn Sie es heiß reichen.

Eine andere Möglichkeit zur Abwandlung besteht darin, es unterschiedlich abzuschmecken, zum Beispiel mit glatter Petersilie und Knoblauch, die zusammen feingehackt wurden, dazu eventuell noch einige Sardellenfilets; oder Minze und Knoblauch, Koriander und Knoblauch, Basilikum und Knoblauch oder auch kleine schwarze Oliven, eventuell zusammen mit geviertelten hartgekochten Eiern und in Öl eingelegtem Thunfisch.

Sie können es aber auch als Gratin zubereiten. Dazu geben Sie das Ratatouille in eine feuerfeste Form, bestreuen es mit Semmelbröseln und geriebenem Gruyère und schieben es in den heißen Backofen.

Das Gratin können Sie abwandeln, indem Sie mit der Rückseite einer Schöpfkelle Vertiefungen in das Gemüse drücken und in jede Vertiefung ein Ei schlagen. Sie können das Ratatouille aber auch mit Rührei servieren oder ein Kräuteromelette damit füllen.

GEMÜSEKUCHEN

FÜR 4 PERSONEN

Vorbereitungszeit: 30 Min.
Kochzeit: 1 Std.

150 g Spinat
20 kleine Zwiebeln
20 junge Möhren
6 kleine Pfeffer-
artischocken
120 g Erbsen (das ent-
spricht etwa 500 g Erbsen
in Schoten)
Saft 1 Zitrone
2 EL Olivenöl
4 *Brick* oder 8 *Filo*-Blätter
60 g Butter
1 Knoblauchzehe
20 Basilikumblätter
5 Zweige Thymian
5 Zweige Bohnenkraut
4 Kirschtomaten
1 Prise Zucker
Salz
Pfeffer

Bei den *Filo*- oder *Brick*-Blättern handelt es sich um eine Art Crêpe-Teig, der vor allem im Mittleren Osten in einer Vielzahl von Gerichten Verwendung findet. Im Unterschied zu den *Brick*-Blättern werden die *Filo*-Blätter aus Maismehl hergestellt. Für die Zubereitung dieses Rezepts würde ich Ihnen *Filo*-Blätter empfehlen, denn sie sind elastischer als die *Brick*-Blätter und zerbrechen deshalb nicht so leicht. Sollte Ihnen der Teig zu dünn sein, können Sie auch jeweils 2 Blätter übereinanderlegen.

Entstielen Sie die Spinatblätter, waschen Sie sie gründlich und trocknen sie in Küchenkrepp.

Geben Sie 10 g Butter mit dem geschälten und zerdrückten Knoblauch in eine Pfanne. Sobald die Butter eine goldgelbe Farbe annimmt, fügen Sie den Spinat hinzu und braten ihn auf großer Flamme unter ständigem Rühren mit einem Holzpfannenwender an, bis er seine Flüssigkeit fast vollständig abgegeben hat. Würzen Sie dann mit Salz und Pfeffer, nehmen Sie den Knoblauch heraus, gießen den Spinat in ein Sieb ab und lassen ihn über einer Schüssel abtropfen, um die verbliebene Kochflüssigkeit aufzufangen.

Schälen Sie nun die kleinen Zwiebeln und die Möhren. Geben Sie sie mit 10 g Butter, 1 Prise Salz, 1 Prise Zucker und 1 Zweig Thymian in einen kleinen Schmortopf, schließen Sie den Topf und garen das Gemüse so lange, bis die gesamte Flüssigkeit verdunstet ist. Lassen Sie das Gemüse anschließend goldgelb anbräunen, geben es dann auf einen Teller, nehmen den Thymianzweig heraus und stellen es auf die Seite.

Blanchieren Sie die Erbsen in kochendem Salzwasser und lassen sie anschließend abtropfen.

Entfernen Sie die Blätter der Artischocken, so daß Sie nur noch die zarten Herzen zurückbehalten, vierteln Sie diese und legen Sie sie sofort in kaltes Wasser, dem Sie die Hälfte es Zitronensafts zugegeben haben.

Gießen Sie 2 EL Olivenöl und den restlichen Zitronensaft in einen Schmortopf und geben Sie die Artischockenherzen hinein. Würzen Sie mit Salz und Pfeffer und fügen Sie 1 Zweig Bohnenkraut hinzu. Schließen Sie den Topf und lassen die Artischocken etwa 10 Minuten auf mittlerer Flamme garen. Wenn die Artischockenherzen weich sind, stellen Sie sie auf die Seite.

Heizen Sie nun den Backofen auf 250 °C vor.

Stellen Sie 4 Tortenformen mit 12 bis 15 cm Durchmesser auf das Backblech und fetten Sie die *Filo*- oder die *Brick*-Blätter gut mit geschmolzener Butter ein. Kleiden Sie die Formen anschließend wie mit einem Teig aus und lassen dabei den restlichen Teig überstehen.

Verteilen Sie dann zunächst den Spinat auf die Formen und schichten Sie darauf nacheinander die Möhren, die Zwiebeln, die Erbsen und die Artischockenherzen. Schlagen Sie den überstehenden Teig zur Mitte hin um, so daß das Gemüse damit bedeckt ist, und geben Sie die Formen für 8 Minuten in den Ofen.

Kochen Sie in der Zwischenzeit die Kochflüssigkeit des Spinats auf. Fügen Sie die restliche Butter hinzu und pürieren Sie das Ganze anschließend mit den Basilikumblättern im Mixer. Sie erhalten dann eine leuchtendgrüne Sauce.

Nehmen Sie die fertigen Kuchen aus dem Ofen und stürzen sie auf 4 vorgewärmte Teller.

Garnieren Sie sie mit Thymian- und Bohnenkrautzweigen, belegen Sie jeden Kuchen mit 1 Kirschtomate und umgießen Sie sie mit der Basilikumsauce.

MIXED-PICKLES

FÜR 6 PERSONEN

Vorbereitungszeit: 20 Min.

100 g feine Möhren
100 g Chayoten
100 g schöner heller
Stangensellerie
100 g rote Paprikaschoten
100 g grüne Paprika-
schoten
100 g Gurke
100 g Blumenkohl
100 g weiße Zwiebeln
100 g kleine grüne
Tomaten
1 Knoblauchzehe
1 Pfefferschote
1 Lorbeerblatt
1 l weißer Branntweinessig
einige Körnchen Meersalz

Foto Seite 249

Es handelt sich hier nicht um ein Gericht, sondern um eine würzige Beilage zu kaltem Fleisch, zu Wurst und Fisch. Ich würde Ihnen raten, das eingelegte Gemüse relativ schnell zu verbrauchen und es, auch wenn Sie nicht immer alle Gemüse bekommen, lieber häufiger zuzubereiten, denn das Gemüse verliert seine Knackigkeit, wenn es länger im Essig liegt.

Schälen Sie die Möhren, die Chayoten und die Zwiebeln. Entfernen Sie die Kerne der Paprikaschoten und der Gurken.

Schneiden Sie alle Gemüse mit Ausnahme der Zwiebeln und der Tomaten und des Blumenkohls in Stifte. Die Zwiebeln und die Tomaten lassen Sie ganz, den Blumenkohl zerteilen Sie in kleine Röschen.

Schichten Sie das Gemüse dann in ein großes Einmachglas, das Sie zuvor gesäubert und sorgfältig ausgetrocknet haben.

Fügen Sie die Knoblauchzehe, die Pfefferschote, das Lorbeerblatt und einige Körnchen Meersalz hinzu.

Übergießen Sie das Ganze dann mit dem Branntweinessig.

Verschließen Sie das Einmachglas hermetisch mit einem großen Korken oder einem Glasdeckel und lassen Sie es 3 oder 4 Wochen an einem kühlen, lichtgeschützten Ort stehen.

GEMÜSEGRATIN »MOUGINS«

FÜR 6 BIS 8 PERSONEN

Vorbereitungszeit: 1 Std.
Ruhezeit: 5 bis 6 Std.
Kochzeit: 40 Min. +
1 Std. 10 Min.

300 g sehr reife Eier-
tomaten
100 g Spinat
200 g Fenchel
250 g weiße Zwiebeln
300 g rote Paprikaschoten
300 g längliche Zucchini
300 g Auberginen
3 Knoblauchzehen
1 kleiner TL Thymianblüte
15 EL Olivenöl
1 Zweig Bohnenkraut
1 Zweig Rosmarin
4 Salbeiblätter
Salz
Pfeffer

Dieses Gratin, dessen Vorbereitung viel Zeit in Anspruch nimmt, kann man bereits im voraus zubereiten. Machen Sie sich also an die Arbeit; die Zubereitung ist zwar zeitaufwendig, aber nicht schwierig. Und das Gratin, das nicht nur gut schmeckt, sondern auch schön anzusehen ist, wird, besonders wenn Sie es noch mit einem guten, beispielsweise mit Anis aromatisierten Tomatenpüree servieren, die Sonne von Mougins auf Ihren Tisch zaubern.

Entfernen Sie die Stielansätze der Tomaten und legen Sie sie für einige Sekunden in kochendes Wasser. Nehmen Sie sie anschließend wieder heraus und schrecken Sie sie mit kaltem Wasser ab. Häuten und halbieren Sie sie und entfernen Sie die Kerne, indem Sie die Tomaten »ausquetschen«, wie man in der Provence sagt, d.h. indem Sie sie mit der Hand herausdrücken. Zerteilen Sie sie dann grob, salzen Sie sie und geben sie in ein feines Sieb, damit der Saft abtropfen kann.

Schälen Sie nun den Fenchel, schneiden Sie ihn in dünne Scheiben, geben diese mit 2 EL Olivenöl und 1 Prise Salz in einen Schmortopf und bedecken sie mit Wasser. Garen Sie das Gemüse anschließend 40 Minuten auf kleiner Flamme und lassen am Ende der Kochzeit die Flüssigkeit bei geöffnetem Topf vollständig einkochen. Stellen Sie den Fenchel dann zur Seite.

Schälen Sie die Zwiebeln, schneiden Sie sie in feine Ringe und lassen sie wie den Fenchel mit 2 EL Olivenöl und 30 ml Wasser auf kleiner Flamme garen. Nach ca. 20 Minuten öffnen Sie den Topf, lassen die verbliebene Flüssigkeit einkochen und stellen die Zwiebeln dann auf die Seite.

Entstielen Sie die Spinatblätter und waschen sie gründlich. Gießen Sie 3 EL Olivenöl in eine Pfanne und lassen es auf großer Flamme sehr heiß werden. Geben Sie die gewaschenen und getrockneten Spinatblätter hinein, salzen sie und lassen die gesamte Flüssigkeit verdampfen. Gießen Sie den Spinat dann in ein Sieb ab.

Legen Sie die Paprikaschoten unter den auf höchste Stufe vorgeheizten Backofengrill. Sobald sie rundherum schwarz sind, wickeln Sie sie in Zeitungspapier, damit sie abkühlen und dabei weitergaren. Nach 1 Stunde können Sie sie dann mühelos enthäuten. Entfernen Sie anschließend die Stielansätze und die Kerne und legen die Schoten auf Küchenkrepp.

Gießen Sie nun 3 EL Olivenöl in eine Pfanne und geben die Tomaten hinein. Salzen Sie, lassen Sie die gesamte Flüssigkeit verdunsten und gießen Sie die Tomaten in ein Sieb ab.

Heizen Sie den Backofen auf 220°C (Stufe 4) vor.

Schälen Sie die Auberginen und schneiden sie der Länge nach in 5 bis 6 mm dicke Scheiben. Fetten Sie ein Backblech mit Öl ein, bestreuen Sie es mit etwas Salz und verteilen Sie die Auberginenscheiben darauf. Beträufeln Sie sie mit Olivenöl und salzen Sie sie leicht. Schieben Sie das Blech dann für 10 Minuten in den heißen Ofen (Stufe 4). Nehmen Sie die Auberginen danach vom Blech und legen Sie sie auf einen Teller, denn wenn sie länger mit dem Metall in Berührung bleiben, können sie sich verfärben.

Verfahren Sie ebenso mit den ungeschälten Zucchini, geben Sie sie anschließend ebenfalls auf einen Teller und stellen sie zur Seite.

Hacken Sie den Knoblauch fein und vermischen Sie ihn mit der Thymianblüte.

Geben Sie eine Hälfte der Mischung zu den Tomaten und die andere zum Fenchel. Nehmen Sie nun eine etwas höhere Biskuitform mit 18 bis 20 cm Durchmesser.

Fetten Sie sie mit Öl ein und legen Sie zunächst den Zweig Bohnenkraut, den Zweig Rosmarin und die Salbeiblätter hinein. Kleiden Sie den Boden und die Wände dann mit Paprikaschote und Zucchinischeiben aus, die Sie abwechselnd übereinanderschichten.

Verteilen Sie anschließend den Fenchel, die Auberginenscheiben und den Spinat darauf und schließen Sie das Ganze mit einer Schicht Paprikaschoten und Zucchinischeiben ab.

Geben Sie nun eine Schicht Zwiebeln, dann eine Schicht Tomaten und zum Schluß eine Schicht Auberginenscheiben darauf und würzen Sie anschließend mit Pfeffer.

Decken Sie die Form mit Alufolie ab und geben sie für 1 Stunde 10 Minuten in den 150°C heißen Ofen.

Nehmen Sie sie danach wieder heraus, beschweren Sie das Gratin mit 2 oder 3 Tellern und lassen es vor dem Stürzen 5 bis 6 Stunden auskühlen. Sie können es entweder so wie es ist servieren oder es in der Mikrowelle aufwärmen.

Ein Frühlingsmenü: Nutzen Sie das erste Gemüse und den Frühling für ein Mittagessen unter Olivenbäumen (folgende Doppelseite).

GEMÜSE-MENÜS

Ich habe mich bemüht, Ihnen eine möglichst große Auswahl an Gemüserezepten vorzustellen. Daraus können Sie Anregungen für die Zusammenstellung von Menüs schöpfen, die sich ausschließlich aus Gemüsegerichten zusammensetzen. Dabei bleibt es Ihnen überlassen, die Gerichte je nach Anlaß und Jahreszeit und je nach Art und Ansprüchen Ihrer Gäste... zusammenzustellen.

Bedenken Sie aber, daß ein Gemüse-Menü genauso ausgewogen sein sollte wie ein herkömmliches Menü, d. h., es sollte aus ein oder zwei leichten Vorspeisen, einem reichhaltigeren Hauptgang und einem Dessert bestehen.

Für die Menüs wird es nur von Vorteil sein, wenn Sie sie unter ein bestimmtes Motto stellen. Die einzelnen Gerichte stehen so in einem inhaltlichen Zusammenhang und bilden ein für Geist und Gaumen erfreuliches, geschlossenes Ganzes. Die Wahl eines Mottos ermöglicht es darüber hinaus, auch die Tischdekoration auf die Gerichte abzustimmen...

Hier nun einige Menüs, die ich besonders mag, weil sie mich an die Regionen Frankreichs erinnern, die ich besonders liebe. Bei meinen Freunden sind die Menüs sehr gut angekommen. Aber scheuen Sie sich nicht, eigene Menüs zusammenzustellen. Die Rezepte dieses Buches bieten sich dazu an.

LANDHAUS-MENÜ

*Kartoffel-Artischocken-Salat
mit schwarzen Oliven
Tian aus Sommergemüse mit zwei verschiedenen
Käsen
Spinat mit Ricotta-Baguette*

Ein weißer Châteauneuf-du-Pape (Domaine Clos des Papes) mit strohgelber Farbe, dessen kräftiges Aroma an Honig und geröstetes Brot erinnert, der schön vollmundig, rund und ausgeglichen im Geschmack ist, ist eine ausgezeichnete Verbindung für den Artischockensalat und das Sommergemüse.

SOMMER-MENÜ

*Zucchini mit kleinen Zwiebeln und Kardamom
Auberginengratin »Vieux Peygros«
Möhrenkuchen mit Aprikosen*

Zu den Zucchini und den Auberginen paßt am besten ein Saint-Joseph-Wein, ein sehr ausgeglichener Rotwein aus der Gegend um Nizza. Seine intensive granatrote Farbe ist tief und klar. Sein angenehmes Aroma erinnert an rote Früchte. Als nobler Begleiter zu dem Möhrenkuchen bietet sich ein Muscadet de Beaumes-de-Venise (Domaine de Durban) an. Sie werden hingerissen sein von seiner goldgelben Farbe, seinem ebenso feinen wie kräftigen Aroma, das an Mango, Minze und Zitrusfrüchte erinnert, von seiner Ausgeglichenheit und seiner süßen und reichen Frische.

MENÜ »ALT-NIZZA«

*Gefüllte Auberginen mit schwarzen Oliven
Karamelisierte Tomaten
Kleine gefüllte Gemüse »Alt-Nizza«
Mangoldkuchen »Nizza«*

Zu den Tomaten und den Auberginen sollten Sie einen Roséwein aus Bellet mit schöner, lachsroter Farbe, einem exotischen Bouquet und einem weichen, frischen Geschmack wählen.
Die gefüllten Gemüse und der Mangoldkuchen verlangen nach einem Wein, der warm und leicht würzig im Geschmack ist, wie zum Beispiel ein Rotwein aus dem Anbaugebiet von Baux (Domaine Trevallon) mit schöner kräftiger Farbe und einem weichen, feinen Bouquet.

SÜDSEE-MENÜ

*Goldgelbe Palmherzen mit Ingwer
Kokos-Curry mit Chayoten und Süßkartoffeln
Gebratene Bananen in Kokossahne*

Ein ausgeprägter, reicher Bandol-Wein mit kräftigem Nachgeschmack und frischer Note bringt die Palmherzen und die Chayoten am besten zur Geltung. Zu den Kochbananen sollten Sie einen Strohwein (Maison Rollet) servieren, diesen seltenen und wertvollen Rebensaft, der ein Pfauenrad schlagen kann.

MENÜ »AUVERGNE«

Kürbissuppe
Stangensellerie mit Walnußöl
Pastinaken-Kartoffel-Gratin
Rote Bete mit Orangen und Mandeln

Zu der Suppe und dem Sellerie sollten Sie einen kräftigen und geschmeidigen Saint-Joseph-Wein mit Honig- und Blütenaroma wählen. Ein roter Bellet-Wein harmoniert ausgezeichnet mit dem geschmacksintensiven Pastinak-Kartoffel-Gratin und paßt als sanfter Begleiter auch ausgezeichnet zu den roten Rüben mit Orangen und Mandeln.

EINE REISE DURCH LOTHRINGEN

Gemüse-Quiche mit Thymian
Geschmorter Rotkohl mit Reinetten
Lorbeer-Kartoffeln
Kürbisflan mit Tapioka

Ein Pinot noir aus dem Elsaß paßt wunderbar zu der Quiche und dem geschmorten Rotkohl. Dieser Rotwein, der in der Farbe an Sauerkirschen erinnert und ein sehr angenehmes und kräftiges Bouquet hat, ist sehr ausgewogen und schmeichelt dem Gaumen. Ein goldgelber Strohwein (Domaine Chave) mit einem an Honig und karamelisierten Aprikosen erinnernden Aroma wird Ihnen sehr gut zu dem Kürbisflan schmecken.

PROVENZALISCHES MENÜ

Mangold-Auberginen-Rouladen
mit Tomatenpüree
Gemüseeintopf mit Orangen
Zucchinikuchen mit Pinienkernen

Ein eleganter Bandol-Roséwein (Moulin des Costes) ist am besten geeignet, um den leicht bitteren Geschmack der Auberginen auszugleichen, um die zarten Mangoldblätter zur Geltung zu bringen und um die Frische des Gemüseeintopfs zu unterstreichen. Als krönenden Abschluß des Menüs sollten Sie zu dem Zucchinikuchen mit Pinienkernen einen kräftigen, rassigen und ausgeglichenen Coteaux-d'Aix-Wein (Domaine Trevallon) mit würziger Note reichen.

WEITER NÖRDLICH

Rosenkohl mit Kastanien
Geschmorter Lauch mit verschiedenen Gewürzen
Gemüse-Pie mit Blattsalat
Rote Bete mit Johannisbeeren

Probieren Sie zu dem Rosenkohl einmal einen Chinon mit dunkler Purpurfarbe, einem Aroma, das an Kirschen und Holz erinnert, der weich, sehr ausgewogen und fein im Geschmack ist. Servieren Sie ihn leicht gekühlt. Zu den übrigen Gerichten des Menüs paßt am besten ein etwas anspruchsvollerer roter Bandol-Wein (Domaine Ott), der schön weich und geschmeidig ist, im Aroma an rote Früchte (schwarze und rote Johannisbeeren, Erdbeeren) erinnert und einen nachhaltigen, angenehmen Nachgeschmack hinterläßt.

KINDHEITSERINNERUNGEN

Chicorée mit süßer Mandelmilch
Blattspinat mit Ei
Rüben-Kartoffel-Gratin
Quitten in Johannisbeercremesauce

Zu dem Chicorée und dem Spinat empfehle ich Ihnen einen jungen Crozes-Hermitage mit klarer, leuchtender, goldgelber Farbe. Sein blumiges, an Zitrusfrüchte erinnerndes Aroma und sein voller und reicher Geschmack werden Sie begeistern.
Ein vollmundiger, granatroter Côte-Rôtie mit seinem kräftigen Aroma, das an Kaffee, Kakao, rote Früchte, Vanille und Trüffel erinnert, ist zu den weißen Rübchen und den Quitten genau das Richtige.

FRÜHLINGSMENÜ

Kleine violette Artischocken en barigoule
Weiße Bohnen mit frischer Butter
Gemüsekuchen
Fencheltopf mit Feigen und Lorbeer

Zu den Artischocken empfehle ich Ihnen einen grüngetönten Côtes-de-Provence-Weißwein (Maîtres Vignerons de Saint-Tropez) mit kräftigem, fruchtigem Geschmack. Die Bohnenkerne, der Gemüsekuchen und der Fencheltopf verlangen eher nach einem roten Côtes-de-Provence-Wein mit einer Note von Brombeeren und Süßholz. Um die leichte Tanninnote zur Geltung zu bringen, sollten Sie ihn leicht gekühlt servieren.

WINTERMENÜ

Lauchgratin mit Beaufort
Grünkohl mit Champignonfüllung
Kürbistarte

Zu dem Lauch bietet sich ein weißer Bellet-Wein mit seinem feinen, frischen und ausgewogenen Geschmack an. Seinen besonderen Charme verdankt dieser Wein der Traube *Le Rolle*, die nur in der Gegend um Nizza angebaut wird. Der gefüllte Kohl und die Kürbistarte verlangen hingegen nach einem kräftigen Wein, wie zum Beispiel einem roten Bandol-Wein (Domaine Tempier). Damit er sein an rote Früchte (Brombeeren, schwarze Johannisbeeren) und Süßholz erinnerndes Aroma voll entfalten kann, sollten Sie ihn vor dem Essen öffnen, damit er atmen kann.

MENÜ LUBERON

Zucchinikuchen »Monsieur Jourdan«
Spargel-Trüffel-Rührei
mit knuspriger Kruste
Auberginenkuchen
Spinatblätter mit Honigkruste

Zu dem Kuchen und dem Rührei empfehle ich Ihnen einen voll ausgereiften weißen Hermitage (Maison J.-L. Chave). Die Marsonne-Traube entwickelt sich nämlich wunderbar in der Flasche. Die Weine aus dem Anbaugebiet von Baux mit ihrer klaren, leuchtenden Farbe und ihrem würzigen Aroma passen gut zu den Auberginen und dem Spinat. In ihnen vereinigen sich Natürlichkeit, elegante Tannine und ein fleischiges Aroma mit einem Geschmack nach roten, kandierten Früchten, der weich im Mund zergeht.

KALTES BUFFET IN DER GARTENLAUBE

Tian aus Auberginen und roten Paprikaschoten
Kürbispüree mit Olivenöl
Tomatenkuchen mit Oregano
Geschmorter Radicchio mit Sardellen und
schwarzen Oliven
Kleine glacierte Zwiebeln mit Korinthen
Schnelles Ratatouille

Servieren Sie zu allen Gerichten dieses Menüs eine Flasche eines guten fruchtigen Olivenöls aus der Ebene von Baux und dicke Scheiben geröstetes Landbrot. Wer mag, kann sein Brot auch noch mit Knoblauch einreiben. Zum Dessert reichen Sie einen Korb mit frischen Früchten und als Wein einen Malherbe-Roséwein. Dieser orange schimmernde Wein mit seinem an Früchte erinnernden Aroma stammt aus einem direkt am Meer gelegenen Rebgut.

SOMMER IN DER PROVENCE

Gegrillte Spargelspitzen
Blumenkohlflan mit Gruyère
Provenzalische Gemüsesuppe
Konfitüre aus grünen Tomaten

Ein weißer Hermitage (Maison Jaboulet) bringt die Zartheit des Spargels und des Blumenkohls vollkommen zur Geltung. Dieser rassige, vielschichtige Wein wird Sie mit seinem an Blumen und Pflanzen (Iris, gemähtes Heu, grüner Kaffee, Mandel...) erinnernden Aroma begeistern. Zu der Gemüsesuppe und der Tomatenkonfitüre sollten Sie einen Côtes-de-Provence-Roséwein (Domaine Saint-Baillon) mit einer Note von Blüten, Pfirsich und Honig reichen. Der Wein, der sehr elegant im Geschmack ist, wird Ihrem Gaumen mit seiner Samtigkeit schmeicheln.

Tomaten-konfitüre (siehe Reze[pt] S. 78), das Dessert zum Menü Prove[n]zalischer Sommer.

Sommerlich[e] Beignets – goldgelb u[nd] knusprig (folgende Doppelseite[).

DIE RICHTIGE ZUBEREITUNG

Da ich für das Gemüse, für diese unverfälschten Produkte, die die Erde hervorbringt, aber auch für die mühevolle Arbeit der Gärtner großen Respekt empfinde, möchte ich ihm auch eine angemessene Behandlung angedeihen lassen. Und dazu gehört: Sorgfalt bei der Ernte, Gewissenhaftigkeit bei der Auswahl, Fingerspitzengefühl beim Putzen und vor allem die bestmögliche Zubereitung, d.h. eine Zubereitung, die seinen Eigenschaften vollkommen Rechnung trägt. Denn das Gemüse fällt noch immer nur allzu häufig schlechten Köchen zum Opfer und gerät in Verruf, weil man es auf eine Weise zubereitet, die vernichtende Folgen hat! Lange Zeit wurde das Gemüse wieder und wieder gekocht, bis es seinen Geschmack und seine Beschaffenheit eingebüßt hatte, kurz – bis nur noch ein kläglicher Rest, eine leere Hülse von ihm übrig war. Ebenso traurig waren die Resultate, die die Anhänger der *nouvelle cuisine* erzielten, die sich lediglich darauf beschränkten, genau das Gegenteil zu tun. Ich finde, daß ein Gemüse, das man gerade nur kurz über Dampf gehalten hat, etwas Scheußliches ist und daß diese Art der Zubereitung auch nicht damit zu rechtfertigen ist, daß man versuchen wolle seine Knackigkeit zu erhalten.

Der wahre Charakter des Gemüses läßt sich nicht mit Modeströmungen und Theorien erfassen, sondern allein mit dem gesunden Menschenverstand und der Lust am guten Essen. Kochen Sie das Gemüse also ruhig, aber kochen Sie es richtig. Sie müssen dazu nur die verschiedenen Techniken kennen und perfekt beherrschen. Und ich versichere Ihnen, das ist überhaupt nicht schwierig.

GEMÜSE KOCHEN

Das Kochen mit Wasser ist die gebräuchlichste Art der Zubereitung. Die meisten Gemüse können auf diese Weise gegart werden, mit Ausnahme einiger Sommergemüse: der Aubergine, der Zucchini, der Tomate und der Paprikaschote, deren Eigengeschmack besser erhalten bleibt, wenn man sie im Ofen gart, wenn man sie schmort, fritiert oder grillt. Aber auch beim Kochen kann man nicht mit jedem Gemüse in gleicher Weise verfahren.

Die grünen Gemüse (grüne Bohnen, Kohl, Blumenkohl, Brokkoli, Spargel, Spinat) gibt man zum Kochen vorzugsweise in kochendes Salzwasser. Man spricht dann von Pochieren. Dabei muß man für 1 kg Gemüse 5 l Wasser und 1 bis 2 Handvoll grobkörniges Salz rechnen. Das Wasser muß sprudelnd kochen, und ich rate Ihnen, den Topf niemals zuzudecken und stets nur kleine Mengen gleichzeitig zu kochen, damit das Gemüse keine seiner Eigenschaften einbüßt. Wenn man das Gemüse hineingegeben hat, muß das Wasser rasch wieder zum Kochen kommen. So ist gewährleistet, daß es seine Festigkeit und seine lebendige Farbe behält.

Sobald es den richtigen Garzustand erreicht hat – die beste Methode, das festzustellen, besteht nach wie vor darin, mit der Spitze eines Messers hineinzustechen oder auch hineinzubeißen –, nimmt man es mit einem Schaumlöffel aus dem Topf, gibt es kurz in eine Schüssel mit sehr kaltem Wasser, eventuell mit Eiswürfeln, und läßt es dann sofort abtropfen.

Für jedes einzelne Gemüse die exakte Kochzeit anzugeben, ist sehr schwierig. Sie hängt von der Frische (je frischer das Gemüse ist, desto schneller ist es gar), der Größe und dem Ort ab, an dem es vor der Zubereitung aufbewahrt wurde (Kühlschrank, ein kalter Raum oder Zimmertemperatur).

Hier trotzdem einige Anhaltspunkte, nach denen Sie sich richten können (siehe Übersicht S. 245).

Früher, als es noch Kohleherde gab, nahm man die Ringe heraus und hängte einen Kupferkessel mit gewölbtem Boden in die Glut. Sobald das Salz-

GEMÜSE IM RICHTIGEN WASSER KOCHEN

	kochendes Wasser	kaltes Wasser	Mehlwasser (s. S. 245)
Artischocken	x		
Artischockenböden			x
Brechbohnen	x		
Brokkoli, Blumenkohl	x		
Chicorée			x
Erbsen	x		
Fenchel			x
Grün- u. Weißkohl	x		
Kardonen			x
Kartoffeln		x	
Knoblauch		x	
Knollensellerie			x
Knollenziest			x
Kürbis	x		
Mais		x	
Mangold: Blätter	x		
Stiele			x
Möhren	x	x	
Pastinaken	x	x	
Rote Bete			x
Spargel	x		
Spinat	x		
Steckrüben		x	
Topinambur		x	
weiße Rübchen	x	x	

wasser kräftig kochte, gab man das Gemüse in kleinen Mengen hinein. Wenn das Kupfer mit dem Salzwasser in Verbindung kam, kam es zu einer leichten Oxydation, durch die die grüne Farbe des Gemüses noch intensiver wurde.

Die stärkehaltigen Gemüsesorten (Kartoffeln, weiße Bohnen, Linsen) wie auch einige Wurzelgemüse (rote Rüben, Topinambur, Steckrüben...) mit Ausnahme der Schwarzwurzel, der Haferwurzel und des Knollenziest, die in einem Mehlwasser gekocht werden (siehe unten), werden hingegen hart, wenn man sie in kochendes Wasser legt. Man muß sie deshalb zum Kochen zunächst in kaltes Wasser geben, und das Wasser dann langsam aufkochen lassen. Danach verfährt man genauso wie beim Pochieren. Andere Wurzelgemüse, wie Möhren, weiße Rübchen und Pastinaken kann man zum Kochen sowohl in kaltes als auch in kochendes Wasser geben.

Schließlich gibt es einige Gemüsesorten, die, sobald man sie geschält hat und sie mit der Luft in Berührung kommen, oxydieren, was sich in einer Braun- oder Schwarzfärbung des Fruchtfleisches äußert. Dazu gehören: Artischockenherzen, Kardonen, Mangoldstiele, Knollenziest, Fenchel, Haferwurzel, Schwarzwurzel, Chicorée und Knollensellerie. Um die appetitlichere helle Farbe zu erhalten, empfehle ich Ihnen, sie nach dem Schälen in ein Gefäß mit kaltem Wasser zu legen, dem Sie den Saft 1/2 Zitrone oder 1 bis 2 EL weißen Branntweinessig zugegeben haben.

Anschließend sollten Sie sie in einem Mehlwasser kochen. Dazu hängen Sie ein Haarsieb in einen relativ hohen Kochtopf ein und geben 4 EL einfaches Mehl in das Sieb. Lassen Sie dann kaltes Leitungswasser über das Mehl laufen und streichen Sie es mit einem Schneebesen durch das Sieb. Wenn der Kochtopf mit der gewünschten Menge Wasser gefüllt ist (zwischen 3 und 5 l Wasser pro 1 kg Gemüse), fügen Sie zuerst den Saft einer Zitrone oder 1 EL weißen Branntweinessig und dann 1 Handvoll Salz hinzu. Geben Sie anschließend Ihr geschältes, gewaschenes und abgetropftes Gemüse in das Mehlwasser und bringen Sie es zum Kochen. Das Kochen mit Mehlwasser kann sowohl bei geöffnetem als auch im geschlossenen Topf erfolgen. Man muß den Topf dabei jedoch im Auge behalten, denn das Wasser kocht leicht über.

KOCHZEITEN DER GEMÜSE
Pro kg Gemüse

Artischocken	40 bis 50 Min.
Artischocken-böden	20 bis 25 Min.
Brechbohnen	10 bis 15 Min.
Brokkoli	10 bis 15 Min.
Chicorée	5 bis 10 Min.
Erbsen	10 bis 15 Min.
Fenchel	15 bis 20 Min.
Kardonen	40 bis 45 Min.
Knoblauch	4 mal 5 bis 10 Min. (siehe S. 147)
Knollensellerie	15 bis 20 Min.
Knollenziest	15 bis 20 Min.
Kohl	10 bis 15 Min.
Kürbis	10 bis 15 Min.
Mais	5 bis 10 Min.
Mangold: Blätter	5 bis 10 Min.
Stiele	15 bis 20 Min.
Möhren (mittelgroß)	20 bis 25 Min.
Pastinaken	20 bis 25 Min.
Rote Bete	60 Min.
Spargel	15 bis 20 Min.
Spinat	3 bis 5 Min.
Steckrüben	15 bis 20 Min.
Topinambur	15 bis 20 Min.
weiße Rübchen	15 bis 20 Min.

GEMÜSE DÜNSTEN

Zum Dünsten eignen sich eigentlich alle Gemüsesorten. Ausnahmen stellen lediglich der Knollenziest, die Haferwurzel, die Schwarzwurzel, der Mangold, Kardonen und Artischockenherzen dar, die sich verfärben, aber auch die Aubergine, die nur angenehm schmeckt, wenn man sie im Ofen oder im Schmortopf gart oder sie fritiert.

Das Dünsten hat den Vorteil, daß sich das Gemüse nicht mit Wasser vollsaugt und seine Beschaffenheit und seinen Geschmack bewahrt. In der Tat nimmt das Kochen einigen sehr aromatischen Gemüsesorten (Möhren, Pastinaken, Fenchel) etwas von ihrem Eigengeschmack. Dasselbe gilt für die Zucchini, bei der der nicht sehr kräftige Geschmack erhalten bleibt, wenn man sie dünstet, die aber jeden Reiz verliert, wenn man sie kocht.

Im Handel sind heute eine Vielzahl von Dampfkochtöpfen erhältlich. Im großen und ganzen erzielt man mit allen dasselbe Resultat. Am einfachsten zu handhaben und am sparsamsten für die Haushaltskasse ist aber immer noch der Couscous-Topf aus Aluminium. Allerdings bietet das Sieb aus chinesischem Bambus gegenüber dem Couscous-Topf den Vorteil, daß man mehrere Siebe in einem Metallgefäß übereinanderstapeln kann. So kann man gleichzeitig Fleisch, Fisch, Reis und Gemüse garen und alles ist zur selben Zeit fertig. Ich würde Ihnen allerdings davon abraten mehr als drei Siebe übereinander zu stapeln, denn der Dampf kühlt beim Aufsteigen ab und dadurch verlängert sich die Garzeit in den oberen Sieben.

Wenn Sie gleichzeitig mehrere Gemüse, zum Beispiel für ein *aïoli* dünsten wollen, geben Sie die Gemüse, die die längste Garzeit haben in das unterste Sieb, damit sie den ersten, heißesten Dampfstrahl abbekommen, und geben die Gemüse, die eine kürzere Garzeit haben, in die oberen Siebe.

Ich würde Ihnen empfehlen, das Gemüse folgendermaßen anzuordnen: Kohlrabi, Stangensellerie, Winterweißkohl, Kartoffeln, Fenchel, Lauch (wenn er nicht ganz jung ist) haben die längste Garzeit. Sie sollten deshalb in den ersten Korb gegeben werden. Darüber kommen Pfefferartischokken, Möhren, Pastinaken, Blumenkohl, weiße Rübchen und Grünkohl, die Sie in den zweiten Korb geben.

Die besonders zarten Gemüse, die am schnellsten gegart werden müssen, sind Spargel, Brokkoli, weiße Bohnen, Brechbohnen, Erbsen, Zuckerschoten, Zucchini, Spinat und Tomaten. Sie kommen also in den obersten Korb oder werden gegen Ende der Kochzeit zu den Gemüsen in den unteren Sieben gegeben.

Und hier noch ein paar Tips für eine möglichst gemüsegerechte Zubereitung: Damit das Gemüse im untersten Korb nicht mit dem Wasser in Berührung kommt, empfehle ich Ihnen, den Wasserbehälter nur bis zur Hälfte zu füllen. Um den Raum zwischen dem Wasser- und dem Gemüsebehälter vollständig abzudichten, gibt es ein wirkungsvolles Dichtungsmittel, das sie selbst herstellen können: Nehmen Sie ein sauberes Tuch und bestreichen Sie es mit einem relativ flüssigen Leim aus Mehl und Wasser und befestigen Sie es dann auf der Höhe der Verbindungsstelle zwischen dem Wasserbehälter und dem Korb. Bei Wärmeeinwirkung bindet der Leim dann sofort ab, dichtet dadurch gut ab und gewährleistet so einen kräftigeren Dampffluß zwischen dem Wasser- und den Gemüsebehältern.

Anstatt das Wasser zu salzen, empfehle ich Ihnen, das Gemüse direkt mit grobkörnigem Salz zu bestreuen. Das Salz schmilzt dann unter dem Einfluß des Dampfs und durchdringt das ganze Gemüse. Reichern Sie das Kochwasser aber ruhig auch einmal mit aromatischen, auf das jeweilige Gemüse abgestimmten Kräutern oder Gewürzen an, wie zum Beispiel Lorbeerblättern, Thymian, Sellerie, Fenchel, Rosmarin, Salbei, Minze, Zimt an...

Ist das Gemüse schließlich gar – was Sie feststellen können, indem Sie es mit der Messerspitze einstechen – sollten Sie es sofort servieren, weil es sonst welk wird. Vor allem sollten Sie es aber nicht abschrecken.

Begießen Sie es mit etwas Olivenöl, mit Crème fraîche oder einer Sauce Ihrer Wahl (siehe dazu das Kapitel »Saucen und Pürees«, S. 15) oder lassen Sie es, wenn Sie es als Salat zubereiten wollen, etwas abkühlen.

DAMIT IHR GRATIN SCHÖN GOLDGELB WIRD

Das Gratin wird in der Regel mit einem gut schmelzenden Käse bestreut (Gruyère, Emmentaler, Fontina, Comté, Cantal), den man noch mit Semmelbröseln vermischen oder mit getrockneten Kräuter überstreuen kann. Hier nun das Rezept für eine Mischung, mit der Sie ein wunderbar goldgelbes, glattes Gratin erhalten.

Verschlagen Sie 3 EL gut gekühlte süße Sahne mit einem Schneebesen in einer Schüssel.

Sobald sie zu Schlagsahne wird, fügen Sie unter ständigem Weiterschlagen 1 Eigelb hinzu. Würzen Sie mit Salz und Pfeffer und verteilen Sie die Masse in einer dünnen Schicht auf dem Gericht. Schieben Sie es dann kurz unter den Backofengrill und überwachen Sie es dabei. Wenn Sie mögen, können Sie auch noch 1 EL Parmesan oder geriebenen Gruyère unter die Sahne mischen.

GEMÜSE IM OFEN GAREN

Der Backofen bietet den Vorteil, daß man die Lebensmittel bei sehr niedriger Temperatur (120 bis 130 °C) langsam garen kann. Ich empfehle dieses Langzeitgaren für bestimmte Gemüse, wie zum Beispiel die rote Rübe und die Zwiebel, die dabei ihren Saft konzentrieren. Ausgezeichnete Ergebnisse kann man auch erzielen, wenn man Kartoffeln in Alufolie, in Scheiben geschnittene Auberginen direkt auf dem mit Öl eingefetteten Backblech oder Paprikaschoten (siehe dazu die entsprechenden Rezepte) im Ofen gart. Der Backofen eignet sich aber auch hervorragend, um Gemüse im eigenen Saft zu garen. So kann man ein oder mehrere Gemüse gleichzeitig mit sehr wenig Flüssigkeit in einem geschlossenen Schmortopf aus Gußeisen, Ton oder Porzellan bei schwacher Hitze (zwischen 150 und 180 °C) garen, ohne daß sie etwas von ihrer Saftigkeit und ihrem Geschmack einbüßen.

Darüber hinaus kann man im Backofen Gemüse in Formen aus Ton, Porzellan oder emailliertem Eisen bei schwacher Hitze als Gratins überbacken, indem man die Auflaufform mit dem Gemüse auf den Rost des auf ca. 180 °C (Stufe 1) vorgeheizten Backofens stellt.

GEMÜSE BRATEN

Einige Gemüse schmecken köstlich, wenn man sie einfach nur brät, d.h., wenn man sie in der Pfanne in heißem, aber nicht rauchendem Öl oder in Butter anbrät. Das gilt beispielsweise für Zwiebeln, Gurken oder alle Gemüse, die für ein Ratatouille verwendet werden, wie Auberginen, Zucchini, Paprikaschoten und Tomaten.

Damit das Gemüse nicht anhängt, empfehle ich Ihnen, die Pfanne während des Bratens kräftig zu rütteln.

Eine asiatische Variante dieser einfachen und schnellen Zubereitungsart ist das Braten im *Wok*. Der *Wok* ist ein bauchiger Metallkessel, den man in asiatischen Geschäften kaufen kann und in dem man das Gemüse in etwas Öl über einer kräftigen Gasflamme, im Kaminfeuer oder auf einem Kohleherd anbrät. Man kann ihn jedoch nicht auf der elektrischen Kochplatte einsetzen. Bei diesem Verfahren wird das Gemüse leicht knusprig, behält jedoch seine ganze Frische und seinen ganzen Geschmack. Die Zubereitung im *Wok* geht so schnell, daß sie erst im letzten Moment erfolgen sollte, wenn man das Gemüse bereits vorbereitet hat, d.h. nachdem es gewaschen, abgetropft, sorgfältig getrocknet und folgendermaßen zerkleinert wurde:

Artischocken: das Herz, 3 mm dicke Scheiben oder Viertel.

Auberginen: geschält, 5 mm dicke Scheiben oder 2 cm große Würfel.

Blumenkohl und Brokkoli: in kleine Röschen zerteilt.

Chicorée: in 5 mm dicke Ringe geschnitten oder nur die kleinen Herzen.

Chinakohl und Grünkohl: 1 cm breite Streifen.

Erbsen: ohne Schoten.

Möhren: 3 mm dicke Scheibchen oder Stifte.

Paprikaschoten: 4 cm lange und 1 cm breite Streifen.

Pilze: 3 mm dicke Scheibchen oder Viertel.

Soja: ganze Sprossen.

Spargel: nur die Spitzen, in 4 cm lange Stifte geschnitten.

Stangensellerie: das Innere, in 5 cm lange Stifte geschnitten, mit Blättern.

Weiße Zwiebeln: 5 mm dicke Scheiben.

Zuckerschoten: im Ganzen, wenn sie jung und zart sind.

Das so vorbereitete Gemüse gibt man mit 1 EL geschmacksneutralem Pflanzenöl, das man auf großer Flamme erhitzt hat, in den *Wok*. Fünf bis sechs Minuten Garzeit sind ausreichend.

Das im Wok gebratene Gemüse kann mit Sojasauce beträufelt und mit weißem Reis serviert werden.

GEMÜSE FRITIEREN

Obwohl sie bei den Anhängern der leichten Küche verpönt ist, liebe ich diese traditionelle und sehr schmackhafte Art der Zubereitung, bei der allerdings bestimmte Regeln zu beachten sind. Es gibt einige Gemüsesorten, wie Möhren, Rettich, Pastinaken, Kohlrabi, Grün- und Weißkohl, die sich nicht besonders gut für diese Art der Zubereitung eignen. Zum Fritieren verwenden Sie am besten ein geschmacksneutrales Pflanzenöl (Erdnuß-, Sonnenblumen-, Maisöl). Wenn es bereits einmal benutzt wurde, achten Sie darauf, daß es noch eine goldgelbe Farbe hat und rein ist. Vergewissern Sie sich außerdem, daß sich keine Reste von Fritiergut darin befinden. Sollte dies der Fall sein, filtern Sie es sorgfältig durch.

Gießen Sie das Öl dann in einen Fritiertopf oder eine elektrische Friteuse und erhitzen Sie es auf 180 °C. Wenn Sie eine Friteuse besitzen, müssen Sie lediglich den Thermostat auf diese Temperatur einstellen. Sollten Sie nur über einen Fritiertopf verfügen, gibt es eine einfache Methode, um festzustellen, ob die Temperatur von 180 °C erreicht ist: Tauchen Sie einen angefeuchteten Streichholzstiel in das Öl. Sobald das Öl um das Streichholz herum Bläschen zu bilden beginnt, hat es die Temperatur von 180 °C erreicht. Ist die Temperatur überschritten, beginnt das Öl zu rauchen. Es ist dann nicht mehr so gut verdaulich und kann sich außerdem leicht entzünden. Sollte Ihnen dies einmal passieren, gießen Sie in keinem Fall Wasser in das Feuer, sondern versuchen Sie, es mit einem Deckel zu ersticken.

Einige Gemüse können, so wie sie sind, fritiert werden. Es genügt, wenn man sie schält, wäscht, anschließend gut trocknet und zerteilt, sie dann nacheinander in kleinen Mengen in das 180 °C heiße Öl gibt und sie wendet, damit sie rundherum eine goldgelbe Farbe annehmen. Dann läßt man das Gemüse auf Küchenkrepp gut abtropfen und stellt es an einen warmen und trockenen Platz. So bleibt es für einige Stunden knusprig. Ohne Fritierteig können Kohlrabi, rohe rote Rüben, Kartoffeln, Lauch, Blätter von Stangensellerie, Kochbananen und sehr fein gehackter Knoblauch fritiert werden.

Ich schütze das Gemüse allerdings lieber mit einem Fritierteig. So bleibt es schön zart. Um einen leichten, knusprigen Fritierteig herzustellen, verrühren Sie in einer Schüssel 120 g Mehl, 20 g Speisestärke, 14 g Backpulver mit eiskaltem Wasser oder Bier zu einem Teig, der die Konsistenz einer dicken Creme haben sollte. Fügen Sie weder Salz noch Zucker hinzu, sonst wird das Gemüse nicht so knusprig.

Achten Sie vor allem darauf, daß das Wasser oder das Bier eisgekühlt ist. Wenn der Teig fertig ist, muß er sofort weiterverarbeitet oder gut gekühlt werden. Dazu stellt man das Gefäß mit dem Teig in eine Schüssel mit Wasser und Eiswürfeln.

Beignets bereitet man aus den verschiedenen Gemüsen folgendermaßen zu:

Aubergine: Schälen Sie die Aubergine und schneiden Sie sie in 5 mm dicke Scheiben. Wenden Sie die Scheiben mit einer Gabel in dem Fritierteig und geben Sie sie dann in das heiße Öl. (Garzeit: 1 Minute 30 Sekunden)

Brech- und Wachsbohnen: Verwenden Sie möglichst kleine Bohnen. Schneiden Sie die Enden ab und fädeln Sie die Bohnen ab. Tauchen Sie sie zunächst in den Fritierteig und geben Sie sie anschließend in das heiße Öl. (Garzeit: 1 Minute 30 Sekunden)

Brokkoli und Blumenkohl: Zerteilen Sie den Kohl in kleine Röschen, wenden Sie diese mit einer Gabel in dem Fritierteig und tauchen Sie sie anschließend in das Fritierfett. (Garzeit: 2 Minuten)

Chicorée: Verwenden Sie nach Möglichkeit kleine Sprossen oder entfernen Sie die äußeren Blätter. Halbieren Sie das Herz dann der Länge nach. Tauchen Sie die Hälften zuerst in den Fritierteig und geben Sie sie dann in das Öl. (Garzeit: 1 Minute)

Erbsen: Pellen Sie die Erbsen aus den Schoten, vermischen Sie sie dann mit dem Fritierteig (erforderliche Menge = $1/4$ des Volumens der Erbsen). Stechen Sie die Mischung mit einem Kaffeelöffel ab und lassen sie in das Öl gleiten. (Garzeit: 1 Minute)

Hafer- und Schwarzwurzeln: Verwenden Sie kleine Wurzeln, schälen Sie sie und legen Sie sie anschließend sofort in kaltes Zitronenwasser. Las-

sen Sie sie dann abtropfen und trocknen Sie sie. Zerteilen Sie sie anschließend in 6 bis 7 cm lange Stifte. Tauchen Sie diese zuerst in den Fritierteig und geben Sie sie dann in das Öl. (Garzeit: 2 bis 3 Minuten)

Knoblauch: Blanchieren Sie die geschälten Zehen 4mal in frischem Wasser. Trocknen Sie sie, wälzen Sie sie in Mehl und geben sie dann zunächst in den Fritierteig und dann in das 180°C heiße Öl (Garzeit: 1 Minute)

Mais: Trennen Sie die Maiskörner mit einem kleinen Messer heraus. Vermischen Sie die Körner mit dem Fritierteig (erforderliche Menge = $1/4$ des Volumens der Maiskörner). Stechen Sie den Teig mit einem Kaffeelöffel ab und lassen ihn in das Öl gleiten. Sehr kleine Maiskölbchen werden im Ganzen in den Fritierteig getaucht. (Garzeit: 1 Minute)

Okras oder Gombos: Verwenden Sie möglichst kleine Früchte, reiben Sie sie ab, fassen Sie sie am Stiel an und tauchen Sie sie in den Fritierteig. Geben Sie sie dann in das Öl. (Garzeit: 1 Minute 30 Sekunden)

Paprikaschoten: Halbieren Sie die Schoten längs oder quer. Entfernen Sie die Kerne und die weißen Teile im Innern. Zerteilen Sie die Hälften dann in 1 cm breite Streifen, tauchen Sie diese in den Fritierteig und geben Sie sie anschließend in das Öl. (Garzeit: 1 Minute)

Pfefferartischocken: Entfernen Sie die Blätter oberhalb des Stiels, vierteln Sie die Artischocke der Länge nach, tauchen Sie die Stücke zuerst in den Fritierteig und dann in das heiße Öl. (Garzeit: 3 Minuten)

Radicchio: Verwenden Sie die Salatherzen mit der Wurzel. Schälen Sie die Wurzel und vierteln Sie den Radicchio. Trocknen Sie die Viertel gut, tauchen Sie sie in den Fritierteig und geben Sie sie dann in das Öl. (Garzeit: 1 Minute 30 Sekunden)

Spargel: Schälen Sie den Spargel und trocknen Sie ihn gut in einem Tuch. Schneiden Sie ihn in zwei gleiche, 7 bis 8 cm lange Hälften, tauchen Sie diese in den Fritierteig und geben Sie sie dann in das Öl. (Garzeit: 2 Minuten)

Spinat: Waschen und trocknen Sie die Blätter gründlich. Lassen Sie einen Teil des Stiels stehen und tauchen Sie die Blätter in den Fritierteig. (Garzeit: 20 Sekunden)

Um die Knackigkeit des Gemüses zu erhalten, eignet sich am besten das Einlegen in Essig (Foto rechts)

Stangensellerie: Verwenden Sie nur die inneren Blätter und die inneren Teile der Stangen. Tauchen Sie sie zunächst in den Fritierteig und dann in das Öl. (Garzeit: 45 Sekunden)

Tomaten: Verwenden Sie keine zu reifen und sehr feste Früchte. Sie können Sie mit oder ohne Haut fritieren. Vierteln Sie die geschälten Tomaten und entfernen Sie Kerne und Häutchen. Trocknen Sie die äußeren fleischigen Teile gut und tauchen Sie die Viertel in den Fritierteig. Geben Sie sie dann in das Öl. (Garzeit: 45 Sekunden)

Zucchini: Reiben Sie die Zucchini ab und zerteilen Sie sie in 5 mm dicke Scheiben. Wenden Sie diese mit einer Gabel in dem Fritierteig und geben sie dann in das Fett. (Garzeit: 1 Minute 30 Sekunden)

Zucchiniblüten: Entfernen Sie den Blütenstempel, tauchen Sie die Blüte in den Fritierteig und legen Sie sie dann in das heiße Öl. (Garzeit: 1 Minute 30 Sekunden)

Zuckerschoten: Fädeln Sie die Schoten ab, tauchen Sie sie nacheinander in den Fritierteig und geben Sie sie dann in das Öl. (Garzeit: 1 Minute)

Zwiebeln: Verwenden Sie mittelgroße Zwiebeln. Schälen Sie sie und schneiden sie in 3 bis 4 mm dicke Scheiben. Zerteilen Sie diese in Ringe und tauchen Sie die Ringe einzeln in den Fritierteig. (Garzeit: 1 Minute 30 Sekunden)

Wenn die Beignets eine schöne goldgelbe Farbe haben, nehmen Sie sie mit einem Schaumlöffel aus dem Fritieröl und legen auf eine mit Küchenkrepp ausgelegte Platte, damit das verbliebene Öl abtropfen kann. Erst danach, unmittelbar vor dem Servieren, dürfen die Beignets gesalzen werden.

GEMÜSE IM EIGENEN SAFT GAREN

Beim Garen im eigenen Saft werden ein oder mehrere Gemüse langsam, mit sehr wenig Flüssigkeit durch die umgebende Hitze gegart. Als Gefäß eignet sich dafür nach wie vor am besten ein Schmortopf aus Gußeisen oder Porzellan, denn er schließt hermetisch, so daß die Flüssigkeit, die das Gemüse abgibt, nicht verdunsten kann. Die Zubereitung kann auf dem Herd auf sehr kleiner Flamme erfolgen oder auch bei 150 und 180°C im

Backofen. Ich wende diese Methode bei sehr frischem und zartem Gemüse an, zum Beispiel bei jungem Gemüse, das direkt aus dem Garten kommt und keiner aufwendigen Zubereitung bedarf und durch kräftiges Kochen und das Durchdringen mit Wasser beeinträchtigt werden könnte.

GEMÜSE GRILLEN

Diese Art der Zubereitung, die in den Mittelmeerländern (Italien, Spanien) sehr beliebt ist, wird in Frankreich noch nicht so häufig angewandt. Man kann damit jedoch sehr schmackhafte Resultate erzielen, denn das Gemüse bewahrt seinen Eigengeschmack und saugt sich nicht mit Fett voll.

Am besten eignen sich Grillroste, die man über einem Kaminfeuer einhängen kann oder auch ein Gartengrill. Wenn man weder über das eine noch über das andere verfügt, kann man unter Umständen auch einen elektrischen Grill benutzen. Man kann aber auch eine gute, alte, dicke Eisenpfanne verwenden.

Welchen Grill Sie auch immer benutzen, reinigen Sie ihn nach jeder Anwendung gründlich ohne Reinigungsmittel, um ihn von den sehr gesundheitsschädlichen eingebrannten Kochresten zu befreien.

Vermeiden Sie, daß die Flammen über den Rost schlagen, denn dadurch bekommen die Lebensmittel einen unangenehm verbrannten Geschmack. Das Anfachen der Glut, die, sobald man mit dem Grillen beginnt, mit Asche bedeckt wird, erfordert Geduld.

Die erforderliche Hitze ist von Gemüse zu Gemüse verschieden. Deshalb empfehle ich Ihnen, Ihren Kamin mit Vorrichtungen zum Einhängen der Roste zu versehen, die es Ihnen ermöglichen, Ihren Grillrost in der Höhe zu versetzen. Für das Gelingen eines Grillgerichts ist am wichtigsten, die erforderliche Temperatur und die erforderliche Grillzeit zu kennen. Sie sind von Gemüse zu Gemüse, je nach Größe, Frische und Menge sehr verschieden. Ich kann Sie also nur dazu ermutigen, eigene Erfahrungen zu sammeln. Sie sollten aber wissen, daß vor allem Sommergemüse, wie Tomaten, Paprikaschoten, Zucchini, aber auch Zwiebeln und Artischocken köstlich schmecken, wenn man sie grillt und anschließend mit etwas Olivenöl begießt. Sie können sie dann entweder als Beilage zu Fleisch oder Fisch oder zusammen mit anderen Gemüsen mit einem Püree aus Tomaten oder Paprikaschoten servieren.

DAS GLACIEREN

Das Glacieren ist weniger ein Garverfahren, sondern dient vielmehr zum Verschönern des Gemüses. Es wird dabei glänzend und sieht dann besonders appetitlich aus. Glaciert werden vor allem kleine frische Gemüse, wie zum Beispiel Möhren, weiße Rübchen, Zwiebeln, Spargelspitzen, Brokkoliröschen, Rote Bete, kleine Zucchini, kleine Fenchelknollen, Knoblauchzehen, Erbsen, Zuckerschoten.

Man bedeckt das geschälte und sauber geputzte Gemüse mit leichtgesalzenem kaltem Wasser, dem man 1 TL Zucker und Butter (erforderliche Menge = $^1/_{20}$ des Gesamtgewichts des Gemüses) zugegeben hat. Dann bringt man das Wasser zum Kochen und läßt das Gemüse anschließend so lange auf kleiner Flamme garen, bis es weich ist. Zum Schluß glaciert man das Gemüse auf großer Flamme im geöffneten Topf. Die Flüssigkeit muß dabei vollständig einkochen und das Gemüse darf nicht anbräunen.

DIE HALTBAR-MACHUNG

Ich empfehle stets, das Gemüse immer auf dem schnellsten Weg vom Garten auf den Tisch zu bringen, weil seine Qualität darunter leidet, wenn es längere Zeit gelagert wird. Der Kopfsalat zum Beispiel ist nur gut, wenn er gerade gepflückt wurde. Man hat dann den Eindruck, als ob die Blätter zugleich die Frische des Morgentaus und die Wärme der ersten Sonnenstrahlen in sich aufgenommen hätten. Und beißt man noch im Garten in einen Rettich, den man nur etwas abgerieben hat, könnte man meinen, die Erde habe ihn für uns mit Pfeffer gewürzt. Einige Stunden oder gar einige Tage später hat derselbe Rettich seinen Reiz verloren.

Manche Leute greifen gern auf tiefgefrorene Erbsen oder Bohnen zurück. Zugegeben, diese Art der Haltbarmachung hat in den letzten Jahren erstaunliche Fortschritte gemacht, aber ich kann mir trotzdem nicht vorstellen, daß es sich um wirk-

liche Feinschmecker handelt. Denn wenn sie schon einmal frisch gepflückte rohe Erbsen gegessen hätten, würden sie die Dinge anders sehen ...

Wenn Sie keinen eigenen Gemüsegarten haben, kann ich Ihnen nur nochmals nachdrücklich empfehlen, das Gemüse ganz frisch auf dem Markt zu kaufen und es so schnell wie möglich zu verbrauchen.

Selbst wenn die meisten Gemüse heute das ganze Jahr über auf den Märkten erhältlich sind, kann man außerhalb der Saison auch Gemüse genießen, das auf verschiedene Weise haltbar gemacht wurde. Manchmal schmeckt es sogar besser als das zwar frische, aber nicht sehr geschmacksintensive Gemüse (Brechbohnen, Erbsen, Tomaten), das außerhalb der Saison angeboten wird.

Das Aufbewahren in Sand. Alle Wurzelgemüse und Knollenfrüchte, wie Möhren, Pastinaken, Rote Bete, weiße Rübchen, Knollensellerie, Kohlrabi, Steckrüben, Topinambur, Hafer- und Schwarzwurzeln, Rettich können gut im Freien, in einer Erdmulde oder einem Erdloch, mit Sand bedeckt, aufbewahrt werden. So gelagert, entwickeln die Haferwurzeln kleine, sehr wohlschmeckende Triebe, die man als Salat essen kann.

Gemüse trocknen. Andere Gemüsesorten, wie Brechbohnen, Lauch, Paprika- und Pfefferschoten, Auberginen, können in Scheiben geschnitten und dann getrocknet werden. Verwenden Sie dazu nur vollkommen makellose Früchte, waschen Sie sie und trocknen Sie sie vorsichtig in einem Tuch. Fädeln Sie sie dann auf eine Schnur auf und hängen sie an einem gut durchlüfteten Ort, zum Beispiel auf dem Speicher, auf. Wenn Sie sie verarbeiten wollen, müssen Sie die Auberginen, die Paprika- und die Pfefferschoten nur noch einige Minuten, den Lauch und die Brechbohnen eine gute Stunde in Wasser einweichen.

Tomaten lassen sich gut auf einem Holzgitter in der Sonne trocknen (siehe dazu S. 77), oder man kann sie in Olivenöl einlegen. Von diesem Verfahren würde ich Ihnen allerdings abraten, denn es kommt häufig vor, daß sie sich verfärben und schlecht werden.

Bevor man sie zu Bündeln oder Zöpfen zusammenfaßt, müssen Knoblauch und Zwiebeln in der

Sonne getrocknet werden, wenn es das Wetter erlaubt, direkt auf der Erde oder an einem geschützten Platz auf Gittern. Anschließend legt man sie in Holzkisten oder hängt sie an einem trockenen Ort auf.

Das Einlegen mit Salz. Kohl, vor allem die dicken Weißkohlköpfe, können, geviertelt oder in Streifen geschnitten, in Steingut- oder Tontöpfen mit grobkörnigem Salz haltbar gemacht werden. Sie beginnen dann zu gären und bekommen einen sehr angenehmen säuerlichen Geschmack, den man noch mit Lorbeerblättern, einigen Wacholderbeeren oder Kümmelsamen verfeinern kann. Als wir im Bourbonnais lebten, legten meine Eltern auch dickere Brechbohnen mit Salz ein. Dabei wurden die abgefädelten Bohnen in ein Gefäß geschichtet, und jede Schicht wurde mit grobkörnigem Meersalz bestreut. Wenn man sie dann 12 Stunden in kaltem Wasser gewässert, nur gekocht und mit Sahne und Petersilie verfeinert hatte, war das ein herrlich zarter Leckerbissen.

Das Sterilisieren. Mit dem Sterilisieren in Einmachgläsern kann man zweifelsohne ausgezeichnete Ergebnisse erzielen. Man benötigt nur einen Einmachtopf (eine Art Waschtopf mit Klammern zum Befestigen der Einmachgläser und ein Thermometer) sowie Einmachgläser mit Gummiringen. Ich konserviere so all das Gemüse, das der Garten im Überfluß geliefert hat und das wir  während der Saison nicht aufbrauchen konnten, wie zum Beispiel grüne Bohnen, Erbsen, Tomaten... Nachdem ich die Enden der Bohnen abgetrennt und sie abgefädelt habe, wasche ich sie in kaltem Wasser und gebe sie dann 5 Minuten in ungesalzenes kochendes Wasser. Anschließend schrecke ich sie mit kaltem Wasser ab und lasse sie abtropfen. Danach fülle ich sie in die Einmachgläser und gieße mit Salzwasser auf (2 EL Salz pro Liter Wasser). Dann verschließe ich die Gläser und sterilisiere sie 2 Stunden bei 100 °C.

Erbsen sollte man nur einlegen, wenn sie frisch geerntet sind. Ich würde Ihnen deshalb davon abraten, Erbsen bei einem Frühgemüsehändler zu kaufen, um sie einzulegen. Nachdem Sie die Schoten unter fließendem Wasser gewaschen haben, pellen Sie die Erbsen direkt über dem Einmachglas heraus, drücken sie gut an und füllen die Gläser bis 1 cm unter den Rand. Verschließen Sie die Gläser anschließend und sterilisieren Sie sie 3 Stunden Wenn Sie Salzwasser und 5 g Zucker hinzufügen, verkürzt sich die Sterilisationszeit auf 2 Stunden 30 Minuten.

Man kann aber auch gekochte Erbsen einlegen. In diesem Fall sollte man sie unmittelbar vor dem Kochen über einem Gefäß mit kaltem Wasser enthülsen, damit sie möglichst wenig mit der Luft in Berührung kommen.

Tomaten können ebenfalls sehr gut eingelegt werden, und zwar entweder im Ganzen oder zu Püree verarbeitet (siehe dazu das Rezept auf S. 29). Wenn Sie die Tomaten ganz einlegen, haben Sie im Winter die Möglichkeit, daraus köstliche Beilagen zu gebratenem oder gegrilltem Fleisch zuzubereiten. Verwenden Sie nur sehr schöne, feste, glatte und rote Tomaten ohne Flecken und Risse und behalten Sie die weniger schönen Exemplare für ein Püree oder eine Suppe zurück. Waschen Sie die Tomaten gründlich mit kaltem Wasser, entfernen Sie die Stielansätze und blanchieren Sie sie dann kurz in kochendem Wasser, damit Sie sie mühelos enthäuten können. Entfernen Sie dann die Haut und füllen die Tomaten ohne weitere Zutaten in Ihre Einmachgläser. Verschließen Sie die Gläser und sterilisieren Sie sie 1/2 Stunde.

Ein Tomatenpüree bereiten Sie folgendermaßen zu: Nehmen Sie etwa 6 kg sehr reife Tomaten. Waschen Sie sie gründlich unter kaltem Wasser, entfernen Sie die Stielansätze und schneiden Sie die nicht einwandfreien Stellen aus. Geben Sie sie dann kurz in kochendes Wasser, damit Sie sie besser enthäuten können. Entfernen Sie die Haut, halbieren Sie die Tomaten anschließend und drücken Sie den Saft und die Kerne heraus. Dünsten Sie dann 2 Möhren, 2 kleine Zwiebeln und 1 Knoblauchzehe in 8 EL Olivenöl an. Fügen Sie 1 Kräutersträußchen, bestehend aus 1 Zweig Thymian, 1 Zweig Bohnenkraut, 1 Lorbeerblatt, einigen Stengeln Petersilie und – wenn Sie den Geschmack mögen – einigen Basilikumblättern, hinzu. Geben Sie die Tomaten dazu und lassen Sie das Ganze auf kleiner Flamme köcheln, bis Sie ein dickes Püree erhalten (ca. 45 Minuten). Schmecken Sie das Püree mit Salz, Pfeffer und 1 Prise Zucker ab und passieren Sie es durch ein feines Sieb, um alle Kerne auszusondern. Füllen Sie es dann in die Einmachgläser ab und sterilisieren Sie sie 1 Stunde.

Grüne Bohnen, Erbsen und Tomaten sind die Gemüse, die ich am häufigsten einlege. Aber anderen Gemüsesorten bekommt diese Art der Konservierung ebensogut. Das gilt beispielsweise für die kleinen jungen Möhren mit ihrem Frühlingsgeschmack, über die Sie sich freuen werden, wenn im Winter auf den Märkten nur die »alten«, oft fasrigen Möhren angeboten werden. Verwenden Sie nur ganz junge Möhren, zum Beispiel solche, die Sie aus der Erde ziehen, wenn Sie die Beete Ihres Gemüsegartens lichten wollen. Schneiden Sie die Wurzel und das Kraut ab und waschen Sie sie unter fließendem Wasser. Blanchieren Sie sie dann einige Minuten in kochendem Wasser, schichten Sie sie in die Einmachgläser, füllen Sie diese mit Salzwasser auf (1 EL Salz pro Liter Wasser) und sterilisieren Sie sie 1 Stunde.

Sie können im Winter aber auch die Freude haben, Spargel genießen zu können, den es zwar nur kurze Zeit im Jahr, dafür aber in um so größeren Mengen gibt. Zum Einlegen verwenden Sie sehr schöne, frische Spargelstangen, die etwa gleich lang und gleich dick sein sollten. Schälen Sie sie mit einem Haushaltsmesser, schneiden Sie die unteren Enden der Stiele ab, waschen Sie sie mit kaltem Wasser und legen Sie sie dann in eine Schüssel mit kaltem Wasser.

Bringen Sie in einem großen Kochtopf Wasser zum Kochen. Die Wassermenge hängt selbstverständlich von der Menge des Spargels ab. Für 1 kg Spargel müssen Sie 3 l Wasser rechnen. Geben Sie die Spargelstangen 5 Minuten in das kochende Wasser, nehmen Sie sie dann mit einem Schaumlöffel heraus und geben Sie sie für ca. 10 Minuten in kaltes Wasser. Füllen Sie die Stangen mit den Köpfen nach unten in die Einmachgläser, damit Sie sie beim Herausnehmen nicht beschädigen. Gießen Sie die Gläser dann bis 1 cm unter den Rand mit Salzwasser auf (20 g Salz pro Liter Wasser) und sterilisieren Sie sie anschließend 1 Stunde bei 100 °C.

Die Spargelspitzen, die möglicherweise beim Blanchieren abgebrochen sind, können Sie ebenfalls auf die gleiche Weise in kleinen Einmachgläsern ($^1/_4$ oder $^1/_2$ l) einlegen. Sie können sie später für Cremesuppen, Omelettes oder zum Garnieren verwenden.

Das Einlegen in Essig. Manche Gemüse, wie Blumenkohl, Zwiebeln, Schäl- und Salatgurken, Paprikaschoten, Maiskölbchen, Stangen- oder Knollensellerie... halten sich gut, wenn man sie mit Branntwein- oder Weinessig in Einmachgläsern einlegt. Man muß die Gläser anschließend nur an einem lichtgeschützten Ort aufbewahren und das Gemüse rasch verbrauchen, nachdem man es 14 Tage hat ziehen lassen. Man sollte das eingelegte Gemüse aber nicht länger als 2 Monate lagern, denn es verliert seine Knackigkeit, wenn es zu lange im Essig liegt.

Das Einfrieren. Seit einigen Jahren scheint man dem Einfrieren den Vorzug vor dem Einlegen zu geben. Dazu ist anzumerken, daß man mit dieser Methode recht gute Ergebnisse erzielen kann, wenn man bestimmte Regeln beachtet und sie nicht für alle Gemüse anwendet. Für Gemüse, das, wie zum Beispiel Tomaten, sehr viel Wasser enthält, kann ich sie Ihnen nicht empfehlen, denn das hat stets vernichtende Folgen. Ich persönlich mag auch grüne Bohnen lieber in eingelegter Form. Bei Erbsen, weißen Bohnen und Spinat ist das Einfrieren hingegen sehr empfehlenswert. Auch für dieses Verfahren zur Haltbarmachung gelten bezüglich der Frische und Qualität des Gemüses meine eingangs abgegebenen Empfehlungen. Wenn Sie nur über ein Tiefkühlfach im Kühlschrank verfügen, sollten Sie stets nur kleinere Mengen einfrieren. Aber auch dann besteht immer die Gefahr, daß die Temperatur des Gefrierfachs nicht ausreicht oder daß sie schwankt. Ich würde Ihnen deshalb raten, Gemüse nur einzufrieren, wenn Sie eine Tiefkühltruhe besitzen.

Nachdem Sie Ihr Gemüse gewaschen, geputzt und sorgfältig getrocknet haben, legen Sie Brechbohnen (ganz oder geschnitten), Erbsen und weiße Bohnen (enthülst), Spinat und kleine Möhren in größerem Abstand in eine Plastikschale, die Sie dann zum Vorgefrieren in die Gefriertruhe geben. Die Schale muß nur einige Stunden in der Gefriertruhe bleiben, wobei Sie darauf achten sollten, daß diese gut verschlossen ist. Sobald Ihr Gemüse gefroren ist, packen Sie es in kleine Plastikbeutel ab und verschließen diese. Dieses Einfrieren in zwei Schritten verhindert die Schimmelbildung und die Bildung von Eisblöcken, die sich nur schwer auftauen lassen.

REGISTER

ARTISCHOCKE, 22, 34, 244, 245, 247, 250
Artischocken mit Eifüllung, 37
Artischockenherzen in Sardellencreme, 37
Violette Artischocken mit Spargelfüllung, 39
Garnierte Artischockenblätter, 34
Kleine violette Artischocken *en barigoule*, 40
Kleine gefüllte Gemüse *Alt-Nizza*, 216
– BRETONISCHE, 34
– PFEFFERARTISCHOCKE, 34, 216, 218, 228, 233, 246, 248
Gemüse-*Barigoule* mit Gartenkräutern, 228
Gemüsekuchen, 233
Kartoffel-Artischocken-Salat mit schwarzen Oliven, 230
– GRÜNE VON LAON, 34
– VIOLETTE, 8, 34, 216, 218, 228, 230, 233
Gemüseeintopf mit Orangen, 218

AUBERGINE, 8, 9, 12, 13, 20, 22, 77, 217, 245, 246, 247, 248, 251
Auberginengratin mit Bechamelsoße, 45
Auberginengratin *Vieux Peygros*, 51
Auberginenkuchen, 52
Gefüllte Auberginen mit schwarzen Oliven, 43
Gemüseauflauf, 226
Gemüsegratin *Mougins*, 234-235
Gemüse-Quiche mit Thymian, 220
Knusprige Auberginenbeignets, 43
Mangold-Auberginen-Rouladen mit Tomatenpüree, 48
Mein Auberginenkaviar, 42
Omelette-Kuchen, 214
Schnelles Ratatouille, 232
Tian aus Auberginen und roten Paprikaschoten, 54
Tian aus Sommergemüse mit zwei verschiedenen Käsen, 222
Tomatenpüree, 48

BAMBUS (Sprossen), 198

BOHNE, 7, 9, 10, 132, 252, 253
– WACHSBOHNE, 132, 248
Wachsbohnen mit Schnittlauchcreme, 134
– DICKE, 25
Bohnenpüree mit Sellerieblättern, 133
Sauce aus frischen weißen Bohnen und Basilikum, 25
– WEISSE, 9, 77, 198, 245, 253
– PRINZESSBOHNE, 132
Warmer Bohnensalat, 132
– SCHNITTBOHNE, 132
Bohnenpüree mit Sellerieblättern, 133
– BRECHBOHNE, 9, 132, 218, 244, 245, 246, 248, 251, 252, 253
Gemüseeintopf mit Orangen, 218
Feine Brechbohnen in Haselnußcreme, 136
Grüner Bohnentopf mit Zwiebeln, 134

BROKKOLI, 8, 19, 24, 103, 244, 245, 246, 248, 251

CHAMPIGNON
Kleine gefüllte Gemüse *Alt-Nizza*, 216
Grünkohl mit Champignonfüllung, 105
Spinatgratin mit Champignons, 120

CHAYOTE
Kokos-Curry mit Chayoten und Süßkartoffeln, 202
Mixed-Pickles, 234

CHICORÉE, 244, 245, 247, 248
Chicorée mit süßer Mandelmilch, 114
Chicoréesalat mit Walnußcreme, 112
Kurzgebratene Chicoréeblätter, 114

ERBSE, 7, 9, 10, 22, 39, 198, 244, 245, 246, 247, 248, 251, 252, 253
Ein ganz frisches Rezept, 125
Erbsenflans mit Curry, 128
Erbsen mit Minze, 128
Erbsenpüree nach Art des Hauses, 130
Erbsensauce, 30
Gartenfrischer Gemüsetopf, 225
Gemüsekuchen, 233
Gemüse-Pie mit Blattsalat, 224
Provenzalische Gemüsesuppe, 229

FENCHEL, 8, 9, 10, 25, 28, 244, 245, 246, 251
Fenchelherzen im eigenen Saft geschmort, 69
Fencheltopf mit Feigen und Lorbeer, 70
Gemüsegratin *Mougins*, 234
Provenzalische Gemüsesuppe, 229
Suppe aus Fenchelblättern, 68

FRÜHLINGSZWIEBEL, 180
Frühlingszwiebeln *Saint-Jean*, 185

GARTENKÜRBIS, 12, 55, 57
Kürbistarte, 63
Gebratener Kürbis jamaikanische Art, 205

GOMBO, siehe Okra, 248

GRÜNER SALAT, 7, 8, 9, 10, 138, 224, 225
Ein ganz frisches Rezept, 125
Gartenfrischer Gemüsetopf, 225
Geschmorter Kopfsalat mit Bohnenkraut, 140
Gemüse-Pie mit Blattsalat, 224

HAFERWURZEL, 19, 22, 245, 250, 251
Haferwurzeln mit Bratensaft, 171
Salat aus Haferwurzeltrieben, 168

KARDONE, 8, 9, 244, 245

KARTOFFEL, 7, 9, 10, 18, 19, 22, 26, 28, 77, 146, 244, 245, 246, 248
Basilikum-Mousseline, 191

Cremesuppe aus weißen Rüben und Kartoffeln, 173
Eine gute Wintersuppe, 141
Gartenfrischer Gemüsetopf, 225
Gemüseauflauf, 226
Gemüseeintopf mit Orangen, 218
Gemüse-Pie mit Blattsalat, 224
Kartoffel-Artischocken-Salat mit schwarzen Oliven, 230
Kartoffelpastete nach Art meiner Mutter, 192
Kartoffelpüree, 191
Kartoffel-Sellerie-Puffer mit Crème fraîche, 100
Lorbeer-Kartoffeln, 192
Pastinaken-Kartoffel-Gratin, 178
Provenzalische Gemüsesuppe, 229
Rüben-Kartoffel-Gratin nach Art meiner Mutter, 175
Zerdrückte Kartoffeln mit schwarzen Oliven, 188

KICHERERBSE, 77

KNOBLAUCH, 8, 9, 20, 25, 55, 214, 222, 235, 244, 245, 248, 251
Fritierte Knoblauchzehen, 147
Gekochter Knoblauch, 146
Gemüseauflauf, 226
Knoblauchsauce, 26
Knoblauchsuppe nach Art des Hauses, 148
Milde, goldgelbe Knoblauchzehen, 148
Milde, grüne Knoblauchcreme, 28
Milde Knoblauchpfanne mit Anis, 147
Möhren-Rüben-Topf mit Knoblauch, 226

KNOLLENSELLERIE, 24, 96, 159, 244, 245, 248, 251, 253
Selleriegratin mit Bratensaft, 97
Kartoffel-Sellerie-Puffer mit Crème fraîche, 100

KNOLLENZIEST, 168, 244, 245
Fritierter Knollenziest, 172
Knollenziest mit Petersilie, 172

KOCHBANANE, 248
Pikante Bananenchips, 200
Gebratene Bananen in Kokossahne, 208

KOHL, 8, 9, 244, 245, 246, 247, 252
– WEISSKOHL, 102, 244
Weißkohl mitteleuropäische Art, 104
– SPITZKOHL, 102
– CHINAKOHL, 103, 247
– PÉ-TSAI, 103
– ROTKOHL, 102
Geschmorter Rotkohl, 108
– GRÜNKOHL, 102, 221, 244, 246, 247
Grünkohl mit Champignonfüllung, 105
Kurzgebratenes Gemüse mit Sesamöl, 221
– ROSENKOHL, 102
Rosenkohl mit Kastanien, 110
– BLUMENKOHL, 19, 24, 103, 234, 244, 246, 247, 248, 253

Blumenkohlcremesuppe mit Kerbel, 108
Blumenkohlflan, 110
Blumenkohlröschen in Senfrahmsauce, 106
Cremesuppe aus Blumenkohlstrünken, 102
Mixed-Pickles, 234

KRESSE, 28

LAUCH, 9, 13, 22, 24, 173, 246, 248, 251
Eine gute Wintersuppe, 141
Gemüseeintopf mit Orangen, 218
Geschmorter Lauch mit verschiedenen
    Gewürzen, 142
Lauchgratin mit *Beaufort*, 142

LAUCHZWIEBEL, 185

LINSE, 245

MAIS (Kolben), 198, 244, 245, 248, 253
Maiskölbchen mit Zuckerschoten, 208

MANGOLD, 8, 48, 244, 245
Gefüllte Mangoldblätter, 91
Gratinierte Mangoldstiele mit Tomaten, 89
Mangoldkuchen *Nizza*, 88
Mangoldtopf mit weißen Zwiebeln, 92
Omelette-Kuchen, 214
Omelette Trucca, 87
Pastilla aus Mangoldblättern, 94

MEERKOHL, 103

MELONENKÜRBIS, 199
Gratinierte Melonenkürbisse, 199
Kleine Gaumenfreuden, 198

MILCHLING
Gemüse-Quiche mit Thymian, 220

MÖHRE, 7, 9, 10, 19, 23, 24, 244, 245,
    246, 247, 251, 252, 253
Gartenfrischer Gemüsetopf, 225
Gemüseeintopf mit Orangen, 218
Gemüsekuchen, 233
Gemüse-Pie mit Blattsalat, 224
Kurzgebratenes Gemüse mit Sesamöl, 221
Mixed-Pickles, 234
Möhrenflans, 162
Möhrenflans mit Zimt, 165
Möhrenkuchen mit Aprikosen, 166
Möhren mit grünen Paprikaschoten, 166
Möhren-Rüben-Topf mit Knoblauch, 226
Provenzalische Gemüsesuppe, 229
Rahmmöhren mit Schnittlauch, 165

OKRA, 248
Okras in Süßkartoffel-Curry, 206

PALMHERZ, 200
Goldgelbe Palmherzen mit Ingwer, 200
Palmherz-Gratin mit Mandeln, 201

PAPRIKASCHOTE, 8, 9, 22, 68, 74, 77,
    217, 244, 246, 248, 250, 251, 253
Gemüseauflauf, 226
Geschmorte milde Paprikaschoten mit
    Weinessig, 75
Mildes Paprikapüree, 20
– ROTE, 13, 20, 52, 54, 74

Gemüsegratin *Mougins*, 234
Mixed-Pickles, 234
Rote Paprikaschoten mit Sardellenfilets, 75
Zuckerschoten mit rotem Paprika, 130
– GRÜNE, 9, 76
Mixed-Pickles, 234
Möhren mit grünen Paprikaschoten, 166
Salat César, 74
Schnelles Ratatouille, 232

PASTINAKE, 173, 244, 245, 246, 247, 251
Pastinaken-Kartoffel-Gratin, 178

PFEFFERSCHOTE, 8, 251

PFIFFERLING
Gemüse-Quiche mit Thymian, 220

PUFFBOHNE, 9, 39, 246

QUITTE
Quitten in Johannisbeercremesauce, 211

RADICCHIO, 138, 250
Geschmorter Radicchio mit Sardellenfilets
    und schwarzen Oliven, 140

RETTICH, 9, 10, 247
Radieschen in Blatt-Mousseline, 195
Radieschensalat, 194
– WEISSER, 251
– SCHWARZER, 194, 251

RIESENKÜRBIS, 55, 57, 63
Kürbispüree mit Olivenöl, 60

ROTE BETE, 10, 26, 244, 245, 246, 248, 251
Leckere Salate, 159
Rote Bete mit Johannisbeeren, 160
Rote Bete mit Orangen und Mandeln,
    160

SALATGURKE, 8, 9, 76, 247, 253
Geschmorte Gurken mit Schnittlauch, 59
Gurkensalat, 55
Mixed-Pickles, 234

SAUERAMPFER, 115
Spinat-Sauerampfer-Püree mit Eierstreifen,
    116

SAUCEN
Basilikumsauce, 20–22
Erbsensauce, 30
Grüne Sauce, 18–19
Kerbelsauce, 23
Knoblauchsauce, 26
Kressesauce, 24
Milde, grüne Knoblauchcreme, 28
Mildes Paprikapüree, 20
Petersiliensauce, 24
Rote Anissauce, 26
Sahnesauce (Grundrezept), 18
Sauce aus frischen weißen Bohnen und
    Basilikum, 25
Sauce aus sechs Kräutern, 19
Saucen und Pürees, 17
Schnittlauchsauce, 23
Spargelsauce, 22
Tomatenpüree, 29

SCHÄLGURKE, 55
Cornichons, 57

SCHALOTTE, 55, 180
Gebratene rote Schalotten, 185
Omelette mit roten Schalotten, 187
Schalotten in Rotwein, 187

SCHWARZWURZEL, 168, 245, 250, 251
Karamelisierte Schwarzwurzeln, 171

SELLERIE, 9, 10, 24, 68, 76, 96, 230, 246,
    247, 248, 253
Bohnenpüree mit Sellerieblättern, 133
Gemüseeintopf mit Orangen, 218
Kartoffel-Sellerie-Puffer mit Crème fraîche,
    100
Kurzgebratenes Gemüse mit Sesamöl, 221
Mixed-Pickles, 234
Selbstgemachtes Selleriesalz, 97
Stangensellerie mit Walnußöl, 99

SESAM, 221

SOJA, 247

SPARGEL, 12, 13, 24, 228, 244, 245, 246,
    247, 248, 251, 253
Bunter Spargel mit Ei, 153
Gemüse-*Barigoule* mit Gartenkräutern, 228
Gegrillte Spargelspitzen, 155
Knusprige Spargelköpfe, 153
Omelette-Kuchen, 214
Spargel flämische Art, 155
Spargel-Quiche, 156
Spargelsamtsuppe, 156
Spargelsauce, 22
Spargel-Trüffel-Rührei mit knuspriger
    Kruste, 158
Violette Artischocken mit Spargelfüllung,
    39
– WILDER, 9, 150, 214

SPEISEKÜRBIS, 10, 13, 55, 57, 244, 245
Kürbisflan mit Tapioka, 59
Kürbissuppe, 61

SPINAT, 9, 19, 244, 245, 246, 248, 253
Blattspinat mit Ei, 118
Gemüseeintopf mit Orangen, 218
Gemüsegratin *Mougins*, 234
Gemüsekuchen, 233
Gemüse-Quiche mit Thymian, 220
Kleine Spinatflans mit Kokosflocken, 121
Omelette-Kuchen, 214
Provenzalische Gemüsesuppe, 229
Spinatblätter mit Honigkruste, 122
Spinatcremesuppe, 115
Spinatgratin mit Champignons, 120
Spinat mit Ricotta-Baguette, 118
Spinat-Sauerampfer-Püree mit Eierstreifen,
    116
Spinatgratin mit Champignons, 120

STECKRÜBE, 173, 244
Steckrüben mit Petersilie in cremiger
    Sauce, 178

SÜSSKARTOFFEL, 61
Gemüseauflauf, 226

Kokos-Curry mit Chayoten und Süßkartoffeln, 202
Okras in Süßkartoffel-Curry, 206

TOMATE, 8, 9, 20, 22, 25, 39, 51, 58, 68,
  89,92, 230, 244, 246, 247, 250, 251, 253
Ganz einfache Salate, 76
Gemüseauflauf, 226
Gemüseeintopf mit Orangen, 218
Gemüsegratin *Mougins*, 234
Gemüse-Quiche mit Thymian, 220
Geschmolzene Tomaten, 80
Grüne Tomaten im Teigmantel, 78
Karamelisierte Tomaten, 79
Kleine gefüllte Gemüse *Alt-Nizza*, 216
Konfitüre aus grünen Tomaten, 78
Mangold-Auberginen-Rouladen mit Toma-
  tenpüree, 48
Mixed-Pickles, 234
Omelette-Kuchen, 214
Provenzalische Gemüsesuppe, 229
Schnelles Ratatouille, 232
Senftomaten mit Käsekruste, 83
Tian aus Sommergemüse mit zwei ver-
  schiedenen Käsen, 222
Tomatenkuchen mit Oregano, 83
Tomatenpüree, 29
– KIRSCHTOMATEN, 80
Geschmorte Kirschtomaten mit Basilikum,
  80

TOPINAMBUR, 244, 245, 251

WEISSE BOHNEN, 39, 125
Weiße Bohnen in Sahnesauce, 127

Weiße Bohnen mit frischer Butter, 127
Gemüse-Pie mit Blattsalat, 224

WEISSE RÜBE, 8, 9, 10, 19, 24, 224, 245,
  246, 251
Cremesuppe aus weißen Rübchen und
  Kartoffeln
Gartenfrischer Gemüsetopf, 225
Gemüseeintopf mit Orangen, 218
Möhren-Rüben-Topf mit Knoblauch,
  226
Rüben-Kartoffel-Gratin nach Art meiner
  Mutter, 175
Rübenküchlein mit Kardamom, 176
Weiße Rübchen mit Johannisbeeren, 175
Gemüse-Pie mit Blattsalat, 224

ZUCCHINI, 8, 9, 20, 22, 55, 57, 77, 244
  245, 246, 247, 248, 250, 251
Gemüseauflauf, 226
Gemüsegratin *Mougins*, 234
Gemüse-Pie mit Blattsalat, 224
Kleine gefüllte Gemüse *Alt-Nizza*, 216
Omelette-Kuchen, 214
Provenzalische Gemüsesuppe, 229
Schnelles Ratatouille, 232
Tian aus Sommergemüse mit zwei ver-
  schiedenen Käsen, 222
Zucchini mit kleinen Zwiebeln und Karda-
  mom, 66
Zucchinikuchen mit Pinienkernen, 65
Zucchinikuchen *Monsieur Jourdan*, 65
– ZUCCHINIBLÜTE, 217
Frischer Sommersalat, 58
Kleine gefüllte Gemüse *Alt-Nizza*, 217

ZUCKERSCHOTE, 7, 98, 125, 246, 247,
  248, 251
Maiskölbchen mit Zuckerschoten, 208
sugar snap peas, 198
Zuckerschoten mit rotem Paprika, 130

ZWIEBEL, 7, 8, 9, 20, 25, 51, 55, 68, 246,
  247, 248, 251, 253
– WEISSE, 179, 214, 224, 232, 247
Gebratene weiße Zwiebeln, 182
Gemüse-*Barigoule* mit Gartenkräutern,
  228
Gemüsegratin *Mougins*, 234
Kleine gefüllte Gemüse *Alt-Nizza*, 217
Mangoldtopf mit weißen Zwiebeln, 92
Mixed-Pickles, 234
Omelette-Kuchen, 214
Püree aus weißen Zwiebeln, 184
Tian aus Sommergemüse mit zwei ver-
  schiedenen Käsen, 222
– GELBE, 179
Köstliches Zwiebel-Reis-Püree, 179
Sherry-Zwiebeln, 184
– JUNGE, 229
Gartenfrisches Gemüsegratin, 225
Gemüsekuchen, 233
Gemüse-Pie mit Blattsalat, 224
Grüner Bohnentopf mit Zwiebeln, 134
Kleine glacierte Zwiebeln mit Korinthen,
  182
Provenzalische Gemüsesuppe, 229
Zucchini mit kleinen Zwiebeln und Karda-
  mom, 66
– ROTE, 179
– GRÜNE, 230

DANKSAGUNGEN

Dieses Buch ist nicht allein aus dem Wunsch heraus entstanden, ein neues Kochbuch zu schreiben.
Es ist vielmehr als Huldigung an das Gemüse, dieses köstliche, edle Naturprodukt, gedacht. Ich hatte das Glück, daß auch meine früheren Vorgesetz-
ten Michel Duhamel, Serge Chollet, Daniel Desavie
und Joël Manson, die mir wertvolle Hilfe geleistet
haben, meine Leidenschaft für das Gemüse teilen.
Charles-Henri Flammarion und Gisou Bavaillot,
auch sie überzeugte Anhänger dieser frischen und
natürlichen Küche, haben sich bereitwillig von
dem Projekt überzeugen lassen, und ich danke
ihnen, daß sie es mir ermöglichten, es zu realisie-
ren. Mein größter Dank gilt Martine Anglade für
ihre Mitarbeit, meiner Assistentin Sylvie Auffret und
Anne Fitamant-Peter, die die Entstehung des
Buches von Anfang an begleitet hat.

Françoise Lefébure dankt Christine Caviglione
für die Unterstützung bei der künstlerischen

Gestaltung der Aufnahmen sowie allen Geschäften,
die ihr die für die Gestaltung der Fotos erforder-
lichen Gegenstände kostenlos zur Verfügung
gestellt haben: L'Autre Côté, Avignon; Michel
Biehn, Isle-sur-la-Sorgue; La Boutique du Moulin,
Mougins; Le Cèdre Rouge, Avignon; Côté Cour,
Isle-sur-la-Sorgue; Gilbert Etiemble, Antike/Alte
Keramik, Opio; Jean Faucon, Apt; Mosaïque Ger-
bino, Vallauris; Globe Trotter, Avignon; Jardin de
Mougins, Mougins; Ombre et Soleil, Mougins;
Spigo Toscano, Puy Sainte-Réparade; Bernard
Pichon, Uzès; Antony Pitot, Goult ferner Anthéor,
Augié Laribé, Casa Lopez, Etamine, Gunther Lam-
bert, Habitat, Ilios, Le Jacquard Français, Quartz,
Verrerie de Biot, Jean Vier, Villeroy & Boch, Vin-
cent Mit l'Ane.

Martine Anglade dankt Michel Duhamel, Sylvie
Auffret und Annie Godefroy für ihre wertvolle
Unterstützung